PRACTICAL PHILOSOPHY

Herausgegeben von / Edited by

Heinrich Ganthaler • Neil Roughley
Peter Schaber • Herlinde Pauer-Studer

Band 4 / Volume 4

Kirsten B. Endres

Praktische Gründe

Ein Vergleich dreier paradigmatischer Theorien

Frankfurt ■ London

Bibliographic information published by Die Deutsche Bibliothek
Die Deutsche Bibliothek lists this publication in the Deutsche Nationalbibliographie;
detailed bibliographic data is available in the Internet at http://dnb.ddb.de

©2003 ontos verlag
Hanauer Landstr. 338, D-60314 Frankfurt a.M.
Tel. ++(49) 69 40 894 151 Fax ++(49) 69 40 894 169

ISBN 3-937202-22-6 (Germany)
ISBN 1-904632-11-4 (U.K.)

2003

Alle Texte, etwaige Grafiken, Layouts und alle sonstigen schöpferischen
Teile dieses Buches sind u.a. urheberrechtlich geschützt. Nachdruck, Speicherung,
Sendung und Vervielfältigung in jeder Form, insbesondere Kopieren, Digitalisieren, Smoothing,
Komprimierung, Konvertierung in andere Formate, Farbverfremdung sowie Bearbeitung
und Übertragung des Werkes oder von Teilen desselben in andere Medien und Speicher
sind ohne vorherige schriftliche Zustimmung des Verlages unzulässig
und werden verfolgt.

Gedruckt auf säurefreiem, alterungsbeständigem Papier,
hergestellt aus chlorfrei gebleichtem Zellstoff (TcF-Norm).

Printed in Germany.

Für Thomas

Inhaltsverzeichnis

Vorwort 11
Einleitung 13

KAPITEL I
EIGENSCHAFTEN PRAKTISCHER GRÜNDE   19

1. Die normative und die motivierende Dimension von Gründen .. 21
2. Theorien praktischer Gründe 22
3. Zugänglichkeit von Gründen 27
4. Internalismus und Externalismus in der Erkenntnistheorie 28
5. Epistemischer Internalismus 30
6. Zugänglichkeit von Handlungsgründen 35
7. Zugänglichkeit, Normativität und motivierende Kraft 37
8. Wann sind Gründe unzugänglich? 41
9. Resümee 46

KAPITEL II
EINE HUMESCHE THEORIE PRAKTISCHER GRÜNDE   49

1. Bernard Williams' Konzeption 50
2. Modifikation des humeschen Ansatzes 51
3. Wozu dienen die Modifikationen (i) und (ii)? 54
4. Was leistet die Modifikation (iii)? 56
5. Wozu dient die Modifikation (iv)? 59
6. Zusammenfassung 61
7. Williams' Konzeption praktischer Überlegungen 61
8. Formen praktischer Überlegungen 62
9. Zweckrationale Überlegungen 64
10. Bewertungen von Wünschen 65
11. Die Rolle der Vorstellungskraft 69
12. Sind Williams' Ausführungen konsistent? 73
13. Die Elemente von Motivationsprofilen 76
14. Eine humesche Interpretation moralischer Gründe 83
15. Resümee 90

KAPITEL III
KRITIK AN DER HUMESCHEN THEORIE 93

1. Die humesche Erklärung der Normativität von Gründen 93
2. Humeaner und die Normativität von Gründen 95
3. Interne Gründe können Personen nicht leiten 97
4. Der humesche Ansatz bedarf eines weiteren Prinzips 102
5. Die motivierende Dimension interner Gründe 104
6. Die Zugänglichkeitsbedingung 107
7. Die Existenz externer Gründe 109
8. Externe Gründe und die motivierende Dimension 114
9. Echte praktische Irrationalität 115
10. Inhaltsskeptizismus und Motivationsskeptizismus 119
11. Korsgaards Interpretation des Motivationsskeptizismus' 121
12. Resümee 124

KAPITEL IV
EINE ARISTOTELISCHE THEORIE PRAKTISCHER GRÜNDE 127

1. McDowells tugendethischer Ansatz 128
2. McDowells Konzeption praktischer Überlegungen 137
3. Kritik an der Tugendethik 144
4. McDowells Konzeption praktischer Gründe 148
5. Williams' Argument gegen eine aristotelische Konzeption 153
6. Normativität und motivierende Kraft 159
7. Sind moralische Gründe ein Sonderfall? 162
8. Resümee 166

KAPITEL V
EINE KANTISCHE THEORIE PRAKTISCHER GRÜNDE 169

1. Korsgaards Konzeption praktischer Gründe 170
2. Die Moral ist in menschlichen Handlungen begründet 171
3. Kritik an Korsgaards Versuch der Begründung von Moral 177
4. Sind Gründe essentiell öffentlich? 178

5. Eine alternative Begründung 182
6. Der Wille rational handelnder Personen 187
7. Freiwillige Bindung des Willens an selbstgegebene Gesetze ... 187
8. Die Natur des Willens... 189
9. Personen sind Urheber ihrer Handlungen 190
10. Kritik an der Willenskonzeption.. 191
11. Nicht jede Willensentscheidung ist normativ 193
12. Die Möglichkeit von Willensschwäche ist nicht erklärbar 195
13. Korsgaards Konzeption und die Zugänglichkeitsbedingung .. 198
14. Resümee 201

SCHLUSSKAPITEL VI
ZUGÄNGLICHKEIT ALS SUBJEKTIVE BEDINGUNG
VON GRUNDAUSSAGEN   203

1. Subjektive und objektive Bedingungen 204
2. Die Zugänglichkeitsbedingung und prominente Beispiele 208
3. Moralischer Realismus und Theorien praktischer Gründe........ 212

Literaturverzeichnis... 217

Vorwort

Das vorliegende Buch ist die überarbeitete Fassung meiner Dissertationsschrift, die ich im Frühjahr 2000 an der Philosophischen Fakultät der Humboldt-Universität zu Berlin eingereicht habe.

Bei meinen akademischen Lehrern Wolfgang Künne und Jay Wallace möchte ich mich für die intensive Förderung meiner Arbeit bedanken. Erwähnen möchte ich ebenfalls Oswald Schwemmer. Insbesondere schulde ich Jay Wallace großen Dank dafür, dass er immer schnell und bereitwillig Textabschnitte mit mir besprochen hat. Ich habe sehr von seinen Anregungen profitiert.

Eine Reihe von Freunden und Kollegen haben mir in den verschiedenen Phasen der Arbeit auf ganz unterschiedliche Weise geholfen. Sie haben mit mir meine Entwürfe diskutiert, mich immer wieder zu Verbesserungen angeregt oder mir mit Rat und Wärme während dieser Zeit beigestanden. Insbesondere möchte ich mich bei Erich Ammereller, Logi Gunnarsson, Dierk Hagemann, Ulrike Heuer, Julia Krug, Sabine Ofer und Thomas Schmidt für ihre Unterstützung bedanken.

Dank schulde ich auch all jenen, die die finanziellen Mittel für das Stipendium aufgebracht haben, das die Studienstiftung des deutschen Volkes dankenswerter Weise an mich vergeben hat. Nicht zuletzt möchte ich mich auch bei meiner Familie für ihre Unterstützung bedanken.

Hamburg, im Februar 2003　　　　　　　　　　　　　　　Kirsten B. Endres

Einleitung

> „Daß nämlich die Gerechten als weiser und besser und fähiger zum Handeln erscheinen, die Ungerechten dagegen als durchaus unfähig miteinander etwas auszurichten [...] – daß dies sich also so verhält, [...] ist mir klar. Ob aber die Gerechten auch ein besseres Leben führen und glücklicher sind als die Ungerechten, was wir uns ferner zu erwägen vorgesetzt haben, ist noch zu erwägen. Zwar läßt sich die Richtigkeit dieser Annahme schon aus dem Gesagten, wie mir wenigstens scheint, erkennen. Gleichwohl muß es noch genauer erwogen werden. Denn hier handelt es sich nicht um das erste beste, sondern um die Frage, wie man leben soll."[1]

Es wird wohl kaum einen Menschen geben, der sich nicht zumindest schon einmal die Frage gestellt hat, wie er leben soll. Und so ist es nicht verwunderlich, dass auch die Geschichte der praktischen Philosophie von Versuchen geprägt ist, die von Sokrates gestellte „große" Frage „Wie soll man leben?" und auch die damit zusammenhängende „kleine" Frage, „Was soll man tun?" zu beantworten. Insbesondere Moralphilosophen sehen es als ihre Aufgabe an, diese Fragen zu interpretieren und auch zu beantworten.[2] Woran aber könnten sich Antworten auf diese Fragen orientieren? Wie sind diese Fragen überhaupt zu interpretieren?

Wenn Aussagen darüber, was eine Person tun soll, als Aussagen darüber verstanden werden, zu welcher Handlung die Person einen Grund hat, und das ist eine gängige Interpretation, dann handelt die „große" Frage davon, zu was für einem Leben eine Person Gründe hat, und die „kleine" Frage davon, zu welchen Handlungen eine Person Gründe hat.[3] Nach dieser Lesart ist die Bedeutung einer Theorie

---

[1] Platon, *Der Staat*, 1. Buch, 352d.
[2] Vgl. Bernard Williams (1985a) 1; und Garrett Cullity und Berys Gaut (1997b) 1.
[3] Vgl. beispielsweise Derek Parfit (1979), John McDowell (1979) und Christine Korsgaard (1997). Wobei nur angenommen wird, dass Grundaussagen

praktischer Gründe, also einer Theorie von Gründen für Handlungen, für die Moralphilosophie offensichtlich. Eine Moraltheorie kann nur auf der Basis einer überzeugenden Theorie praktischer Gründe entworfen werden. Und eine adäquate Theorie praktischer Gründe wird auch eine Theorie moralischer Gründe umfassen.

Eine Theorie praktischer Gründe ist aber nicht nur für die Moralphilosophie von Bedeutung. Sie ist vielmehr im Zusammenhang mit anderen zentralen Theorien der praktischen Philosophie zu sehen. Ein Grund ist genau dann praktisch, wenn er einen Grund für Handlungen liefert. Eine Theorie praktischer Gründe bildet den Kern einer Theorie rationalen Handelns. Wie erklärt die Theorie praktischer Gründe die Motivation der handelnden Person? Wie erklärt sie, dass die Person rational handelt, wenn sie aus einem Grund heraus handelt? Bis zu welchem Maße können Personen überhaupt auf der Basis von Gründen handeln? Welchen Einfluss können Gründe auf die praktischen Überlegungen einer Person haben? Es gibt fast ebenso viele Antworten auf diese Fragen, wie es Konzeptionen praktischer Gründe gibt.

In dieser Arbeit gehe ich angesichts der Vielfalt vorgeschlagener Konzeptionen praktischer Gründe der Frage nach, wie eine adäquate Konzeption derartiger Gründe aussehen sollte. Welche Eigenschaften haben praktische Gründe? Wie bzw. mit welchen Konzeptionen lassen sich diese Eigenschaften erklären? Das sind die leitenden Fragen, vor deren Hintergrund meine Auseinandersetzung mit den vorgeschlagenen Konzeptionen praktischer Gründe stattfindet. Den verschiedenen Konzeptionen, die in der zeitgenössischen Diskussion vertreten werden, lassen sich drei Theorien praktischer Gründe zuordnen. In jeder dieser Theorien ist eine Herausforderung formuliert, von der Vertreter der Theorien annehmen, die beiden anderen Theorien würden an eben dieser Herausforderung scheitern.

Die Theorien praktischer Gründe sind vor dem Hintergrund dreier verschiedener philosophischer Traditionen zu sehen: der aristotelischen, der kantischen und der humeschen. Auch wenn es miss-

---

Sollaussagen sind, aber nicht, dass jede Sollaussage auch eine Grundaussage ist (vgl. Williams (1981b)).

verständlich erscheinen könnte, diese Theorien mit den drei großen Philosophen zu assoziieren, so werde ich doch der gängigen Praxis folgen und von einer humeschen, einer kantischen und einer aristotelischen Theorie praktischer Gründe sprechen. Unglücklich oder missverständlich ist an dieser Namensgebung, dass die genannten Philosophen zum Teil diese Theorien weder implizit noch explizit vertreten haben. Insbesondere unterscheidet sich die so genannte humesche Theorie praktischer Gründe gerade von den Ausführungen Humes dadurch, dass sie eine Theorie praktischer Gründe ist. Vertreter der humeschen Theorie bestreiten daher nicht die Existenz praktischer Gründe.[4] Treffender wäre eine umständlichere Formulierung, der zufolge diese Theorien nur als von den Ideen und Ausführungen Humes, Kants oder Aristoteles geprägt zu bezeichnen wären.

Die humesche, die kantische und die aristotelische Theorie praktischer Gründe sind im Zusammenhang mit drei sich ebenfalls fundamental unterscheidenden Konzeptionen praktischer Überlegungen und praktischer Vernunft zu sehen. In meiner Arbeit stelle ich diese drei Theorien praktischer Gründe exemplarisch an jeweils einem ihrer prominentesten Vertreter vor. Bernard Williams, Christine Korsgaard und John McDowell prägen mit ihren Arbeiten die gegenwärtige Debatte über praktische Gründe. Williams' Konzeption steht in der Tradition Humes, die McDowells in der von Aristoteles und die Korsgaards in der von Kant. Alle drei entwerfen mehr oder weniger ausgearbeitete Versionen der genannten Theorien praktischer Gründe. Bevor ich ausführen werde, worin sich die genannten Positionen unterscheiden, möchte ich jedoch deutlich machen, worin sie sich einig sind und sich damit von anderen Konzeptionen praktischer Gründe unterscheiden.

Es ist eine weit verbreitete Ansicht, dass praktische Gründe zumindest die folgenden beiden Dimensionen aufweisen: Sie haben wesentlich eine normative und eine motivierende Dimension. Die Normativität praktischer Gründe erklärt sich durch den oben geschilderten Zusammenhang von Grundaussagen und Sollaussagen: Ein Grund für eine Handlung, ist ein Grund dafür, dass in besagter Weise gehandelt

---

[4] Vgl. dazu Elijah Millgram (1995).

werden soll. Dass praktische Gründe normativ sind bedeutet auch, dass sie Handlungen rechtfertigen können. Dass man aufrichtig sein soll, ist eine Rechtfertigung dafür, einer Person eine unbequeme Wahrheit zu sagen.

Dass Gründe motivierend sind bedeutet, dass – sofern denn eine Person aus einem Grund handelt – mit dem Grund erklärt werden kann, warum die Person so gehandelt hat. Diese Dimension praktischer Gründe wird dadurch erklärt, dass praktische Gründe Personen zu bestimmten Handlungen raten. Daher muss auch verständlich gemacht werden wie, wovon oder wodurch die Motivation zu der vom Grund angeratenen Handlung gebildet wird.

Es gibt aber auch Vertreter von Konzeptionen praktischer Gründe, die annehmen, diese Eigenschaften kämen praktischen Gründen nicht zugleich zu. Diese Philosophen wollen zwischen motivierenden Gründen einerseits und normativen Gründen andererseits unterscheiden.[5] In dieser Arbeit diskutiere ich keine Konzeptionen, die zwischen Gründen unterscheiden, denen *nur* die Eigenschaft, normativ zu sein, zukommt und solchen, denen *nur* die Eigenschaft, motivierend zu sein, zukommt.

Was aristotelische, humesche und kantische Theorien praktischer Gründe voneinander unterscheidet, ist die Weise, in der sie der normativen und der motivierenden Dimension praktischer Gründe Rechnung tragen. Der Vorwurf gegenüber Vertretern einer der beiden anderen Theorien praktischer Gründe besteht im Allgemeinen darin, dass diese entweder die Normativität praktischer Gründe nicht erklären könnten, oder aber der motivierenden Dimension nicht gerecht würden. So wichtig die Klärung der Frage, wie diese beiden Dimensionen praktischer Gründe erfüllt werden können, auch für eine Theorie praktischer Gründe sein mag, so wird in der gegenwärtigen Diskussion jedoch mindestens eine weitere Eigenschaft praktischer Gründe übersehen. Die besagte Eigenschaft, von der ich annehme, dass sie notwendig ist, damit etwas ein Handlungsgrund für eine Person sein kann, nenne ich *Zugänglichkeit*. Ein Grund für eine Handlung ist einer Person zugänglich, wenn die Person zu der Ansicht gelangen kann,

---

[5] So beispielsweise Derek Parfit (1997) und Michael Smith (1994) insb. 94 – 98.

dass etwas, nämlich der Grund, für die Handlung spricht.[6] In dieser Arbeit argumentiere ich dafür, dass praktische Gründe drei Dimensionen aufweisen: Sie sind normativ, motivierend und zugänglich. Die vorgeschlagenen Theorien praktischer Gründe werde ich vor allem daraufhin prüfen, ob sie diesen drei Dimensionen praktischer Gründe gerecht werden.

Im ersten Kapitel werde ich mich mit den drei genannten Bedingungen praktischer Gründe befassen. Im Zentrum stehen die Zugänglichkeit praktischer Gründe, sowie die beiden folgenden Fragen, was Zugänglichkeit bedeutet und was dafür spricht, dass Gründe zugänglich sein müssen. Ein detailliertes Bild der motivierenden und der normativen Dimension praktischer Gründe wird sich erst in den folgenden Kapiteln ergeben, in denen ich die drei Konzeptionen praktischer Gründe vorstelle. Die Diskussion findet dann vor dem Hintergrund zweier Fragen statt: Erstens, wie werden diesen Konzeptionen zufolge die Motivations- und die Rechtfertigungsbedingung erfüllt? Zweitens, können die Konzeptionen auch der dritten notwendigen Bedingung praktischer Gründe, der Zugänglichkeitsbedingung, gerecht werden?

---

[6] Vgl. auch meine folgenden Arbeiten: Petzold (1999), (2000) und Endres (2003a).

I. Kapitel: Eigenschaften praktischer Gründe

Seit geraumer Zeit wird in der praktischen Philosophie diskutiert, wann von einer Person gesagt werden kann, dass sie einen Grund für eine bestimmte Handlung hat. Weitestgehend einig ist man sich über die Notwendigkeit einer Motivations- und einer Rechtfertigungsbedingung. Wie aber diese Bedingungen erfüllt werden könnten, darüber wird heftig diskutiert. Mag die Klärung dieser Frage auch für eine adäquate Konzeption praktischer Gründe wichtig sein, so wird doch in der Diskussion mindestens eine weitere Bedingung übersehen. Die besagte Bedingung, die, so werde ich argumentieren, notwendig ist, damit etwas ein Grund für eine Person sein kann, nenne ich *Zugänglichkeitsbedingung*. Ein Grund ist einer Person zugänglich, wenn sie zu der Ansicht gelangen kann, dass etwas, nämlich der Grund, für eine bestimmte Handlung spricht.

Was spricht für die Zugänglichkeitsbedingung? Kurz gesagt, Folgendes: Erstens, damit Gründe überhaupt motivierend und rechtfertigend sein können, müssen sie zugänglich sein. Zweitens, die Zugänglichkeitsbedingung wird einer weit verbreiteten Ansicht über Gründe gerecht. So führt beispielsweise Bernard Williams aus:

> „[…] I want still to press the point that I made originally, that from both an ethical and a psychological point of view it is important that [A has a reason to ϕ] […] should say something special about A, and not merely invoke in connection with him some general normative judgement." („A" steht für den Akteur und „ϕ" für ein Handlungsverb.)[7]

Grundaussagen sind immer Aussagen über eine bestimmte Person. Insbesondere Humeaner berufen sich darauf, dass nur ihre Konzeptionen praktischer Gründe dieser Ansicht gerecht werden können.[8] Es ist

---

[7] Vgl. Williams (1995a).
[8] Vgl. Williams (1995b) 194. Eine Person hat Humeanern zufolge nur dann einen Grund für eine bestimmte Handlung, wenn diese einen ihrer Wünsche befriedigt

diese Ansicht über Gründe bzw. Grundaussagen, die den Ausgangspunkt meiner Arbeit bildet. Dabei geht es mir nicht darum, ihre Richtigkeit in Frage zu stellen, ganz im Gegenteil, ich teile diese Ansicht, sondern Folgendes zu zeigen: Die besagte Ansicht weist darauf hin, dass Gründen neben den Eigenschaften, normativ und motivierend zu sein, eine weitere zukommt. Gründe müssen Personen zugänglich sein.

In diesem Kapitel argumentiere ich für die Zugänglichkeit von Gründen. In den folgenden Kapiteln werde ich herausarbeiten, welche Implikationen sich für die traditionelle Debatte über praktische Gründe ergeben, wenn meine Ausführungen zutreffend sind. Ich beginne meine Überlegungen mit einer kurzen Darlegung dessen, was mit der normativen und der motivierenden Dimension von Gründen gemeint ist. Im Anschluss daran stelle ich vor, wie diese Dimensionen Vertretern humescher, kantischer und aristotelischer Konzeptionen praktischer Gründe zufolge, zu erklären sind. Nach dieser Einführung in die Debatte über adäquate Konzeptionen praktischer Gründe verweise ich auf eine ähnliche Debatte über theoretische Gründe. Aufschlussreich ist dieser Exkurs in die Erkenntnistheorie, weil er zeigt, dass in der Diskussion über Konzeptionen von Gründen für Meinungen, die in der Diskussion über Konzeptionen von Gründen für Handlungen nicht beachtete Zugänglichkeitsbedingung diskutiert wird. Nachdem ich dargestellt habe, was sich aus der Zugänglichkeit theoretischer Gründe für die praktische Philosophie ergibt, arbeite ich genauer heraus, was ich unter Zugänglichkeit von Handlungsgründen verstehe.

---

oder zu dessen Befriedigung beiträgt. Diese Position wird beispielsweise vertreten von Williams (1980). Anti-Humeaner hingegen bestreiten, dass das Vorhandensein passender Wünsche eine notwendige Bedingung für die Zuschreibung von Gründen ist. U.a. wird eine anti-humesche Position von Thomas Nagel vertreten. Vgl. Nagel (1986) insb. Kapitel 3.2 und 9.1.

1. Die normative und die motivierende Dimension von Gründen

Gründe für Handlungen, davon gehe ich wie bereits gesagt aus, haben immer sowohl eine normative als auch eine motivierende Dimension. Was aber ist damit gemeint, dass Gründe normativ und motivierend sind, und warum sollten wir überhaupt annehmen, dass sie diese beiden Dimensionen aufweisen?

Wenn wir sagen, dass Lord Peter einen Grund hat, seinen Neffen St. George zu helfen, dann meinen wir, dass etwas dafür spricht, dass Lord Peter seinem Neffen hilft. Wenn Lord Peter hilft, so kann der Grund seine Handlung rechtfertigen. Lord Peter kann beispielsweise darauf verweisen, dass sein Neffe in Not ist und daher Hilfe braucht. Mit dem, was für die Handlung spricht, also mit dem Grund, lässt sich rechtfertigen, in einer bestimmten Weise gehandelt zu haben. Neben dieser Interpretation der normativen Dimension als rechtfertigende, gibt es wenigstens noch eine weitere. Danach wird angenommen, dass ein enger Zusammenhang zwischen Aussagen darüber, wozu eine Person einen Grund hat und Aussagen darüber, was eine Person tun soll, besteht. Wenn Lord Peter einen Grund hat, seinem Neffen zu helfen, dann bedeutet das dieser zweiten Interpretation zufolge, dass Lord Peter seinem Neffen helfen *soll*.[9]

Mit Gründen, so wird gemeinhin angenommen, kann erklärt werden, warum eine Person etwas getan hat. Genauer gesagt, können Gründe Handlungen erklären, wenn die Person tut, wozu sie einen Grund hat, und es darüber hinaus auch aus dem Grund tut. Wenn Lord Peter seinem Neffen hilft, weil dieser in Not ist, dann erklärt der Grund das Handeln von Lord Peter. Er hat geholfen, weil der Neffe in Not ist. Erklären kann ein Grund eine Handlung, wenn der Grund die Person zu der Handlung motiviert. Die Person handelt dann auf der Basis des Grundes, oder anders gesagt, sie handelt aus dem Grund heraus. Dass Gründe motivierend sind, besagt aber nicht, dass sie immer zu Handlungen motivieren. Eine Person kann Gründe für zahlrei-

---

[9] Die Annahme, es bestände dieser enge Zusammenhang zwischen Aussagen über Gründe und Aussagen darüber, was eine Person tun soll, ist aber umstritten. Vgl. beispielsweise Williams (1981b).

che Handlungen haben, obwohl sie viele dieser Handlungen nie ausführt. Darüber hinaus ist es möglich, Gründe für sich ausschließende Handlungen zu haben. Lord Peter kann einen Grund haben, seinem Neffen eine größere Geldsumme zukommen zu lassen; und er kann einen Grund haben, sein Geld zusammen zu halten, um für das neue Haus zu sparen. Dass Lord Peter nicht aus beiden Gründen heraus handeln kann, sagt nichts über deren motivierende Kraft aus. Es muss lediglich möglich sein, dass die Gründe die Person zu den Handlungen motivieren können. Es muss möglich sein, dass aus ihnen heraus gehandelt wird. Wenn dann gehandelt wird, so kann mithilfe der Gründe erklärt werden, warum gehandelt wurde.

2. Theorien praktischer Gründe

Was die humesche, kantische und aristotelische Theorie praktischer Gründe voneinander unterscheidet, ist die Weise, in der sie der normativen und der motivierenden Dimension Rechnung tragen. Kennzeichnend für die humesche Theorie ist, dass ihr zufolge alle Gründe zumindest in der folgenden Hinsicht relativ sind: Sie sind abhängig von den Wünschen einer Person. Damit ist gemeint, dass eine Person nur einen Grund für eine bestimmte Handlung hat, wenn die Handlung einen ihrer Wünsche befriedigt oder zu dessen Befriedigung beitragen kann. Offensichtlich sind diese Philosophen durch den folgenden Gedanken von Hume inspiriert:

> „Die Vernunft ist nur der Sklave der Affekte und soll es sein; sie darf niemals eine andere Funktion beanspruchen als die, denselben zu dienen und zu gehorchen. […]
> Es läuft der Vernunft nicht zuwider, wenn ich lieber die Zerstörung der ganzen Welt will, als einen Ritz an meinem Finger. Es widerspricht nicht der Vernunft, wenn ich meinen vollständigen Ruin auf mich nehme, um das kleinste Unbehagen eines Indianers oder einer mir gänzlich unbekannten Person zu verhindern. Es verstößt ebenso wenig gegen die Vernunft, wenn ich das erkanntermaßen für mich weniger Gute dem Besseren vorziehe

und zu dem Ersteren größere Neigung empfinde, als für das Letztere." (Hume (1739) II. Buch, Teil 3, Abschnitt 3, 153d/415).

Humeaner vertreten diese These aufgrund einer Annahme über Handlungsmotivation. Sie nehmen an, dass nur Wünsche, die selber weder rational noch irrational sind, Motivation generieren können. Aristotelische und kantische Theorien unterscheiden sich von humeschen dadurch, dass sie diese Relativität von Gründen bestreiten. Ob eine Person einen Grund für eine Handlung hat oder nicht, hängt Vertretern dieser Theorien zufolge nicht davon ab, welche Wünsche die Person hat. Ob Lord Peter einen Grund hat, seinem Neffen zu helfen, hänge nicht von Lord Peters Wünschen ab. Vertreter einer humeschen Theorie praktischer Gründe werfen ihnen daher vor, dass sie nicht erklären könnten, dass Gründe zu Handlungen motivieren können. Weil Humeaner annehmen, dass Gründe immer relativ zu den Wünschen einer Person sind, bezeichnet man ihre Position auch als *Internalismus*. Entsprechend werden die beiden anti-humeschen Positionen *Externalismus* genannt. Diese Klassifikation geht auf Williams zurück (vgl. Williams (1980)).

Die Bezeichnung der Konzeptionen als internalistisch und externalistisch ist allerdings alles andere als glücklich, da mit den Begriffen auch Theorien über moralische Motivation klassifiziert werden. In der Debatte über moralische Motivation geht es um die Frage, ob moralischen Handlungsgründen neben einer normativen Dimension immer auch eine motivierende Dimension zukommt. Als Internalisten werden in dieser Debatte diejenigen bezeichnet, die die Ansicht vertreten, dass die Motivation moralisch zu handeln dadurch garantiert wird, dass die Person die moralische Proposition akzeptiert, beziehungsweise glaubt, dass diese Proposition wahr ist. Externalistischen Theorien zufolge kann man glauben oder akzeptieren, dass eine moralische Proposition wahr ist, ohne deshalb motiviert zu sein, moralisch zu handeln.[10] Es ist verwirrend, beide Debatten als einen Streit

---

[10] Die Unterscheidung zwischen internalistischen und externalistischen Theorien der Motivation geht laut Jonathan Dancy auf W. D. Falk zurück. Sie wurde von

zwischen Internalisten und Externalisten zu bezeichnen, da das Beziehen einer Position in einer der genannten Debatten keine Rückschlüsse darauf zulässt, welche Position in der anderen Debatte bezogen wird. Sowohl Vertreter internalistischer Konzeptionen praktischer Gründe als auch Vertreter externalistischer Konzeptionen praktischer Gründe, können Anhänger einer internalistischen Theorie moralischer Motivation sein.[11] Um die genannten Irritationen zu vermeiden, werde ich Internalisten in der eben gerade genannten Debatte Humeaner nennen und Externalisten Anti-Humeaner bzw. Kantianer und Aristoteliker. (Die andere Debatte über Gründe spielt in dieser Arbeit keine Rolle.) In welcher Hinsicht kantische und aristotelische Theorien externalistisch genannt werden können, darauf werde ich in den Kapiteln 4 und 5 näher eingehen.

Die aristotelische Theorie praktischer Gründe hingegen, versucht der normativen und der motivierenden Dimension praktischer Gründe dadurch gerecht zu werden, dass sie den Zusammenhang zwischen Handlungen, zu denen eine Person einen Grund hat, und Handlungen, die gut für die Person sind, auf eine besondere Weise erklärt. Laut der aristotelischen Theorie lassen sich durch praktische Überlegungen Werte erkennen, die unabhängig von der Wahrnehmung und den Interessen von Personen sind. Nach dieser Theorie erklärt sich die normative Dimension von Gründen dadurch, dass Gründe durch Werte konstituiert sind. Wenn Lord Peter überlegt, ob er seinem Neffen helfen soll, so kann er dieser Theorie zufolge in seinen Überlegungen dazu kommen, zu sehen, dass zu helfen moralisch wertvoll ist. Genauer gesagt, kann er erkennen, dass das Helfen einen moralischen Wert hat, der unabhängig davon besteht, ob die Hilfeleistung zur Befriedigung von einem seiner eigenen Wünsche beitragen könnte. Dass die Hilfeleistung wertvoll ist, gibt der aristotelischen Theorie zufolge wiederum Lord Peter einen Grund, seinem Neffen zu helfen.

Thomas Nagel aufgegriffen und weiter ausgearbeitet. Vgl. dazu Dancy (1993) 1 – 4, Falk (1947) und Nagel (1970).
[11] Vgl. dazu auch Dancy (1993) 253 – 357.

Die motivierende Dimension praktischer Gründe erklärt die aristotelische Theorie dadurch, dass Personen in praktischen Überlegungen erkennen können, dass es gut für sie ist, den Werten entsprechend zu handeln, aus denen sich die erkannten Gründe konstituieren. Aristoteles führt aus, dass ein guter Mensch ein Mensch ist, der sein *ergon* (eigentümliche Leistung, Funktion) gut ausübt.

„Wir nehmen nun an, daß die dem Menschen eigentümliche Leistung [*ergon*] ist: ein Tätigsein der Seele gemäß dem rationalen Element oder jedenfalls nicht ohne dieses, und nehmen ferner an, daß die Leistung einer bestimmten Wesenheit und die einer bestimmten hervorragenden Wesenheit der Gattung nach dieselbe ist [...], und so schlechthin in allen Fällen – es wird hierbei einfach das Plus, das in der Vorzüglichkeit der Leistung liegt, zu der Leistung hinzugefügt [...]."[12]

Entgegen dieser aristotelischen Vorstellung, nach der der Wert einer Handlung unabhängig von den mentalen Einstellungen, also z. B. unabhängig von den Wünschen und Überzeugungen von Personen ist, und in praktischen Überlegungen erkannt werden kann, konstituiert sich der instrumentelle Wert einer Handlung der humeschen Theorie zufolge durch die mentalen Einstellungen von rationalen Personen, die diese hätten, wären sie vollkommen informiert, und in deren Licht sie die Handlung bewerten würden.[13]

Gegenüber der kantischen Theorie wenden Vertreter einer aristotelischen Theorie ein, dass Personen, die den Wert einer Handlung nicht erkennen können, nicht notwendigerweise irrational sind. Gegenüber Vertretern einer humeschen Theorie führen sie aus, dass

---

[12] Aristoteles, Nikomachische Ethik, Buch I, 1098a 7 – 16. Von Interesse ist in diesem Zusammenhang der gesamte 7. Abschnitt des I. Buches, in dem Aristoteles das *ergon* Argument ausführt.
[13] Ich spreche mit Absicht generell von mentalen Einstellungen, da weder unter den Kantianern noch unter den Humeanern Einigkeit darüber besteht, um was für mentale Einstellungen es sich handelt: Kantianer streiten untereinander darüber, ob es sich um voluntative oder kognitive Einstellungen handelt, und Humeaner darüber, ob es voluntative oder motivierende Einstellungen sind.

Gründe nicht relativ zu den motivierenden Einstellungen der Person sind, weil sie durch Werte konstituiert seien, die unabhängig von den mentalen Einstellungen von Personen begründet sind.

Die kantische Theorie praktischer Gründe unterscheidet sich von den beiden anderen wiederum dadurch, dass es ihr zufolge neben der Forderung, laut der praktische Gründe normativ und motivierend sein müssen, noch eine weitere gibt, die mit dem kategorischen Imperativ zu tun hat: Nach Gründen zu handeln bedeutet auch, nach einem universellen Gesetz zu handeln.

„Der kategorische Imperativ ist [...] dieser: handle nur nach derjenigen Maxime durch die du zugleich wollen kannst, daß sie ein allgemeines Gesetz werde" (Kant (1785) 421).

Nach dem kategorischen Imperativ gilt, dass wer anerkennt, dass er beispielsweise einen Grund hat, seine Versprechen zu halten, damit nicht nur anerkennt, dass auch andere, sofern sie rational sind, einen Grund haben, ihre Versprechen zu halten, sondern auch wollen können muss, dass es ein universelles Gesetz ist, seine Versprechen zu halten. Durch diese weitere Bedingung soll garantiert werden, dass sich aus Gründen auch Forderungen, Verpflichtungen und Rechte anderen Personen gegenüber ergeben. Wenn man wollen kann, dass seine Versprechen zu halten ein universelles Gesetz ist, dann soll sich daraus ergeben, dass man auch von anderen fordern kann, dass sie ihre Versprechen halten. Es soll sich ein Recht auf die Einhaltung eines gegebenen Versprechens ergeben.

Im Unterschied zur kantischen Theorie ergeben sich Forderungen, Verpflichtungen oder Rechte anderen gegenüber, laut der aristotelischen Theorie, aus den unabhängig von den mentalen Einstellungen von Personen begründeten Werten. Wenn Versprechen zu halten moralisch wertvoll ist, dann kann gefordert werden, dass jeder seine Versprechen halten soll und jeder ein Recht darauf hat, dass gegebene Versprechen gehalten werden. Der humeschen Theorie zufolge, sind Forderungen und Verpflichtungen gegenüber anderen abhängig von den Wünschen der Person. Was andere von mir fordern können und wozu ich anderen gegenüber verpflichtet bin, das ergibt sich aus den Wünschen, die ich habe. Wenn ich mir eine Freundschaft mit einer bestimmten Person wünsche, so ergibt sich aus diesem Wunsch die Verpflichtung zu einigen Handlungen. Will ich meinen Wunsch befriedigen, so bin ich beispielsweise verpflichtet, meine Versprechen dieser Person gegenüber zu halten. Rechte gegenüber anderen können mit der humeschen Theorie nicht begründet werden. Ihre Existenz wird von Vertretern dieser Theorie konsequenter Weise auch bestritten. Aus meiner Verpflichtung, meine Versprechen zu halten, kann Humeanern zufolge nicht geschlossen werden, dass ich ein Recht darauf habe, dass andere ihre mir gegebenen Versprechen halten.

3. Zugänglichkeit von Gründen

In der Debatte darüber, wie sich die beiden notwendigen Eigenschaften von Gründen erklären lassen, wird meiner Ansicht nach übersehen, dass Gründen eine weitere notwendige Eigenschaft zukommen muss, damit praktische Gründe überhaupt motivieren und rechtfertigen können. Damit eine Person *aus* ihren Gründen, *auf der Basis* ihrer Gründe handeln kann, damit etwas überhaupt ein Grund *für* eine Person sein kann (und wir ihr den Grund zuschreiben können), muss die Person in der Lage sein, bestimmte *Meinungen* zu erwerben: dass sie einen Grund für die Handlung hat, dass die Handlung gut ist oder dass die Handlung in ihrem Interesse ist. Dass diese Beziehung besteht, zeigt sich schon darin, dass in jeden praktischen Schluss Meinungen der genannten Art eingehen. Meiner Ansicht nach ist auch die Konklusion eines praktischen Schlusses selbst wiederum eine Meinung.[14] Gründe, so lautet demnach meine These, müssen einer Person zugänglich sein, um sie überhaupt zu Handlungen motivieren zu können und – sofern denn gehandelt wird – ihre Handlungen rechtfertigen zu können. Grob gesagt, ist ein Grund für eine Handlung einer Person zu-

---

[14] Aristoteles führt zuweilen aus, dass die Konklusion eines praktischen Schlusses eine Handlung ist (vgl. Aristoteles, Nikomachische Ethik, 1147a 23 – 31). Ich folge dieser Idee nicht.

gänglich, wenn die Person zu der Ansicht gelangen kann, dass etwas, nämlich der Grund, für eine bestimmte Handlung spricht.[15]

Für ein genaueres Verständnis dessen, was die Rede von der Zugänglichkeit von Gründen besagt, ist es notwendig, einen Exkurs in die Erkenntnistheorie zu unternehmen. Auch dort findet eine Debatte über Gründe, genauer gesagt über theoretische Gründe statt. Diese Debatte befasst sich nicht nur damit, was ein theoretischer Grund ist, sondern auch mit dem Verhältnis des Meinungsträgers zu dem Grund.

4. Internalismus und Externalismus in der Erkenntnistheorie

Auch in der Erkenntnistheorie gibt es verschiedene Konzeptionen von Gründen. Dabei wird unter anderem über die Frage gestritten, wann von einer Person richtigerweise gesagt werden kann, sie habe einen Grund zu glauben, dass p, oder für ihren Glauben, dass p?[16] Internalisten behaupten, dass externalistische Ansätze notwendige Beschränkungen von Rechtfertigung verletzen, indem sie das, was Meinungen rechtfertigt, auf etwas stützen, das außerhalb des Erkenntnisvermögens des Meinungsträgers liegt und in diesem Sinn extern vom Meinungsträger ist. So soll beispielsweise die Wahrheit von p, die Meinung, dass p, rechtfertigen können, ganz gleich ob der Meinungsträger zu der Ansicht gelangen kann, dass p wahr ist. Internalisten nennen in dieser Debatte die einschränkenden Bedingungen von Rechtfertigung. Sie führen beispielsweise an, dass nur andere Meinungen Meinungen von Personen rechtfertigen können. Die externalistischen Positionen bestehen in der Debatte im Allgemeinen schlicht in der Behauptung, dass die internalistischen Einschränkungen keine notwendigen Bedin-

---

[15] Zuweilen sage ich auch, dass eine Person erkennen können muss, dass etwas für die Handlung spricht. Ich meine damit nur, dass die Person sehen und erfahren kann, also zu der Ansicht gelangen kann, dass etwas für die Handlung spricht. Ich benutze „erkennen" nicht in einer Weise, die „wissen" impliziert.
[16] „p" ist Platzhalter für Sätze, die Propositionen ausdrücken. „p" steht für nominalisierte Sätze, „P" für eine singuläre Konstruktion. Eine Proposition ist vereinfacht gesagt der Gehalt eines Gedankens, das in einem Gedanken Gedachte.

gungen zum Gerechtfertigtsein einer Person in ihrer Meinung, dass p sind.[17]

Sowohl in der theoretischen als auch in der praktischen Debatte geht es um die Zuschreibung von Gründen. Genauer formuliert wird in der Erkenntnistheorie über die Interpretation von Aussagen der folgenden Form debattiert: „Eine Person hat einen Grund zu glauben, bzw. für ihre Überzeugung, dass p." In der praktischen Debatte geht es um die Interpretation von Aussagen wie: „Eine Person hat einen Grund für eine bestimmte Handlung." Gründe, sowohl für Meinungen als auch für Handlungen, sind immer Gründe *für* etwas; und dieses „für" hat einen doppelten Sinn. Theoretische Gründe sind Gründe für mentale Zustände, wie zum Beispiel Überzeugungen und Meinungen. Praktische Gründe sind Gründe für Handlungen. Und beide Arten von Gründen sind auch Gründe für ein Subjekt, nämlich den Überzeugungsträger bzw. den Handelnden. Diese zweite Eigenschaft von Gründen, dass sie immer Gründe für eine bestimmte Person sind, begründet sowohl epistemische internalistische Ansätze als auch humesche Konzeptionen praktischer Gründe.[18] Aussagen der Form „eine Person hat einen Grund, in bestimmter Weise zu handeln", sind immer Aussagen über die praktischen Gründe *dieser* Person. Entsprechendes wird auch für den theoretischen Bereich angenommen: Aussagen der Form „eine Person hat einen Grund, zu glauben, dass p", sind immer Aussagen über die theoretischen Gründe dieser Person. Dass Aussagen über Gründe stets Aussagen über eine bestimmte Person sind, besagt meiner Ansicht nach darüber hinaus, dass die Gründe, von denen in den Aussagen die Rede ist, der Person zugänglich sein müssen, damit es Gründe der Person sein können.

Wie ich in den folgenden Teilen der Arbeit zeigen werde, sind sowohl humesche als auch kantische Ansätze praktischer Gründe mit der Beobachtung, dass Aussagen über Gründe immer auch Aussagen über eine bestimmte Person sind, vereinbar. Aristotelische Konzeptio-

---

[17] Ich folge William Peter Alston in dieser Charakterisierung der Positionen. Vgl. Alston (1989) 185.
[18] Vgl. dazu auch Bill Brewer (1999) Kapitel 5.

nen praktischer Gründe, so werde ich im 4. Kapitel darlegen, können dieser Beobachtung nicht gerecht werden.

5. Epistemischer Internalismus

Um zu verstehen, was mit Zugänglichkeit in der Debatte um eine adäquate Konzeption von Gründen für Meinungen gemeint ist, werde ich kurz zwei verschiedene internalistische Ansätze theoretischer Gründe vorstellen.[19] In den folgenden Abschnitten werde ich dann darlegen, was sich aus der Zugänglichkeit theoretischer Gründe für Konzeptionen von Handlungsgründen ergibt.

Die beiden internalistischen Ansätze in der Erkenntnistheorie geben jeweils andere Argumente für die These, dass theoretische Gründe interne Gründe sind, oder – wie es zuweilen auch ausgedrückt wird – epistemische Rechtfertigung intern ist. Kernthese aller internalistischen Ansätze ist, dass Gründe für Meinungen in irgendeiner Weise *im* Meinungsträger sein müssen. Das heißt natürlich nicht, dass alle mentalen Vorgänge in einer Person, Gründe für die Meinung der Person, dass p, sein können. Physiologische Vorgänge in der Person, von denen sie nichts weiß, würden nicht als Gründe zählen (vgl. Alston (1989) 185). Was ist damit gemeint, dass die Gründe in der Person sind? Einem Ansatz zufolge bedeutet es, dass nur andere kognitive mentale Einstellungen der Person, wie Meinungen oder Überzeugungen Gründe sein können. Nach einem anderen Ansatz besagt es, dass die Gründe der Person *epistemisch zugänglich* sein müssen. Entsprechend wird ersterer *Überzeugungs-* und letzterer *Zugänglichkeitsinternalismus* genannt.[20]

---

[19] Meine Ausführungen über Meinungs- und Zugänglichkeitsinternalismus orientieren sich an Alston (1989). Vgl. für eine detaillierte Darstellung verschiedener internalistischer und externalistischer Konzeptionen epistemischer Gründe, Robert Audi (1998) 231 – 238.
[20] Einen Überzeugungsinternalismus vertritt beispielsweise Alvin Goldman. Vgl. Goldman (1980), siehe auch Richard Foley (1985). Einen Zugänglichkeitsinternalismus vertreten beispielsweise Roderick M. Chisholm (1966) und Carl Ginet (1975).

Der Zugänglichkeitsinternalismus ist nicht auf die These festgelegt, dass nur andere kognitive Einstellungen des Meinungsträgers Gründe für Meinungen sein können. Vertreter eines Zugänglichkeitsinternalismus müssen daher nicht entscheiden, ob nur Meinungen Gründe für Meinungen sein können, oder ob daneben auch Erfahrungen oder phänomenologische Eindrücke, wie beispielsweise das Sehen eines Gegenstandes, Gründe für Meinungen sein können. Wenn ich vom epistemischen Internalismus spreche, dann meine ich stets den Zugänglichkeitsinternalismus.

Hinter der Bezeichnung „Zugänglichkeitsinternalismus" verbergen sich allerdings verschiedene Ansätze. Einigen Ansätzen zufolge hat eine Person einen Grund für ihre Meinung, dass p, wenn ihr in *privilegierter* Weise zugänglich ist, dass etwas für P spricht. Die Zugänglichkeit ist privilegiert, wenn die Meinungen, die zugänglich sind, *direkt, unfehlbar* oder *unkorrigierbar* sind. Anhand des folgenden Beispiels möchte ich darlegen, was direkt, unfehlbar und unkorrigierbar in diesem Zusammenhang bedeuten. Angenommen, Lord Peter hat Zahnschmerzen. Den Schmerz, den Lord Peter fühlt, das direkte Wahrnehmen des Schmerzerlebnisses ist ein Grund für seine Meinung, dass er Zahnschmerzen hat. Die Meinung gilt als unkorrigierbar, wenn andere Lord Peter nicht dahingehend verbessern können, dass seine (aufrichtig geäußerte) Meinung, er habe Zahnschmerzen falsch ist. Die Meinung von Lord Peter, dass er Zahnschmerzen hat, ist unfehlbar, wenn es nicht vorkommen kann, dass Lord Peter irrtümlich annimmt, dass er Zahnschmerzen hat.

Mir schwebt aber eine moderatere Form von Zugänglichkeitsinternalismus vor. Danach muss die Zugänglichkeit nicht privilegiert sein und die Meinungen müssen nicht direkt, unfehlbar oder unkorrigierbar sein. Die Gründe müssen lediglich auf epistemische Weise zugänglich sein. Man könnte diese Form auch minimalen Zugänglichkeitsinternalismus nennen.

Die externalistische Position besteht lediglich in der Verneinung der internalistischen Anforderungen an Grundzuschreibungen. Ein externalistischer Ansatz, wie z. B. die Verlässlichkeitstheorie (*reliabilism*), nimmt an, dass eine Person einen Grund hat zu glauben, dass p, wenn sie ihre Meinung, dass p, in einer objektiv verlässlichen Weise gebildet hat. Eine Meinung ist in einer objektiv verlässlichen Weise gebildet worden, wenn diese Art der Meinungsbildung meistens zu Meinungen führt, die wahr sind. Dieser objektiven Verlässlichkeit muss sich die Person nicht bewusst sein. Sie muss weder wissen noch glauben, dass ihre Meinung in einer verlässlichen Weise gebildet wurde. Internalisten kritisieren, dass eine Person keinen Grund hat zu glauben, dass p, wenn sie nicht sieht, dass die Meinungsbildung verlässlich ist, oder dass irgend etwas für die Richtigkeit von P spricht. Die internalistische Idee ist, dass diesem subjektiven Aspekt von Gründen oder Gründe haben, nur durch die *Zugänglichkeitsbedingung* Rechnung getragen werden kann. Und die lautet:

> Eine Person hat einen Grund zu glauben, dass p, nur wenn ihr in irgendeiner epistemischen Art zugänglich ist, dass etwas, nämlich der Grund, für P spricht.

Dass einer Person ein Grund zugänglich ist, bedeutet in diesem Zusammenhang, dass es für die Person durch Nachdenken, Erfahrung, Perzeption oder Introspektion erkennbar ist, dass etwas, nämlich der Grund, für P spricht oder P der Fall ist. Ebenso ist es der Person erkennbar, wenn eine andere Person ihr den Grund nennen oder zeigen würde und die Person erfassen würde, dass das Gezeigte oder Genannte für P spricht. Einer Person ist der Grund zugänglich, wenn sie den Grund erfassen und sehen kann, dass der Grund für P spricht. Daraus folgt, dass alles, was Personen nicht wissen können, weder direkt noch indirekt erfahrbar ist, keine Gründe für ihre Meinungen sein können. Insbesondere folgt, dass Dinge, die eine bestimmte Person nicht wissen kann, nicht ihre Gründe für ihre Meinungen sein können. Und es folgt, dass P's Wahrheit allein nicht der Grund für eine Person sein kann, zu glauben, dass p. Die Person muss sehen, dass p der Fall ist, oder dass etwas für P's der-Fall-sein spricht. Machen wir uns dies an folgendem Beispiel verständlich.

Versetzen wir uns in die Zeit vor Einstein. Hatte eine Person, die zu dieser Zeit aufwuchs, einen Grund zu glauben, dass sich nichts schneller als das Licht fortbewegen kann? Es gibt nichts in dem Überzeugungsprofil der Person und nichts, was die Person wahrnehmen könnte, das für diese Überzeugung spricht. Hatte die Person einen Grund zu glauben, dass Menschen, die zum Mond fahren, zur Zeit ihrer Rückkehr jünger sind als sie es wären, wenn sie dieselbe Zeit auf der Erde verbracht hätten? Nach dem epistemischen Internalismus hatte die Person keinen Grund, so etwas zu glauben. Die Gesamtheit ihrer Meinungen, alle ihre Erfahrungen und auch die der übrigen Mitglieder ihrer Gesellschaft sprechen gegen das Phänomen der Zeitdilatation. Außer der Relativitätstheorie gibt es nichts, was für eine Zeitdilatation spricht. Daraus, dass es wahr ist, dass Mondreisende jünger bei ihrer Rückkehr zur Erde sind, als wenn sie für dieselbe Zeit auf der Erde geblieben wären, folgt nicht, dass eine bestimmte Person einen Grund hat, so etwas zu glauben. Nicht nur in diesem Fall scheint die Wahrheit von P allein nicht hinreichend zu sein, um für eine Person einen Grund für die Meinung, dass p, darzustellen. Vielmehr scheint in fast jedem Fall die Wahrheit von P allein nicht hinreichend dafür zu sein, einer Person Gründe für die Meinung, dass p, zu geben.[21]

Ein Externalist könnte der Ansicht zustimmen, dass Wahrheit allein nicht hinreichend dafür ist, dass etwas ein Grund ist. Vielmehr muss die Weise, in der die Meinung gebildet wird, *verlässlich* sein. Folgendes Beispiel soll zeigen, dass eine verlässliche Meinungsbildung allein auch nicht hinreichend ist.[22] Es muss der Person darüber

---

[21] Chisholm argumentiert allerdings dafür, dass Meinungen, die von gegenwärtigen phänomenalen Erlebnissen handeln, eine Ausnahme darstellen (vgl. Chisholm (1966) insb. Kapitel 6). Warum glaubt Lord Peter, dass er heftige Schmerzen hat? Weil er heftige Schmerzen hat. In diesem Fall, so Chisholm, gibt die Wahrheit von P allein einen Grund für die Meinung, dass p. Für den Punkt, den ich machen möchte, ist es unerheblich, ob Chisholms Ausführungen richtig sind oder nicht. Die Vorstellung, dass die Wahrheit von P allein hinreichend dafür ist, Gründe für die Meinung, dass p, zu geben, ist bestenfalls für Meinungen, die von gegenwärtigen phänomenalen Erlebnissen handeln, plausibel. Das aber bedeutet, dass sie für die Mehrzahl unserer Meinungen falsch ist.
[22] Das folgende „Hellseher"-Beispiel stammt ursprünglich von Laurence Bonjour (1980) und wurde von Alston modifiziert (vgl. Alston (1989) 225).

hinaus zugänglich sein, dass sie ihre Meinungen in einer verlässlichen Weise bildet.

Harriet hat eine eigenartige Begabung. Von Zeit zu Zeit hat sie plötzlich Überzeugungen, die das zukünftige Wetter in weit entfernten Gebieten betreffen. Sie glaubt, dass Hongkong in zwei Wochen von einem Unwetter heimgesucht werden wird, Oslo in vier Wochen im Schnee versinken wird und in Moskau in zwei Monaten eine Hitzewelle auftreten wird. Diese Überzeugungen kommen ihr einfach so aus dem Blauen heraus in den Sinn. Was diese kuriose Eigenart wirklich zu einem Talent macht, ist die Tatsache, dass alle diese Überzeugungen wahr sind. Wollen wir aber deshalb sagen, dass Harriet Gründe für diese Überzeugungen hat; Gründe, obwohl es nichts gibt, was für ihre Überzeugungen spricht – außer, dass sie wahr sind?[23]

Hier zögern wir. Erst nachdem Harriet bemerkt, dass diese Überzeugungen verlässlich sind, nur wenn sie sieht, dass sie diese kuriose Begabung hat, würde ich sagen, dass sie Gründe für ihre Überzeugungen hat, dass es in Hongkong ein Unwetter, eine Schneekatastrophe in Oslo und eine Hitzewelle in Moskau geben wird. Ich würde sagen, dass sie Gründe hat, auch wenn es ihr vollkommen unklar ist, wie diese Begabung funktioniert, es ihr also unklar ist, wie sie zu diesen Überzeugungen gelangt. Es reicht, dass sie von ihrem Talent und der Verlässlichkeit der Überzeugungsbildung weiß.

Eine internalistische Theorie kann diesen Wechsel in der Grundzuschreibung anerkennen. Bevor Harriet sieht, dass ihre Überzeugungen verlässlich sind, gibt es nichts, auf das Harriet zeigen könnte oder das sie heranziehen könnte als etwas, was ihr einen Grund gibt zu glauben, dass es in zwei Wochen ein Unwetter in Hongkong geben wird usw. Es gibt kein Zeichen, keinen Hinweis und kein Indiz

---

[23] Irrelevant ist in diesem Zusammenhang, dass Harriets Wetterprognosen verifizierbar sind. Dass sie das sind, möchte ich nicht bestreiten – man muss ja einfach nur schauen, ob ihre Vorhersagen eintreten. Entscheidend ist, dass es zum Zeitpunkt ihrer Vorhersage keine Indizien, Anzeichen oder Hinweise für ihre Prognosen gibt. Sollten Daten, die durch Wettersatelliten gewonnen werden, für diese Voraussagen taugen, so müsste man lediglich das Beispiel ändern. Etwa: Harriet kann voraussagen, wie das Wetter in 200 Jahren an dem Ort sein wird, an dem sie sich gerade befindet.

dafür, dass diese Überzeugungen wahr sind. Wann immer es keinen Hinweis gibt, dass etwas für eine Überzeugung spricht, also dafür, dass sie wahr ist, widerstrebt es uns, zu behaupten, die Person habe einen Grund für ihre Überzeugungen. Nur wenn der Person zugänglich ist, dass etwas für ihre Überzeugung, dass p spricht, ist es überhaupt möglich, dass diese Person Grund hat zu glauben, dass p.

6. *Zugänglichkeit von Handlungsgründen*

Was folgt aus der Zugänglichkeit theoretischer Gründe für den Bereich der praktischen Philosophie? Wenn Meinungen generell nur gerechtfertigt sein können, sofern die Gründe dem Meinungsträger zugänglich sind, dann können auch die Meinungen über Handlungsgründe nur gerechtfertigt sein, wenn die Gründe für diese Meinungen zugänglich sind. Der Kürze halber spreche ich im Folgenden zuweilen auch von der Zugänglichkeit von Meinungen, meine damit aber stets, dass das, was für die Meinungen spricht, nämlich der Grund, zugänglich ist. Zugänglich sind Gründe für die Meinungen, wenn der Meinungsträger durch Überlegen, Perzeption oder Introspektion zu der Ansicht gelangen kann, dass etwas für die Meinungen spricht oder sie wahr sind. Um einer Person einen Grund für ihre Meinung, dass sie in einer bestimmten Weise handeln soll, zuschreiben zu können, muss die Person durch Überlegen, Perzeption oder Introspektion erkennen können, dass etwas für ihre Meinung, dass sie einen Handlungsgrund hat, spricht. Für die Meinung, dass die Person in einer bestimmten Weise handeln soll, spricht beispielsweise, dass diese Handlung zu der Befriedigung eines ihrer Wünsche beiträgt, vernünftig, moralisch gefordert oder gut ist. Das aber sind (mögliche Kandidaten für) *Handlungsgründe*.

Um begründete Meinungen über die eigenen Handlungsgründe zu erwerben oder zu haben, müssen Handlungsgründe zugänglich sein. Ohne ihre Zugänglichkeit können die Endpunkte praktischer Überlegungen, die praktischen Konklusionen, nicht gerechtfertigt sein. Für die praktische Philosophie ist die Zugänglichkeitsbedingung theoretischer Gründe daher von Bedeutung: Wenn wir einer Person einen Handlungsgrund zuschreiben, der ihr unzugänglich ist, dann bedeutet das, dass die Person keinen Grund hat zu der Meinung, dass sie in bestimmter Weise handeln soll. Wir können uns zwar redlich bemühen, sie vom Gegenteil zu überzeugen, aber wir werden scheitern. Sollte es uns dennoch gelingen, die Person dazu zu bringen, die entsprechende Meinung zu erwerben, dann ergibt sich folgendes Problem: Entweder war der Grund ihr doch zugänglich, und die Person hat vorher einfach nicht intensiv genug nachgedacht, oder die Person sieht nach wie vor nicht, dass etwas für ihre Handlung spricht, sie glaubt aber unserem Urteil (vielleicht haben wir sie schon oft gut beraten). Wenn die Person die Meinung erwirbt, weil sie uns vertraut und auch gute Erfahrung mit unseren Ratschlägen gemacht hat, dann ist ihr Vertrauen in unsere Urteilskraft ein Grund für ihre Meinung, dass sie in bestimmter Weise handeln soll. Ihr ist also zugänglich, dass etwas für ihre Meinung spricht: sie kann uns vertrauen.

In einem überzeugenden Ansatz praktischer Gründe sollte so ein Fall aber höchstens eine Ausnahme sein. Es sind zwar Gründe zugänglich, aber es sind Gründe der falschen Art. Die Gründe sind von der falschen Art, weil sie nichts damit zu tun haben, dass die Handlung moralisch, gut, richtig oder vernünftig ist. Angenommen, eine Person glaubt nur deshalb, dass sie gegebene Versprechen halten soll, weil sie ihrer Freundin glaubt, die ihr sagt, dass Versprechen gehalten werden müssen. Wenn aus Sicht der Person nur für die Überzeugung spricht, dass Versprechen gehalten werden müssen, dass das ihre Freundin sagt, dann ist diese Überzeugung der Person nicht genuin moralisch. Unter moralischen Überzeugungen auf der Basis von Gründen verstehen wir im allgemeinen nicht das blinde Vertrauen in die Urteile anderer. Vielmehr meinen wir damit, dass jemand die Vernünftigkeit einer Handlung oder ihr Gutsein sieht und deshalb (aus diesen Gründen) die Überzeugungen erwirbt oder hat.

Aus der Zugänglichkeit theoretischer Gründe folgt demnach, dass eine Person in ihren *Meinungen*, die davon handeln, was sie tun soll, nur gerechtfertigt sein kann, wenn ihr ihre Handlungsgründe zugänglich sind. Es folgt aber nicht, dass eine Person nur Grund haben kann, zu handeln, wenn ihr ihre Handlungsgründe zugänglich sind.

Das heißt, aus der Zugänglichkeit theoretischer Gründe folgt nicht die Zugänglichkeit praktischer Gründe. Auch wenn dieser logische Zusammenhang nicht besteht, möchte ich für die Zugänglichkeit von Handlungsgründen argumentieren. Statt eines Beweises im strengen Sinn des Wortes zu geben, werde ich eine Reihe von Punkten geltend machen, die dafür sprechen, analog zur Zugänglichkeitsbedingung theoretischer Gründe, eine Zugänglichkeitsbedingung praktischer Gründe anzunehmen.

7. Zugänglichkeit, Normativität und motivierende Kraft

Wie ich bereits mehrfach behauptet habe, können Gründe nur dann eine normative und eine motivierende Dimension aufweisen, wenn sie auch zugänglich sind. Dass Gründe Personen zugänglich sein müssen, um normativ und rechtfertigend sein zu können, wird deutlich, wenn man sich ansieht, welche unhaltbaren oder wenig überzeugenden Annahmen man sich einhandelt, wenn man an der motivierenden und normativen Dimension *unzugänglicher* Gründe festhalten möchte.

Ich beginne mit der normativen Dimension praktischer Gründe, das heißt, mit der Eigenschaft praktischer Gründe, Handlungen rechtfertigen zu können. Unzugängliche praktische Gründe können eine normative Dimension meiner Ansicht nach nur haben, wenn angenommen wird, dass das, was Handlungen rechtfertigt, außerhalb des Erkenntnisvermögens der handelnden Person sein kann. Wer gegen die Zugänglichkeitsbedingung praktischer Gründe argumentiert, der muss annehmen, dass Handlungen *allein* dadurch gerechtfertigt sein können, dass sie moralisch gut, richtig oder klug sind. So jemand müsste auch behaupten, dass es für die Rechtfertigung einer Handlung unerheblich ist, ob die handelnde Person zu der Ansicht gelangen kann, dass ihre Handlungen moralisch gut, richtig oder klug sind.

Meines Erachtens kann diese externalistische Konzeption von Rechtfertigung auch im Bereich der praktischen Philosophie nicht überzeugen.[24] Nehmen wir an, dass ich überlege, welche Zahlen auf

---

[24] Vgl. für externalistische Konzeptionen epistemischer Rechtfertigung und ihre Probleme, beispielsweise Bonjour (1980), Foley (1985) und Alston (1989).

einem Lottoschein ich ankreuzen soll. Ich komme zu dem Ergebnis, dass ich mein Geburtsdatum, meine Hausnummer und die letzten drei Ziffern meiner Telefonnummer wählen soll. Wie es sich zeigt, liege ich richtig und der Jackpot gehört mir. Obwohl die Handlung (das Markieren der Nummern auf dem Lottoschein), und auch das Ergebnis meiner Überlegung (mein Geburtsdatum, etc. zu wählen) in meinem Interesse sind, würde noch nicht einmal ich selbst von mir behaupten, dass meine Handlung oder das Ergebnis meiner Überlegung in einem normativ relevanten Sinn gerechtfertigt sind. Ich habe einfach Glück gehabt. Aber Glück kann weder Handlungen noch Überlegungen rechtfertigen.

Da aber daran gezweifelt werden kann, dass es Gründe gibt zu spielen, betrachte ich Situationen, in denen überzeugender von einer Person gesagt werden kann, dass sie Gründe dafür hat, in einer bestimmten Weise zu handeln. Es ist eine weit verbreitete Überzeugung, dass jeder einen Grund hat, seine gegebenen Versprechen zu halten. Angenommen, Emma kann nicht erkennen, dass es etwas gibt, das dafür spricht, dass sie ihre Versprechen hält. Wenn wir ihr sagen, dass es gut sei, wenn sie ihre Versprechen hielte, so glaubt sie uns und hält ihre Versprechen. Ich würde weder Emmas Handlung noch ihr Handeln gerechtfertigt nennen. Warum oder aus welchem Grund jemand etwas tut, spielt bei der Rechtfertigung der Handlung eine Rolle. Nicht nur was bei der Handlung herauskommt, oder wie gehandelt wurde bestimmt, ob die Handlung gerechtfertigt ist, sondern auch, aus welchen Gründen und mit welcher Absicht gehandelt wurde.[25]

Auch die zweite Dimension praktischer Gründe spricht meiner Ansicht nach dafür, die Zuschreibung praktischer Gründe von ihrer Zugänglichkeit abhängig zu machen. Im Unterschied zu der normativen Dimension, schließt aber die Unzugänglichkeit eines Grundes nicht aus, dass dem Grund die motivierende Dimension abhanden

---

[25] Ich vertrete hier eine deontologische Ethik. Teleologische Ethiken, wie z. B. der Konsequentialismus oder der Utilitarismus messen den Wert einer Handlung am Ergebnis der Handlung und nicht an der Intention des Handelnden. Vgl. für die Unterscheidung zwischen teleologischen und deontologischen Ethiken beispielsweise John Rawls (1971) 22 – 33 und Ernst Tugendhat (1993) 126 – 128.

kommt, sondern legt vielmehr ein Verständnis der motivierenden Dimension nahe, das keinen Raum lässt für den Einfluss von Rationalität auf die Generierung von Handlungsmotivation. Deutlich wird dies, wenn wir uns fragen, auf welche Weise ein Grund, der einer Person unzugänglich ist, die Person zum Handeln motivieren könnte? Die nahe liegende Antwort lautet, dass ein passender Wunsch kausal die Handlung der Person hervorbringt. Wenn die Person handelt, dann hat der Grund ihre Handlung verursacht. Mit einem Beispiel von Michael Smith lässt sich dies illustrieren.[26]

Angenommen, John kauft seine Zeitung immer an einem ganz bestimmten Kiosk. Dafür nimmt er ohne ersichtlichen Grund einen kleinen Umweg in Kauf. Die Zeitung ist zum gleichen Preis bei einem Kiosk, der direkt auf seinem Weg zur Arbeit liegt, erhältlich. Es gibt aber folgenden kleinen Unterschied, der Johns bevorzugten Kiosk von dem anderen unterscheidet. Hinter dem Zeitungsstand befindet sich ein Spiegel. Wer eine Zeitung aus dem Ständer nimmt, wird mit seinem Konterfei im Spiegel konfrontiert. John selber bestreitet allerdings vehement, dass sein Grund dafür die Zeitung bei diesem Stand zu kaufen sei, dass er sich sehen möchte. Nehmen wir an, dass John, obwohl seine Reaktion aufrichtig ist, den Wunsch hat, sein Spiegelbild zu sehen.

Man könnte sagen, dass John einen Grund hat, die Zeitung bei diesem Stand zu kaufen, weil das seinen Wunsch befriedigt, sein Spiegelbild zu sehen. Obwohl John dieser Grund nicht zugänglich ist, weil er nicht glaubt, dass er diesen Wunsch hat, kauft er die Zeitung bei dem Stand mit den Spiegeln. Der Wunsch, sein Spiegelbild zu sehen, verursacht sein Handeln.

Diese Interpretation der motivierenden Dimension von Gründen ist aber nicht attraktiv, da sie zu einer Konzeption rational Handelnder führt, die wir meiner Ansicht nach zurückweisen sollten. Ohne hier dafür angemessen argumentieren zu können, stehen Konzeptionen praktischer Gründe, die die Motivation zu Handlungen ausschließlich mithilfe des Motivationsprofils einer Person erklären, vor folgendem Problem: Sie können nicht der Weise Rechnung tragen, in der die

---

[26] Vgl. Smith (1994) 106.

handelnde Person die Situation wahrnimmt.[27] Für die Handelnde sieht es so aus, als ob nicht die Anwesenheit eines Wunsches ihre Handlungsmotivation generiert hätte, sondern die Tatsache, dass (a) die Handlung zur Befriedigung eines ihrer Wünsche beiträgt; (b) die Handlung klug ist; oder (c) die Handlung moralisch gut ist. Dieser Phänomenologie kann man durch die Annahme gerecht werden, dass die *Einsicht* der Handelnden, dass die Handlung klug oder in anderer Weise attraktiv ist, die Person motiviert hat, zu handeln. Erklärt man aber im Einklang mit der Konzeption, die wir meiner Ansicht nach ablehnen sollten, die motivierende Dimension praktischer Gründe ausschließlich durch die Anwesenheit passender Wünsche, dann gibt es keinen Raum für den Einfluss von Einsicht, Erkennen oder Überlegen auf die Generierung von Handlungsmotivation. Ohne anzunehmen, dass Handelnden zumindest eine gewisse Kontrolle über die Generierung von Handlungsmotivation zukommt, können wir weder eine Erklärung für Handlungen auf der Basis von Gründen geben, noch dafür, dass Personen durch Gründe zu Handlungen motiviert sind, die auch der Weise gerecht wird, wie wir als Handelnde die Situation erleben.

Aber für Konzeptionen praktischer Gründe, die der genannten Phänomenologie gerecht werden können, und Raum lassen für den Einfluss von Einsicht von Personen auf die Bildung von Handlungsmotivation, schließt meiner Ansicht nach die Unzugänglichkeit eines Grundes aus, dass dieser eine Person zum Handeln motivieren kann. Wie könnte erklärt werden, dass eine Person in ihren Überlegungen ihren Gründen Rechnung trägt und von ihren Gründen auf eine Weise motiviert wird, die der Vernünftigkeit der Person gerecht wird, wenn die Person nicht sehen kann, dass etwas (ein Grund) für eine bestimmte Handlung spricht? Ich sehe keine Antwort auf diese Frage. Daher komme ich zu dem Ergebnis, dass, wer an dem Zusammenhang zwischen dem Handeln aus Gründen und der Vernünftigkeit von handelnden Personen festhalten möchte, für die Zugänglichkeitsbedingung praktischer Gründe votieren sollte.

---

[27] Vgl. für eine ausführliche Argumentation Jay Wallace (1999).

8. Wann sind Gründe unzugänglich?

Ich habe angegeben, dass ein Grund für eine Handlung einer Person unzugänglich ist, wenn die Person nicht durch Introspektion, Perzeption oder Überlegen dazu kommen kann zu sehen, das es etwas gibt, das für diese Handlung spricht. Aber, und das ist der problematische Aspekt meiner Ausführungen, was bedeutet *kann* in diesem Zusammenhang? Wann *kann* eine Person sehen, dass es etwas gibt, das für eine bestimmte Handlung spricht, und wann *kann* sie es *nicht* sehen? Wann kann sie ihre Gründe sehen, und wann kann sie sie nicht sehen?

Zur Vermeidung von Missverständnissen werde ich zuerst Probleme und Aspekte nennen, die für die Zugänglichkeit von Gründen irrelevant sind. Mein Anliegen ist dabei, die Frage zu präzisieren, wann eine Person ihre Gründe sehen kann. Wenn ich frage, wann eine Person ihre Gründe sehen kann, dann frage ich nicht danach, was die Person wissen kann oder im Besitz welcher Informationen sie sein muss, damit sie ihre Gründe sieht.[28] Es mag vielfältige Erklärungen dafür geben, dass die Person von bestimmten Fakten nichts wissen kann oder nicht über relevante Information verfügen kann. Beispielsweise kann Julia nicht wissen, dass auf ihrem Anrufbeantworter eine Nachricht auf sie wartet, wenn sie nicht zu Hause ist. Allgemein gesagt: Räumliche und zeitliche Distanzen, aber auch der Wissensstand einer Gesellschaft oder eine isolierte Lebensweise kann dazu führen, dass eine Person bestimmte Fakten nicht wissen kann. Wenn eine Person nicht wissen kann, dass bestimmte Fakten vorliegen, die ihr einen Grund zum Handeln geben würden (beispielsweise die Person anzurufen, die eine Nachricht auf dem Anrufbeantworter hinterlassen hat), dann kann sie natürlich auch nicht wissen, dass diese Fakten ihr einen Grund zum Handeln geben.

Es ist eine interessante und auch wichtige Frage, ob wir von den beschriebenen Fällen sagen wollen, dass die Person einen Grund zum

---

[28] Siehe auch Marco Iorio (1998) 210 – 217. Im Unterschied zu mir argumentiert Iorio aber für die konkurrierende These, dass man Gründe haben kann, ohne sie zu sehen.

Handeln hat. Aber es ist eben keine Frage, deren Beantwortung erhellend für die Zugänglichkeit von Gründen ist. Klarheit über den Begriff der Zugänglichkeit gewinnen wir vielmehr dann, wenn wir uns fragen, ob eine Person, wäre sie im Besitz aller relevanten faktischen Informationen, sehen kann, dass die faktische Information ihr einen Grund für eine bestimmte Handlung gibt.

Noch einmal bitte ich um etwas Geduld. Bevor ich eine erste Antwort formuliere, möchte ich wiederum deutlich machen, wonach nicht gefragt ist. Die Frage, kann eine Person sehen, dass die faktische Information ein Grund für eine bestimmte Handlung ist, ist nicht zu verwechseln mit den folgenden Fragen: Kann eine Person sehen, dass die faktische Information der beste Grund für eine bestimmte Handlung ist? Kann eine Person sehen, dass diese Information stärker für eine bestimmte Handlung spricht als andere Fakten? Kann eine Person sehen, dass bestimmte Fakten für ihr Handeln sprechen, obwohl sie sieht, dass andere Fakten entscheidend gegen ihr Handeln sprechen? Wie auch immer diese Fragen zu beantworten sein mögen, wir können sie nur beantworten, nachdem wir eine Antwort auf die fundamentalere Frage erhalten haben, in welchen Handlungsumständen eine Person realisieren kann, dass ein Fakt oder eine bestimmte Überlegung ihr einen Grund zum Handeln gibt.

Die Zugänglichkeitsbedingung sagt demnach nichts darüber, wie gut ein Grund ist, oder ob es neben einem Grund noch andere stärkere oder bessere Gründe gibt, die für eine Handlung sprechen. Ferner ist der Zugänglichkeitsbedingung auch nicht zu entnehmen, ob eine Person durch einen Grund, wenn sie ihn denn sieht, zu der entsprechenden Handlung motiviert werden kann. Ich denke hierbei an Beispiele der folgenden Art: Lord Peter ist deprimiert. Er sieht zwar, dass der Berg unerledigter Arbeit, der nahende Abgabetermin und seine Karrierepläne dafür sprechen, sich schleunigst an den Schreibtisch zu setzen, aber Lord Peter motiviert das nicht im Geringsten. Er starrt weiterhin trübsinnig die Decke über seinem Bett an. Dass der Grund Lord Peter nicht motiviert, ist in diesem Fall kein Hinweis dafür, dass er ihm nicht zugänglich ist. Es ist vielmehr Ausdruck seiner Depression.

Das soeben Gesagte widerspricht nicht den Ausführungen über den Zusammenhang, der zwischen der Zugänglichkeitsbedingung und der motivierenden Dimension von Gründen besteht (vgl. § 7). Die Zugänglichkeit eines Grundes, so habe ich argumentiert, ist eine notwendige Bedingung dafür, dass Gründe Personen zu Handlungen motivieren können. Aber, und darauf weist das Beispiel von Lord Peter hin, es ist keine hinreichende Bedingung.

Nachdem ich dargelegt habe, welche Antworten nicht taugen, um den Begriff der Zugänglichkeit zu klären, wende ich mich nun direkt der Frage zu, wann Gründe nicht zugänglich sind bzw. wann eine Person nicht sehen kann, dass etwas für eine bestimmte Handlung spricht.[29] Mindestens zwei Eigenarten der handelnden Person können verhindern, dass diese einen Grund für eine Handlung sieht. Entweder überlegt die Person in einer Weise, die uns fremd ist oder sie bewertet in einer uns fremden Weise. Diese Eigenarten müssen nicht unabhängig von einander sein.

Personen, die in einer uns fremden Weise überlegen oder bewerten, ziehen Schlüsse, die wir nicht ziehen würden und gelangen nicht zu Konklusionen, zu denen wir gelangen würden. Weil die Eigenarten in ihrer Weise zu Überlegen nicht auf besonderen faktischen Informationen basieren, von denen wir nichts wissen, erscheinen uns die Personen irrational. Nehmen wir an, Harriet erkenne, dass es in ihrem Interesse ist, das Geschenk von Lord Peter anzunehmen, und dass es keine Erwägungen gibt, die gegen eine Annahme des Geschenks sprechen. Dennoch kann Harriet nicht erkennen, dass sie einen Grund hat, das Geschenk anzunehmen. Wahrscheinlich kann kaum jemand Harriet verstehen und ihrer besonderen Art zu überlegen folgen. Genauso wenig, wie Harriet sehen kann, dass sie Grund dazu hat, das zu tun, was in ihrem Interesse ist, können wir Harriet verstehen. Dennoch können wir in anderen Situationen Harriets Gedankengängen folgen. Harriet ist nicht verrückt und führt ein ganz normales Leben. Was sie von uns unterscheidet ist, dass sie nicht sehen kann, dass eigeninteressierte Handlungen auf Gründen basieren. Eigeninteressierte Gründe sind ihr unzugänglich.

---

[29] Vgl. Endres (2003a) 74 – 76.

Ich möchte betonen, dass mein Verständnis von „können" sehr weit gefasst ist. Es ist mir nicht möglich, alle Bedingungen zu nennen, die erfüllt sein müssen, damit von einem Grund gesagt werden kann, er sei einer bestimmten Person unzugänglich. (Explizit schließe ich die Möglichkeiten anderer Welten aus.) Durch die Diskussion der folgenden Beispiele soll aber die Modalität von „können" deutlicher werden.

Betrachten wir Ehmi, ein vierjähriges Mädchen. Obwohl Ehmi anerkennt, dass einige der Dinge wichtig sind, die Erwachsene als wichtig erachten, hat sie ihre eigene Sicht der Dinge. Laut Ehmi gibt es nichts, das dafür spricht, sich die Zähne zu putzen, nachdem man etwas Süßes gegessen hat. Insbesondere versteht sie nicht, dass ihre Mutter es verbietet, Schokolade vor dem Zubettgehen zu essen. Kann Ehmi sehen, dass es etwas gibt, das für Zahnhygiene spricht? Wenn wir „können" in einem engen Sinn verstehen, dann legen wir uns damit auf die These fest, dass Ehmi keinen Grund hat, ihre Zähne zu putzen. Sie überlegt mit den Fähigkeiten einer Vierjährigen. Gleichgültig welche zusätzliche Information wir Ehmi geben werden, sie kann nicht verstehen, dass es etwas gibt, das fürs Zähneputzen spricht. Erst in einigen Jahren wird sie das erkennen können. Ein weit gefasstes Verständnis von „können" macht es möglich, diesen Wechsel zu erklären. Im Hinblick auf die normale Entwicklung eines Kindes können wir sagen, dass der Grund ihr später zugänglich sein wird.

Entsprechendes gilt auch für Fälle, in denen eine Person etwas lernt. Angenommen ich verwende eine bestimmte Technik, um meinen Raum sauber zu machen. Das Ergebnis ist gut, aber die Methode ist sehr anstrengend. Eines Tages besucht mich ein Freund und sieht wie ich meine Hausarbeit erledige. Unter Lachen nennt er mir eine Methode, von der er überzeugt ist, dass sie meiner deutlich überlegen ist. Ich verstehe ihn nicht. Daher nimmt er meine Putzutensilien und führt mir seinen Trick vor. Ich bin erstaunt und begeistert vom Ergebnis. Ohne seine Hilfe wäre ich niemals in der Lage gewesen, meine Methode zu verbessern. Im Unterschied zum Beispiel der Vierjährigen mussten mir nur bestimmte Handkniffe gezeigt werden, damit ich erkennen kann, dass eine bestimmte Handlungsweise favorisiert ist.

Wichtig ist aber, dass meine Erklärung dafür, dass die Gründe in beiden Fällen zugänglich waren nicht darauf hinaus läuft, dass es für Ehmi oder mich *besser* wäre, wenn wir unser Verhalten ändern würden. Die Erklärung lautet vielmehr, dass Ehmi in der Zukunft – und ich unter Anleitung – erkennen kann, dass es etwas gibt, das für die Handlungen spricht.

Wenden wir nun zwei Beispielen zu, in denen Gründe unzugänglich sind. Das erste Beispiel handelt von einer religiösen oder spirituellen Bekehrung. Betrachten wir die berühmte Weihnachtsgeschichte von Charles Dickens, die vom geizigen Geschäftsmann Scrooge handelt. Es bedeutet Scrooge überhaupt nichts, dass sein ihm treu ergebener Angestellter ein schwer krankes Kind hat. Er zahlt ihm kein Weihnachtsgeld für Geschenke oder Medikamente für das Kind. Nachdem Scrooge einen Traum hat, in dem er in seine eigene Kindheit zurückgeführt wird, verändert er sich grundlegend: er wird wohltätig. Die entscheidende Frage lautet, ob er *vor* seiner Bekehrung einen Grund hatte, seinem Angestellten zusätzliches Geld zu geben. Der Zugänglichkeitsbedingung zufolge hatte er das nicht! Der Grund diesen Fall anders zu behandeln als die beiden vorangegangenen ist, dass Bekehrung weder ein rationales Phänomen ist, noch einen Wertewandel beschreibt, der sich im Laufe des (normalen) Aufwachsens und Erwachsenwerdens vollzieht. Bei Ehmi können wir uns sicher sein, dass sie in einigen Jahren sehen wird, dass sie einen Grund hat, ihre Zähne zu putzen. Aber bevor Scrooge bekehrt wurde, gab es nichts, das uns einen Hinweis darauf gegeben hätte, dass er sich bzw. sein Wertesystem in dieser fundamentalen Weise verändern könnte. Daher sind wir vor der Bekehrung nicht darin gerechtfertigt zu behaupten, dass er sehen kann, dass etwas dafür spricht, seinem Angestellten zusätzliches Geld zu geben.

Aus ähnlichen Erwägungen heraus nehme ich an, dass bestimmte Gründe auch im folgenden Beispiel unzugänglich sind. Um uns eine weitere Geschichte zu ersparen, verweise ich auf Harriet, die nicht sehen kann, dass eigeninteressierte Handlungen auf Gründen basieren. Angenommen ihre Eigenart zu Überlegen ist durch ein traumatisches Erlebnis hervorgerufen. Harriet ist nicht bewusst, dass Erlebnisse in ihrer frühesten Kindheit ihre gegenwärtigen Überlegungen in folgender Weise beeinflussen: sie verhindern, dass Harriet sieht, dass sie einen Grund hat, das Geschenk von Lord Peter anzunehmen. Eine langjährige Psychoanalyse könnte ihr erkennbar machen, dass eigeninteressierte Handlungen auf Gründen basieren. Da aber der Ausgang einer Psychoanalyse unklar ist (es gibt keine Garantie dafür, dass die Methode erfolgreich ist) und die Psychoanalyse u.a. eine nicht rationale Methode der Veränderung bestimmter Eigenarten des Überlegens und Bewertens ist, sind wir nicht gerechtfertigt in der Annahme, dass Harriet sehen kann, dass sie einen Grund hat, das Geschenk von Lord Peter anzunehmen.

Zusammengefasst kann folgendes gesagt werden: Gründe sind im hier interessierenden Sinn einer Person unzugänglich, wenn die Person auch unter der Annahme, sie würde mit weiterer faktischer Information ausgestattet werden, sehen kann, dass sie einen Grund hat, in bestimmter Weise zu handeln. Eigenarten in ihrer Art zu überlegen oder zu bewerten können verhindern, dass eine Person sieht, dass bestimmte Überlegungen dafür sprechen, dass die Person in bestimmter Weise handeln soll.

9. Resümee

Ich habe dafür argumentiert, dass eine attraktive Interpretation, sowohl der motivierenden als auch der normativen Dimension praktischer Gründe, nur unter Hinzunahme der Zugänglichkeitsbedingung möglich ist. In den folgenden Kapiteln werde ich drei Konzeptionen praktischer Gründe vorstellen und dabei genauer herausarbeiten, warum Zugänglichkeit eine notwendige Bedingung praktischer Gründe ist. Dabei soll auch deutlich werden, woran die einzelnen Konzeptionen kranken und wie eine adäquate Theorie praktischer Gründe aussehen könnte. Es wird sich unter anderem zeigen, dass eine Vielzahl der Argumente, die von den Kontrahenten ausgetauscht werden, nicht für die Debatte relevant sind. Mithilfe dieser Argumente kann nicht für eine bestimmte Auffassung praktischer Gründe argumentiert werden, sondern vielmehr für bestimmte Auffassungen über Moral, moralisches Handeln und moralische Werte.

II. Kapitel: Eine humesche Theorie praktischer Gründe

Wie im zurückliegenden Kapitel schon deutlich wurde, ist es kennzeichnend für die humesche Theorie, dass alle Gründe zumindest in der folgenden Hinsicht relativ sind: Sie sind abhängig von den Wünschen einer Person. Damit ist gemeint, dass eine Person nur einen Grund für eine bestimmte Handlung hat, wenn die Handlung zur Befriedigung eines Wunsches der Person beiträgt. Humeaner vertreten diese These aufgrund einer Annahme über Handlungsmotivation. Sie nehmen an, dass nur Wünsche Motivation generieren können.[30]

Aristotelische und kantische Theorien unterscheiden sich von humeschen dadurch, dass sie bestreiten, alle Gründe seien relativ zu den Wünschen von Personen. Ob eine Person einen Grund für eine Handlung hat oder nicht, hängt diesen Theorien zufolge nicht davon ab, welche Wünsche die Person hat. Daher werfen Vertreter einer humeschen Theorie praktischer Gründe ihnen vor, dass sie nicht erklären können, dass Gründe zu Handlungen motivieren können.

Anhand Bernard Williams' Konzeption praktischer Gründe werde ich paradigmatisch die Stärken und Schwächen der humeschen Theorie diskutieren.[31] Williams' zentrale Thesen finden sich in den folgenden beiden Arbeiten. In „Internal and External Reasons" stellt er seine Konzeption praktischer Gründe vor, und in dem späteren Aufsatz „Internal Reasons and the Obscurity of Blame" erläutert und verteidigt er sie. In diesen Arbeiten wendet sich Williams darüber hinaus auch gegen eine bestimmte konkurrierende Vorstellung praktischer Gründe, die er im Unterschied zu seiner Konzeption, die er als internalistisch bezeichnet, „externalistisch" nennt. Ich habe bereits im vorangehenden Kapitel einen Grund genannt, warum die Redeweise von Internalisten und Externalisten irreführend ist (vgl. Kap. 1, § 2): Es gibt zwei voneinander unabhängige Debatten praktischer Gründe, deren Kontrahenten Internalisten und Externalisten genannt werden. Darüber hinaus ist die Namensgebung aus einem weiteren Grund nicht

---

[30] Vgl. Hume (1739) 415.
[31] Vgl. für Williams' Vorstellung über Gründe: Williams (1976b), (1976c), (1980), (1981b), (1982), 1985b), (1989a), (1989b), (1993) und (1995b).

glücklich. Sie verschleiert, dass sich hinter der Bezeichnung *Externalismus* Konzeptionen praktischer Gründe finden, die in der Tradition zweier fundamental verschiedener philosophischer Theorien stehen. Sowohl kantische Konzeptionen praktischer Gründe als auch aristotelische sind in Williams' Jargon externalistische Konzeptionen. Ich werde zwischen aristotelischen und kantischen Konzeptionen unterscheiden. Da sich in der Debatte die Redeweise von internen und externen Gründen weitestgehend durchgesetzt hat, übernehme ich diese Terminologie von Williams.

1. Bernard Williams' Konzeption

Aussagen darüber, dass eine Person einen Grund hat, in einer bestimmten Weise zu handeln, oder dass es für eine Person einen Grund gibt, in einer bestimmten Weise zu handeln, scheinen sich auf zwei Weisen interpretieren zu lassen. Nach *humeschen* Interpretationen sind solche Aussagen falsch, wenn die handelnde Person nicht irgendeinen Wunsch hat, der durch die Handlung erfüllt werden kann oder dessen Erfüllung durch die Handlung gedient werden kann. Nach der *kantischen* und der *aristotelischen* Interpretation können die Aussagen auch wahr sein, wenn so ein Wunsch nicht vorhanden ist (vgl. Williams (1980) 101). Williams vertritt die These, dass Aussagen der Form „eine Person hat einen Grund für eine bestimmte Handlung", *immer* humesch interpretiert werden müssen. In seinem Jargon ausgedrückt heißt das, dass es nur interne Gründe gibt. Wenn es keine externen Gründe gibt, dann sind *alle*, also auch moralische Gründe, interne Gründe. Das bedeutet aber, dass moralische Gründe nur Gründe für Personen sind, die Wünsche haben, deren Erfüllung durch moralisch richtige Handlungen gefördert werden kann. Aus dem Humeanismus ergibt sich demnach, dass nur diejenigen Gründe haben, moralisch zu handeln, die Wünsche haben, denen moralische Handlungen dienen können. Anders gesagt: Moralische Gründe sind *wunschabhängig* oder *wunschrelativ*.

Diese Konsequenz spricht zumindest *prima facie* gegen unser intuitives moralisches Selbstverständnis. So erscheint es uns falsch, dass nur diejenigen, die bestimmte Wünsche haben, Grund haben moralisch zu sein, z. B. Grund haben, nicht aus Habgier zu töten. Im Bereich des Moralischen sträuben wir uns gegen diese Relativität von Gründen. Jeder, so meinen wir, hat einen Grund, nicht aus Habgier zu töten. Moralische Gründe, so die Intuition, sind *absolut* und nicht relativ zu Wünschen. Darüber hinaus scheint sich aus dem Humeanismus eine falsche Erklärung für moralische Handlungen zu ergeben. Nicht, dass ich einen bestimmten Wunsch habe, lässt mich meine Versprechen halten, sondern weil es falsch wäre, sie zu brechen, weil sich niemand mehr auf mein Wort verlassen könnte, oder Versprechen nicht gebrochen werden dürfen. Moralische Handlungen werden durch einen Verweis auf moralische Beurteilungen (falsch/richtig), Konsequenzen (man würde mir nicht mehr glauben) oder moralische Normen (Versprechen dürfen nicht gebrochen werden) erklärt. Ich komme darauf zurück, wie Humeaner moralische Handlungen erklären und ob diese Erklärungen überzeugend sind (vgl. § 14 in diesem Kapitel).

2. Modifikation des humeschen Ansatzes

Nach einem einfachen humeschen Modell gilt, dass eine Person einen Grund für eine Handlung hat, wenn und nur wenn die Person einen Wunsch hat, zu dessen Befriedigung diese Handlung beitragen würde (vgl. Williams (1980) 101). Aber nicht nur für einen einfachen Humeanismus, sondern für jedes humesche Modell gelte:

> „Grundsätzlich und per Definition muß jedes Modell für die interne Interpretation zeigen, daß ein Zusammenhang zwischen dem Begründungssatz und *der subjektiven motivationalen Verfassung* des Handelnden besteht, die ich als das V des Handelnden bezeichnen würde" (Williams (1980) 113d/102)[32].

Demnach geht jede humesche Interpretation einer Grundaussage von einer Verbindung oder einem Zusammenhang zwischen dieser Aus-

---

[32] Wobei ich mich mit „d" auf die Seitenangaben des deutschen Textes beziehe.

sage und dem Motivationsprofil, das ist die subjektive motivationale Verfassung der betroffenen Person, aus. Interne Gründe sind folglich immer relativ zu den Elementen der Motivationsprofile einer bestimmten Person. Die Elemente des Motivationsprofils nennt Williams Wünsche. Wobei „Wünsche" oder „Wunsch" ein *Terminus technicus* ist und Folgendes ebenfalls darunter fällt:

> „Dispositionen für Bewertungen [...], Muster für Gefühlsreaktionen, persönliche Loyalitäten und, wie man sie abstrakt nennen kann, verschiedene Vorhaben, die Bindungen des Handelnden verkörpern" (Williams (1980) 116d/105).[33]

Williams stellt sich das Motivationsprofil einer Person nicht statisch vor. Neue Elemente können hinzukommen und andere können verschwinden. Die Veränderungen im Motivationsprofil führen u.a. dazu, dass ein und dieselbe Person zu verschiedenen Zeiten ihres Lebens verschiedene Gründe hat.

Nach dem humeschen Grundmodell gilt: Eine Person hat einen Grund für eine Handlung, wenn sie in ihrem Motivationsprofil mindestens ein Element hat, dem durch die Handlung gedient wird. Diese einfache Form des Humeanismus versteht die Beziehung des Dienens rein zweckrational. Wenn eine Handlung beispielsweise zur Erfüllung eines Wunsches der Person führt, dann dient diese Handlung dem Wunsch. Der einfache Humeanismus ist also ein *Instrumentalismus*.[34] Das heißt, dass praktisches Schließen allein den Regeln der Zweckrationalität folgt. Wozu eine Person einen Grund hat, ergibt sich daraus, welche Handlungen mindestens zur Erfüllung eines Wunsches von der Person beitragen. Praktisches Schließen ist das Instrument, mit dessen Hilfe herausgefunden werden soll, wie oder wodurch zu der Erfüllung der eigenen Wünsche beigetragen werden kann.

---

33 Vgl. für eine kritische Auseinandersetzung mit den Elementen der Motivationsprofile § 13 in diesem Kapitel.
34 Laut Millgram (1996) gelingt es Williams nicht, einen humeschen Ansatz zu entwickeln, der kein Instrumentalismus ist. Dass Millgram hier irrt, zeige ich in diesem Kapitel in §11.

Wichtig ist, die Konzeption interner Gründe nicht mit der Konzeption des *stärksten* Handlungsgrundes zu verwechseln (vgl. Williams (1980) 104). Der stärkste Handlungsgrund gibt an, zu welcher Handlung eine Person alles in allem einen Grund hat, also zu welcher Handlung sie nach Abwägen der Vor- und Nachteile dessen, was für und was gegen die Handlung spricht, einen Grund hat. Angenommen, ich soll morgen einen Vortrag halten und möchte auch, dass der Vortrag besonders gut wird. Aber gerade heute scheint die Sonne, und ich würde gerne an die Nordsee fahren, um mich an den Strand zu legen. Humeanern zufolge habe ich einen Grund, am Vortrag zu arbeiten *und* einen Grund, an den Strand zu fahren. Aus dem Humeanismus ergibt sich nicht, welcher Grund der stärkste ist.

Interne Gründe sind auch nicht mit *operativen* Gründen (*operative reasons*) zu verwechseln.[35] Mit operativen Gründen werden die Gründe bezeichnet, die sich in einer praktischen Überlegung durchsetzen und die Person zum Handeln bringen. Bleiben wir bei dem Beispiel: Wenn ich an die Nordsee fahre, dann ist der operative Grund, dass ich mich an den Strand legen wollte. Dennoch ist es richtig, dass ich auch einen (internen) Grund habe, mich an den Schreibtisch zu setzen, um an meinem Vortrag zu arbeiten. (Und vielleicht bereue ich am nächsten Tag, dass das nicht der operative Grund war.)

Williams entwickelt den instrumentellen Humeanismus in vier Schritten weiter:

„(i) Ein interner Begründungssatz wird durch die Abwesenheit eines entsprechenden Elements in V falsch " (Williams (1980) 113d/102).
„(ii) Ein Element von V, W, wird A keinen Grund geben zu ϕ-en, wenn die Existenz von W entweder auf einem falschen Glauben beruht, oder As Glaube an die Relevanz von ϕ-en zur Erfüllung von W falsch ist. [...]

---

[35] Vgl. zu operativen Gründen auch Scanlon (1998) insb. 19 und 365. Für eine etwas abweichende Verwendung von operativen Gründen, vgl. Joseph Raz (1975) 33 – 34.

(iii) (a) A kann fälschlicherweise einen internen Begründungssatz über sich selber glauben, und (wir können hinzufügen)
(b) A kann von einem wahren internen Begründungssatz über sich selber keine Kenntnis haben" (Williams (1980) 114d/103).
(„W" steht für einen Wunsch, „A" für den Akteur und „φ" für ein Handlungsverb.)
„(iv) [I]nterne Begründungssätze können in erwägender Überlegung entdeckt werden" (Williams (1980) 115d/104).

Durch diese Modifikationen meint Williams der *normativen* Dimension von Gründen Rechnung zu tragen. Darin zeigt sich, dass Williams im Unterschied zu Hume kein Skeptiker praktischer Gründe ist. Er bestreitet gerade nicht die Existenz praktischer Gründe. In den drei folgenden Paragraphen erkläre ich die Modifikationen (i) bis (iv) und führe aus, wie Williams mit ihrer Hilfe versucht, der Normativität von Gründen gerecht zu werden.

3. Wozu dienen die Modifikationen (i) und (ii)?

Laut (i) ist eine interne Grund-Aussage der Form „eine Person hat einen Grund in bestimmter Weise zu handeln" falsch, wenn es kein *passendes* Element im Motivationsprofil der Person gibt. Eine Grund-Aussage ist also nicht schon dann wahr, wenn die Person *irgendeinen* Wunsch hat, dem durch die Handlung gedient wird. Die Wünsche, also die Elemente eines Motivationsprofils, müssen eine gewisse Qualität haben, sie müssen passend sein. Wann aber ist ein Element passend?

In (ii) wird ausgeführt, wann ein Element nicht passend ist. Das ist dann der Fall, wenn es entweder auf falschen Meinungen basiert oder wenn die Meinung, zu φ-en würde dem Element dienen, falsch ist. Was ist damit gemeint, dass ein Wunsch auf einer falschen Meinung basiert? Williams illustriert das anhand des folgenden Beispiels:[36] Lord Peter Wimsey möchte einen Gin-Tonic trinken. Irrtümlich nimmt er an, dass in der Flasche vor ihm Gin ist. Tatsächlich ent-

---

[36] Vgl. Williams (1980) 102.

hält sie aber Benzin. Laut Williams hat Lord Peter *keinen* Grund, den Inhalt der Flasche mit Tonic zu mischen und das Gebräu zu trinken, wenn sein Wunsch, die Flüssigkeit zu trinken, von der falschen Meinung abhängt, dass es sich um einen Gin-Tonic handelt. Lord Peter würde nicht wünschen, die Flüssigkeit zu trinken, wenn er *wüsste*, dass es ein Benzin-Tonic ist. Der Wunsch, das Gemisch zu trinken, basiert auf der falschen Meinung, dass die Flüssigkeit ein Gin-Tonic ist.

Anhand dieses Beispiels kann auch erklärt werden, warum die Meinung, dass zu φ-en zur Erfüllung eines Wunsches beiträgt, nicht falsch sein darf. Lord Peter glaubt fälschlicherweise, dass sein Wunsch nach einem Gin-Tonic durch das Trinken der Flüssigkeit befriedigt werden kann. In diesem Fall ist nicht der Wunsch unpassend, da an dem Wunsch nach einem Gin-Tonic (normaler Weise) nichts auszusetzen ist, sondern die Konklusion der praktischen Überlegung, der Wunsch könne durch Trinken der Flüssigkeit erfüllt werden, ist unpassend bzw. falsch. In „Internal Reasons and the Obscurity of Blame" wird dieser Aspekt der Modifikation (ii) besonders deutlich.

> „The claim that somebody can get to the conclusion that he should φ (or, the conclusion to φ) by a *sound deliberative route* involves in my view, at least correcting any errors of fact and reasoning involved in the agent's view of the matter. [...] I say, as any reasonable person would say, that he does not have reason to drink what is in his glass, though he thinks he has. This is because there is not a *sound deliberative route* from his motivational set to this glass of petroleum: what he wants is a drink of gin and tonic" (Williams (1989a) 36, Herv. KE).

Jede einzelne Meinung und jeder Schritt in der Gedankenkette, die zu der Konklusion führt, ich sollte Handeln, muss korrekt sein. Ich nenne eine Gedankenkette, die diesen Anforderungen genügt, eine triftige Gedankenkette (*sound deliberative route*). Mit der Modifikation (ii) werden nicht nur an die Wünsche Qualitätsansprüche gestellt, sondern auch an die Meinungen, die in den praktischen Schluss eingehen. Anders und geläufiger formuliert soll die Modifikation (ii) der normativen Dimension von Gründen Rechnung tragen.[37] Erst dadurch, dass nicht jeder Wunsch einer Person, nicht jede ihrer Gedankenketten und nicht jedes Ergebnis, zu dem sie in praktischen Überlegungen gelangt, der Person automatisch einen Grund zum Handeln geben, sind Irrtümer überhaupt möglich. Interne Gründe, das soll durch die Modifikation (ii) gewährt werden, geben an, was eine Person tun *soll*, und nicht, was sie tun *wird*. Das heißt auch, dass mit dieser Modifikation (ii) sowohl der Rationalität handelnder Personen in der Konzeption interner Gründe als auch der Normativität von Gründen Rechnung getragen werden soll.

John McDowell hingegen nimmt an, dass die Rationalität der handelnden Person im Rahmen einer humeschen Auffassung von Gründen auch ohne die Modifikation (ii) gewahrt werden könnte, wenn Williams zwischen guten und schlechten Gründen für Handlungen differenzieren würde.[38] Schlechte Handlungsgründe seien Gründe, zu denen wir auf der Basis nicht triftiger Gedankenketten gelangen. McDowell beruft sich dabei auf eine Überlegung Donald Davidsons, nach der die Wahrheit von Meinungen, die in den praktischen Schluss eingehen, keine notwendige Bedingung dafür ist, dass die Handlung rational erscheint.[39] Auch wenn mich Davidsons Überlegung überzeugt, glaube ich, dass Williams gut daran tut, dem McDowell/Davidson Vorschlag nicht zu folgen. Zwar könnte sein Ansatz ohne die Modifikation (ii) der Rationalität von Handelnden gerecht werden, aber nicht der Normativität von Handlungsgründen (vgl. 3. Kapitel, §1).

4. Was leistet die Modifikation (iii)?

Die Modifikation (iii) sagt uns, in welcher Weise wir fehlgehen können, in welcher Weise Irrtümer zustande kommen können: (a) Wir

---

37 Ob die Modifikation die normative Dimension praktischer Gründe garantieren kann, diskutiere ich im 3. Kapitel in §§ 1 – 4.
38 Vgl. McDowell (1995a) 84.
39 Vgl. Donald Davidson, *Essays on Actions and Events* (Oxford: Clarendon Press, 1980), insb. Essays 11 und 12.

können uns fälschlicherweise einen Handlungsgrund zuschreiben; (b) uns kann entgehen, dass wir einen Handlungsgrund haben (vgl. Williams (1980) 103). Unter (a) können Fälle subsumiert werden, in denen eine Person z.B. fälschlicherweise glaubt, dass sie einen Grund hat, den Inhalt eines Glases zu trinken, aber tatsächlich keinen Grund zu der Handlung hat, da das Glas ein Gemisch aus Benzin und Tonic enthält. Fälle der Art (b) haben laut Williams zwei verschiedene Quellen. Entweder kennt die Person einige *Fakten* nicht, oder ihr entgeht, dass sie bestimmte *Wünsche* hat.

Folgendes Beispiel soll illustrieren, wie die Unkenntnis einiger Fakten verhindert, dass eine Person eine wahre Grundaussage über sich trifft: Lord Peter Wimsey sammelt alte Handschriften von Alexandre Dumas. In einem Antiquariat entdeckt Lord Peter *Die drei Musketiere*. Fälschlicherweise glaubt Lord Peter aber, dass es sich nur um ein Faksimile handelt. Wüsste Lord Peter, dass er eine Originalhandschrift Dumas' vor sich hat, so würde er sie erstehen. Lord Peter hat demnach einen Grund, die Handschrift zu kaufen, obwohl er dies nicht weiß.[40] Hier übersieht Lord Peter nicht ein Element seines Motivationsprofils, sondern kennt bestimmte Fakten nicht. Ein Wunsch kann nach der humeschen Konzeption einer Person auch dann einen Grund für eine Handlung geben, wenn die Person nicht in der *Kenntnis* relevanter Fakten ist. Einschränkend fügt Williams allerdings hinzu:

> „Damit es aber wirklich der Fall ist, daß A einen derartigen Grund hat, scheint die unbekannte Tatsache für seine Handlungen von nächstliegender Bedeutung sein zu müssen; anderenfalls sagt man bloß, daß A einen Grund hätte zu φ-en, wenn er von der Tatsache Kenntnis hätte. Ich werde der Frage nach den Voraussetzungen dafür, wann man das eine sagt oder das andere, nicht weiter nachgehen, doch sie dürften eng mit der Frage zusammenhängen, wann die Unkenntnis einen Teil der Erklärung von dem ausmacht, was A wirklich tut " (Williams (1980) 114d/103).

---

[40] Mein Beispiel ist eine Variante eines Beispiels von Smith (1994) 157.

Williams gibt uns hier bestenfalls einen Hinweis dafür, wann wir von einer Person trotz ihrer Unkenntnis relevanter Fakten sagen können, dass sie einen Grund für die Handlung *hat* und wann wir von ihr treffender sagen sollten, dass sie einen Grund für die Handlung *hätte*, wäre sie in Kenntnis der Fakten. Diese Unterscheidung solle eng verbunden sein mit der Rolle, die die Unkenntnis der Fakten in *Handlungserklärungen* spielt. Ich verstehe das so: Eine Person hat einen Grund für die Handlung, obwohl sie nicht weiß, dass p, wenn die Antwort auf die Frage „Warum hat die Person nicht gehandelt?" lautet „Weil sie nicht wusste, dass p". Die Unkenntnis bestimmter Fakten spielt hier eine entscheidende Rolle bei der Handlungserklärung, bzw. bei der Erklärung der Unterlassung einer bestimmten Handlung.

Die zweite Quelle für (iii) (b) ist die mögliche Unkenntnis einer Person von einigen Elementen ihres Motivationsprofils. Wer glaubt, dass Wünsche einen rein phänomenologischen Gehalt haben, der wird hier Einspruch erheben und bestreiten, dass es diese zweite Quelle gibt: Es kann nicht vorkommen, dass eine Person von ihren Wünschen nicht weiß. So hat beispielsweise David Hume angenommen,

> „wenn wir von einem Gegenstand Lust oder Unlust erwarten, so stellt sich ein entsprechendes Gefühl der Neigung oder Abneigung ein […]. " (Hume (1739) II. Buch, Teil 3, Abschnitt 3, 152d/414).
> „Bin ich ärgerlich, so hat mich der Affekt tatsächlich ergriffen […]" (Hume (1739) II. Buch, Teil 3, Abschnitt 3, 153d/415).

Das ist aber nicht überzeugend. Eine Person kann wünschen, in einer bestimmten Weise zu handeln, ohne zu glauben, dass sie wünscht, in dieser Weise zu handeln. Und eine Person kann glauben, dass sie zu handeln wünscht, ohne tatsächlich den Wunsch zu handeln, zu verspüren. Meines Erachtens kann der Irrtum auf zwei Weisen erklärt werden. Im ersten Fall entgeht der Person, dass sie bestimmte Wünsche hat. Im zweiten Fall schreibt sie sich einen Wunsch zu, den sie nicht hat (vgl. Smith (1994) 104f).

Laut Williams ist es unproblematisch, einer Person einen internen Grund für eine bestimmte Handlung zuzuschreiben, wenn die Unkenntnis der Person, dass sie einen Grund hat, darauf beruht, dass sie bestimmte relevante Fakten nicht kennt oder ihr entgeht, dass sie bestimmte Wünsche hat. Dass das eine Fehleinschätzung ist, wird sich insbesondere dann zeigen, wenn ich auf die dritte notwendige Eigenschaft praktischer Gründe zu sprechen komme. Handlungsgründe müssen Personen zugänglich sein. Folgen wir Williams und schränken nicht ein, dass in einigen Fällen die Unkenntnis relevanter Fakten und Wünsche dazu führen kann, dass eine Person keinen Grund für eine Handlung hat, dann hat das zur Konsequenz, dass einigen Personen interne Gründe zugeschrieben werden, obwohl diese Gründe den Personen unzugänglich sind. Das hat dann aber wiederum zur Folge, dass diesen internen Gründen die normative und die motivierende Dimension fehlt (vgl. 1. Kapitel § 7).

5. Wozu dient die Modifikation (iv)?

Die vierte Modifikation ist ohne Erläuterungen nicht sonderlich aussagekräftig: Wozu jemand einen Grund hat, das kann durch praktische Überlegungen herausgefunden werden (vgl. Williams (1980) 104). Das können sowohl Vertreter eines instrumentellen Humeanismus, als auch Vertreter einer kantischen und aristotelischen Konzeption praktischer Gründe unterschreiben. Dass wir es hier mit einer bedeutenden Modifikation zu tun haben, durch die sich Williams' Ansatz erst von den drei genannten unterscheidet, zeigt sich, wenn Williams' Verständnis praktischen Schließens zugrunde gelegt wird. Danach geht jeder praktische Schluss von mindestens einem Wunsch aus. Praktische Überlegungen, so sagt Williams, sind *wunschgeleitet*.[41] Kein Anti-Humeaner würde unterschreiben, dass das, wozu eine Person einen Grund hat, (nur) durch wunschgeleitetes Schließen herausgefunden werden kann. Auch Vertreter eines instrumentellen Humeanismus würden Williams nicht zustimmen, denn sie beschränken

---

[41] Was „wunschgeleitet" in diesem Zusammenhang bedeutet, erläutere ich in diesem Kapitel, §§ 8 – 11.

praktische Überlegungen auf Mittel-Zweck-Überlegungen. Doch laut Williams sind Mittel-Zweck-Überlegungen nur *eine* Form wunschgeleiteter Überlegungen (vgl. Williams (1980) 104).

Wunschgeleitetes Schließen, so führt Williams weiter aus, hat auch Einfluss auf die *Zusammensetzung* von Motivationsprofilen (vgl. Williams (1980) 104f.): Es kann sowohl zum Verlust von Wünschen führen als auch neue Wünsche generieren. Eine Person kann in ihren praktischen Überlegungen erkennen, dass ein Element ihres Motivationsprofils auf einer falschen Meinung basiert und daher bemerken, dass sie keinen Grund zum Handeln hat. Das Element, das auf einer falschen Meinung basiert, würde dann nicht mehr zum Motivationsprofil gehören. Diese Ausführungen lassen sich mit Hilfe des Benzin-Tonic-Beispiels illustrieren. Wenn Lord Peter erkennt, dass in dem Glas ein Gemisch aus Benzin und Tonic ist (wobei er dies wahrscheinlich nicht durch Nachdenken herausbekommt, sondern eher durch Riechen), so würde er nicht mehr den Wunsch haben, den Inhalt des Glases zu trinken. Der Wunsch, den Inhalt des Glases zu trinken, basiert auf der falschen Meinung, dass das Getränk ein Gin-Tonic ist.

Elemente können noch auf andere Weise aus Motivationsprofilen „verschwinden". Einer Person können die Konsequenzen einer ihrer Handlungen nicht bewusst sein. Durch Nachdenken – vielleicht angeregt durch die Auseinandersetzung mit Ansichten Dritter – erkennt sie, dass eine geplante Handlung Folgen hat, die sie nicht wünscht oder akzeptieren kann. Ebenso ist denkbar, dass durch das Nachdenken über mögliche Folgen einer Handlung ein neuer Wunsch entsteht. Aufgrund eines besonders grausamen Mordes, zu dessen Aufklärung Lord Peter beigetragen hat, tritt dieser vehement für die Todesstrafe ein. Er wünscht sich, dass alle des Mordes Verurteilten hingerichtet werden. Allerdings macht er sich keine Gedanken darüber, dass dabei unter Umständen Unschuldige getötet werden könnten. Er ist besessen von dem Gedanken nach Vergeltung des Unrechts und Bestrafung der Schuldigen. Als er bei einer Gerichtsverhandlung seine zukünftige Frau Harriet Vane kennen lernt, die des Mordes an ihrem Lebensgefährten beschuldigt wird, und es ihm erst in letzter Minute gelingt, ihre Unschuld zu beweisen, den Täter zu finden und Harriet zu retten, ändert sich seine Einstellung gegenüber der Todesstrafe. Ihm wird bewusst, dass die Falschen hingerichtet werden können und die Aufdeckung ihrer Unschuld durch die Endgültigkeit des Urteils zu spät kommen kann. Nachdem ihm diese Konsequenzen der Strafpraxis bewusst geworden sind, wünscht er nicht mehr, dass des Mordes Verurteilte hingerichtet werden. Beim Nachdenken über die möglichen Folgen der Stafpraxis und der Erkenntnis, dass es Justizopfer geben kann, könnte Lord Peter auch den Wunsch entwickelt haben, in der Öffentlichkeit gegen die Todesstrafe einzutreten. Dann hätte der Prozess des Nachdenkens nicht nur ein Element eliminiert, sondern auch ein neues geschaffen.

6. Zusammenfassung

Durch die Modifikationen unterscheidet sich Williams' humesches Modell praktischer Gründe von einem einfachen instrumentellen Ansatz. Die Modifikationen sollen dazu dienen, der normativen Dimension von Gründen gerecht zu werden. Ob Williams das mit seinen Modifikationen tatsächlich gelingt, hängt aber davon ab, was er genau mit „Wunsch" und „praktischer Überlegung" meint. Die Elemente der Motivationsprofile und Williams' Auffassung praktischer Überlegungen werde ich genauer im nächsten Paragraphen betrachten. Dabei werde ich dann auch klären, inwieweit Williams' Konzeption praktischer Gründe der Normativität von Gründen Rechnung trägt.

7. Williams' Konzeption praktischer Überlegungen

Problematisch an Williams' Konzeption praktischer Gründe ist, dass unklar bleibt, ob sich seine Thesen und Annahmen konsistent im Rahmen eines humeschen Ansatzes vertreten lassen. So führt Williams beispielsweise an, dass praktische Überlegungen stets von einem Wunsch ausgehen. An anderer Stelle wiederum nennt er verschiedene Formen praktischer Überlegungen. Er unterlässt es aber zu zeigen oder zu erklären, wie diese verschiedenen Formen als von einem Wunsch ausgehende Überlegungen verstanden werden können. Bei

Williams finden sich meist nur trockene Versicherungen, dass sein humescher Ansatz gegen bestimmte unangenehme Konsequenzen gefeit sei, den Beleg aber bleibt er schuldig. Das hat einige bewogen, gegenüber Williams den Verdacht der Inkonsistenz zu äußern.[42]

Ich werde in den folgenden Paragraphen Williams' humesche Konzeption praktischer Gründe genauer ausarbeiten und versuchen, die verschiedenen Aussagen Williams' zu einem Gesamtbild zusammenzufügen. Ich konzentriere mich dabei auf zwei zentrale Komponenten seiner Konzeption: *Formen* praktischer Überlegungen und *Elemente* von Motivationsprofilen. Bei der Auseinandersetzung wird sich zeigen, dass der Vorwurf der Inkonsistenz zuweilen durchaus berechtigt ist.

8. Formen praktischer Überlegungen

Williams führt aus, dass alle praktischen Überlegungen von einem Element des Motivationsprofils ausgehen und von den Elementen geleitet sind. Dabei versteht er unter wunschgeleiteten Überlegungen nicht nur zweckrationale Überlegungen (vgl. Williams (1980) 104). Williams bestreitet nicht, dass zweckrationale Überlegungen eine Form praktischer Überlegungen sind. Er führt vielmehr aus, dass die *bloße Entdeckung*, eine Handlung sei ein Mittel für einen Zweck, selbst keine praktische Überlegung ist. Von Williams erfahren wir den Grund für diese Behauptung nicht.[43] Für sie spricht aber, dass sich Zwecke oft nicht nur auf eine einzige Weise, sondern auf ganz verschiedene Weisen verfolgen lassen. Wenn ich beispielsweise für meine Arbeit ein bestimmtes Buch benötige, so kann ich auf vielfältige Weise an das Buch gelangen: Ich kann es mir in der Bibliothek ausleihen, im Buchhandel erwerben, aus einem Auto stehlen, in dem

---

[42] So beispielsweise Scanlon (1998) 363 – 373 und Jean Hampton (1998) insb. Kapitel 2.
[43] Williams verweist aber auf Arbeiten von Aurel Thomas Kolnai (1977) und David Wiggins (1980). Ohne anzunehmen, dass es reines praktisches Schließen geben würde, argumentieren beide gegen die aristotelische These, dass sich Überlegungen nicht nur auf Ziele richten, sondern auch auf Wege zu Zielen (vgl. Aristoteles (*Nikomachische Ethik*) Buch III, 1112b).

ich es zufällig liegen sehe, oder in die Staaten fliegen, um es dort zu kaufen. Das sind alles geeignete Mittel, um an das Buch zu kommen. Aber deutlich ist auch, dass die ersten Alternativen vernünftiger sind als die letzten. Daher ist allein das Herausfinden, welches Mittel geeignet ist, einen Zweck zu verfolgen, keine praktischen Überlegung. Was hier fehlt, ist eine Qualifikation dessen, *wie* der Zweck verfolgt werden soll: auf bequemste, ökonomischste und angenehmste Weise.[44]

Es erscheint sinnvoll, praktisches Schließen in diesem weiten Sinn zu verstehen und nicht nur auf Mittel-Zweck-Überlegungen zu beschränken. Williams nennt sieben Formen praktischer Überlegungen, die ich im Folgenden diskutieren werde. Die dabei leitende Frage lautet, ob die genannten Formen praktischer Überlegungen das humesche Modell überschreiten. Damit meine ich Folgendes: Können diese Formen sinnvoll als wunschgeleitete Überlegungen verstanden werden oder setzen einige Formen doch die Existenz reinen praktischen Schließens voraus? Die sieben Formen wunschgeleiteter Überlegungen lassen sich in folgende drei Gruppen einteilen:

Zweckrationale Überlegungen

(1) Überlegungen darüber, was die bequemste, ökonomischste oder angenehmste Weise ist, einen Wunsch zu erfüllen (vgl. Williams (1980) 104).
(2) Überlegungen darüber, wie verschiedene Wünsche so kombiniert werden können, dass sich ihre Erfüllung nicht gegenseitig ausschließt,

---

[44] Dass bloßes Entdecken von Mittel-Zweck-Zusammenhängen keine Form zweckrationaler Überlegungen ist, könnten auch Skeptiker der praktischen Vernunft, wie beispielsweise Hume, unterschreiben. Sie würden dann sagen, dass aus der bloßen Tatsache, dass eine Person einen Wunsch hat und erkennt, wie dieser befriedigt werden kann, nicht folgt, dass die Person ihren Wunsch befriedigen *soll*. Williams verfolgt eine andere Richtung. Er bestreitet nicht, dass Aussagen über Handlungsgründe Sollaussagen sind (vgl. Williams (1989a) 41f). John Broome (1997) hingegen argumentiert gegen Williams, dass grundsätzlich daraus, dass eine Person bestimmte Wünsche hat, nicht geschlossen werden kann, dass sie diese erfüllen soll, auch wenn qualifiziert wird, wie sie diese am besten erfüllen kann.

z. B. indem man sie in eine bestimmte zeitliche Reihenfolge bringt (vgl. ibid.).

Bewertungen von Wünschen

(3) Überlegungen darüber, welcher Wunsch einer Person am wichtigsten ist, wenn sie konfligierende Wünsche hat (vgl. ibid.).

Überlegungen über Mittel und Zwecke unter Zuhilfenahme der Vorstellungskraft

(4) Überlegungen, in denen konstitutive Lösungen gefunden werden (vgl. ibid.).
(5) Überlegungen, in denen Ziele spezifiziert werden (vgl. Williams (1989a) 38).
(6) Überlegungen darüber, welche Handlungsalternativen es zu den favorisierten Handlungen gibt (vgl. ibid.).
(7) Überlegungen, in denen unerwartete Ähnlichkeiten von Handlungsalternativen erkannt werden (vgl. ibid.).

Im Folgenden will ich diese Zuordnung begründen und darlegen, warum die Bewertung von Wünschen (3) nicht sinnvoll als wunschgeleitete Überlegung zu verstehen ist.[45]

9. Zweckrationale Überlegungen

Dass eine Überlegung darüber, was die bequemste, ökonomischste oder angenehmste Weise ist, einem Wunsch zu dienen, eine zweckrationale Überlegung ist, habe ich bereits gesagt (vgl. in diesem Kapitel §8). Kann aber auch die zweite Form zweckrational genannt werden? Da wird nicht nur überlegt, mit welchen Handlungen die Erfüllung gegebener Wünsche gefördert werden kann, sondern es werden Ele-

---

[45] Sehr ausführlich ist Ulrike Heuer der Frage nachgegangen, ob sich alle sieben Formen sinnvoll als wunschgeleitete Überlegungen verstehen lassen. Vgl. Heuer (2001) insb. III.3.

mente von Motivationsprofilen *geordnet*. Es wird überlegt, in welcher Reihenfolge den Elementen gedient werden soll. Wenn ich beispielsweise sowohl *Star Wars Episode 1* sehen möchte als auch die Inszenierung von *Was ihr wollt* am hiesigen Theater und feststelle, dass das Theaterstück nur noch heute Abend aufgeführt wird, hingegen *Star Wars Episode 1* ganz sicher noch einige Wochen in den Kinos läuft, so kann ich mir beide Wünsche erfüllen, wenn ich heute Abend ins Theater und morgen ins Kino gehe. Ich kann mir beide Wünsche erfüllen, wenn ich ihre Erfüllung in eine zeitliche Reihenfolge bringe.

Meines Erachtens können Überlegungen dieser Art zweckrational genannt werden, obwohl es in ihnen nicht nur darum geht wie, sondern wie ich (möglichst) *alle* meine Zwecke verfolge. Zweckrational sind diese Überlegungen, weil es nur darum geht, welche Mittel zu ergreifen sind und wann bzw. in welcher Reihenfolge. Es wird nicht an den Zwecken (Wünschen) Kritik geübt, die werden als gegeben betrachtet. Insofern haben wir es hier nur mit einem weiteren Gesichtspunkt der Zweckrationalität zu tun. Neben der Forderung, das angenehmste, ökonomischste usw. Mittel zu ergreifen, sollen wir darüber hinaus das Mittel ergreifen, das nicht die Verfolgung anderer Zwecke be- oder verhindert. Diese beiden Formen praktischer Überlegungen können daher als (erweiterte) zweckrationale Überlegungen verstanden werden.

Das erklärt auch, warum Williams seinen Ansatz als eine Verbesserung des humeschen Ansatzes betrachtet. Er ist eine Verbesserung, weil in ihm beachtet wird, dass Zwecke sich auf verschiedene Weisen verfolgen lassen und sich diese Weisen auch bewerten lassen. Es gibt schlechtere und bessere Weisen (Mittel), um die Zwecke zu verfolgen. Am besten ist die Weise, die am ökonomischsten, bequemsten und angenehmsten ist und die nicht das Verfolgen anderer Zwecke ausschließt oder behindert.

10. Bewertungen von Wünschen

Überlegungen darüber, welcher Wunsch wichtiger ist, sind keine Zweck-Mittel-Überlegungen. Hier denkt die Person nicht über Mittel nach, sondern über Zwecke. Sie bewertet ihre Wünsche, sie überlegt, welcher ihr wichtiger ist und welchen sie auf Kosten des wichtigeren aufzugeben bereit ist. Dass Williams diese Bewertung *von* Wünschen als praktische Überlegung bezeichnet, ist im Rahmen eines humeschen Ansatzes erstaunlich. Humeaner nehmen Wünsche als gegeben an.[46] An ihnen kann nur begrenzt Kritik geübt werden, nämlich dann, wenn die Wünsche von falschen Meinungen abhängen (vgl. dazu auch in diesem Kapitel §3).

Wenn Williams von konfligierenden Wünschen redet und in diesem Zusammenhang auch von Dilemmata spricht, dann denkt er gerade nicht daran, dass ein Konflikt dadurch gelöst werden kann, dass die Person weitere Informationen erhält und so erkennt, dass einer der konfligierenden Wünsche auf einer falschen Meinung basiert (vgl. Williams (1980) 104). (Das wäre dann auch kein Dilemma.) Williams denkt vielmehr an folgende Fälle: Die Person ist im Besitz aller relevanten wahren Meinungen, und dennoch hat sie zwei Wünsche, die sie nicht beide erfüllen kann. Zusätzliche Information kann diesen Konflikt nicht lösen.

Zur Illustration des Punktes taugt folgende Variante eines bekannten Beispiels von Kant[47]: Angenommen, ich habe sowohl den Wunsch, ehrlich zu sein, als auch den Wunsch, meiner besten Freundin zu helfen. Meine Freundin gerät in Schwierigkeiten und versteckt sich bei mir vor der Polizei. Ein Kommissar schaut vorbei und fragt mich, ob ich den Aufenthaltsort meiner Freundin kenne. Was soll ich tun? Welchen meiner Wünsche soll ich befriedigen? Soll ich ehrlich sein und meine Freundin verraten? Soll ich den Kommissar belügen und meine Freundin retten? Anders gesagt geht es darum, *Gründe* dafür zu finden, welche *Wünsche* man erfüllen soll und welche nicht. Aber wie ist das in einem humeschen Modell zu verstehen? Wie ver-

---

[46] Genauer gesagt werden die Wünsche, die nicht auf anderen Wünschen basieren, als gegeben angesehen. Humeaner bestreiten also nicht, dass es abgeleitete Wünsche gibt. Abgeleitete Wünsche aber, also solche, die auf anderen Wünschen oder Meinungen basieren, hängen Humeanern zufolge letztlich von der Existenz basaler, das heißt gegebener, Wünsche ab. Vgl. dazu Smith (1993) 400f.
[47] Vgl. Kant (1781).

trägt es sich insbesondere mit den humeschen Annahmen, dass alle praktischen Gründe von der Anwesenheit passender Wünsche abhängen und alle praktischen Überlegungen bei gegebenen und nicht weiter hinterfragbaren Wünschen beginnen? Um diese Fragen zu beantworten muss zweierlei geklärt werden: Zum einen muss verstanden werden, was Williams mit der Wichtigkeit eines Wunsches meint. Zum anderen muss geklärt werden, wie sich im Rahmen eines humeschen Modells praktischer Überlegungen verstehen lässt, dass wichtige Wünsche notfalls auf Kosten unwichtiger zu erfüllen sind.

Ich beginne mit der ersten Herausforderung. Woraus ergibt sich die Wichtigkeit von Wünschen? Im Einklang mit seinem humeschen Ansatz interpretiert Williams die Wichtigkeit von Wünschen nicht normativ (vgl. Williams (1985a) 182). Er meint nicht, dass Wünsche, deren Erfüllung beispielsweise durch das Befolgen einer moralischen Norm gefördert werden könnte, wichtiger seien als solche, die durch Handlungen erfüllt werden könnten, die keiner solchen Norm folgen. Daher würde er die Wichtigkeit des Wunsches, gegebene Versprechen zu halten, gegenüber dem Wunsch, ein Stück Schokolade zu essen, nicht damit erklären, dass der erste Wunsch moralisch ist, hingegen letzterer nur auf die Befriedigung eines Bedürfnisses abzielt.

Williams nimmt aber auch nicht im Sinne Humes an, dass der Wunsch am wichtigsten ist, der am stärksten drängt oder dem wir in unseren Überlegungen besonderes Gewicht geben (vgl. Williams (1985a) 183).[48] Woraus aber ergibt sich die Wichtigkeit eines Wunsches dann, wenn sie sich weder aus normativen Standards noch aus der Stärke eines Wunsches ergibt? Von Williams erfahren wir nur dass es

---

[48] Wobei auch Hume erkannt haben muss, dass es problematisch ist, die Wichtigkeit von Wünschen mit deren Stärke oder Drängen zu identifizieren. Hume bestreitet nämlich nicht, dass wir zuweilen Wünschen widerstehen können, die wir als stark drängend *erleben*. Er erklärt das dadurch, dass ein anderer Wunsch stärker war, aber dessen Stärke nicht erlebt wird. Er nennt Wünsche, deren Stärke nicht erlebt wird, die sich aber in Handlungen zeigen, *calm passions* (vgl. Hume (1739) II. Buch, insb. Sektionen III – VI).

„[...] dort, wo es einen unlösbaren Widerstreit unter den Elementen [des Motivationsprofils] gibt, ab[zu]wägen [ist], welchem man das größere Gewicht beimißt (es ist von Belang, daß das nicht impliziert, daß es genau ein Gut gibt, das die Elemente jeweils in unterschiedlicher Menge bereitstellen) [...]" (Williams (1980) 115d/104).

Ich verstehe Williams so: Er nimmt an, dass es keine einheitliche Bewertung für Wünsche gibt.[49] Ich kann seinen Ausführungen aber keinen Hinweis darüber entnehmen, woraus sich die Wichtigkeit eines Wunsches ergibt und wann ein Wunsch einer Person wichtiger ist als ein anderer. Williams könnte versuchen, die Wichtigkeit eines Wunsches darüber zu bestimmen, welchen Einfluss die Befriedigung des Wunsches auf das Wohl der Person hat.[50] Wobei er dann allerdings ausführen müsste, was er unter dem Wohl versteht.

Aber selbst wenn es klar wäre, woraus sich die Wichtigkeit eines Wunsches ergibt und wie sie sich mit der anderer Wünsche vergleichen lässt, so bliebe immer noch offen, wie im Rahmen eines humeschen Modells erklärt werden kann, dass es rational ist, in Fällen konfligierender Wünsche wichtige Wünsche auf Kosten unwichtiger zu erfüllen. Meines Erachtens lässt sich die in (3) beschriebene Form praktischer Überlegungen nur als wunschgeleitet begreifen, sofern Personen den Wunsch haben, wichtige Wünsche notfalls auf Kosten unwichtiger Wünsche zu erfüllen. Aber warum sollte jeder so einen Wunsch haben? Ich kann keine Argumente für die Annahme sehen, dass jeder wünscht, notfalls wichtige Wünsche auf Kosten unwichtiger Wünsche zu erfüllen.

Nach allem komme ich zu dem Ergebnis, dass ich Williams zustimme, dass es rational ist, wichtige Wünsche notfalls auf Kosten unwichtiger zu erfüllen. Aber ich vermisse sowohl eine Begründung dafür, warum das rational ist, als auch dafür, warum Überlegungen

---

[49] Für diese Interpretation sprechen auch die Ausführungen von Williams (1979).
[50] Vgl. Williams (1976b) und (1976a).

darüber, wichtige Wünsche notfalls auf Kosten unwichtiger zu erfüllen, wunschgeleitet sind.[51]

11. Die Rolle der Vorstellungskraft

Wer konstitutiv nach einer Lösung für ein Problem sucht, der überlegt in einer Hinsicht auch zweckrational: Er überlegt, welches Mittel geeignet ist, einen Zweck zu verfolgen. Nur ist der Zusammenhang zwischen Zweck und Mittel kein kausaler.[52] Anhand des folgenden Beispiels möchte ich diese These erklären.[53] Angenommen, ich möchte mich bei einer Kollegin bedanken und bringe ihr deshalb Gladiolen vorbei. Meine Kollegin ist irritiert darüber, dass ich ihr Gladiolen gebe. Mir ist unverständlich, dass sie sich nicht über meine Geste freut. Ich habe die Gladiolen ausgesucht, weil es meine Lieblingsblumen sind und verstehe nicht, dass mein Geschenk nicht positiv aufgenommen wird. Ich verstehe das nicht, da mir unbekannt ist, dass in Australien, wo ich mich gerade aufhalte, Gladiolen als ausgesprochen gewöhnlich und Zeichen schlechten Geschmacks gelten. Das von mir gewählte Mittel, meine Dankbarkeit auszudrücken, ist in Australien ungeeignet. Das liegt daran, dass es hier um symbolische oder konventionelle (und nicht kausale) Zusammenhänge geht.

Es besteht ein Zusammenhang zwischen konstitutiven und spezifizierenden Überlegungen. Dieser wird deutlich, wenn man die Situation anders beschreibt. Wenn wir nicht sagen, dass Gladiolen ungeeignete Mittel sind, in Australien seine Dankbarkeit auszudrücken,

---

[51] Eine Begründung dafür, warum es rational ist, das, was einem wichtiger ist, notfalls auf Kosten von etwas, was einem unwichtiger ist, zu tun, gibt Scanlon. Er nimmt an, dass auch Einzelentscheidungen darüber, was einem wichtiger ist, in einem Gesamtwerk von Gründen und Prinzipien zu sehen sind. Dieses Gesamtwerk bestimmt, was im konkreten Fall wichtiger ist und worauf unsere Entscheidungen basieren sollen (vgl. Scanlon (1998) 52f). Daher plädiert er dafür, schwierige Entscheidungssituationen nicht auf konfligierende Wünsche zurückzuführen, sondern im Rahmen eines Gesamtwerks von Gründen aufzufassen.
[52] Auch Kolnai argumentiert dafür, dass der Zusammenhang zwischen Mitteln und Zwecken zuweilen nicht kausaler Natur ist (vgl. Kolnai (1977) §4).
[53] Das Beispiel habe ich von Heuer übernommen (vgl. Heuer (2001) 192f).

sondern sagen, dass Dankbarkeit ausdrücken in Australien nicht bedeutet Gladiolen, sondern Wein zu schenken. In diesen Beschreibungen wird nicht zwischen Mitteln und Zwecken unterschieden. Mittel und Zwecke sind keine getrennten Sachverhalte. Ich möchte meine Dankbarkeit ausdrücken. Was bedeutet es in dem Land, in dem ich mich befinde, seine Dankbarkeit zu zeigen? In Australien bedeutet es, Wein zu schenken. Das ist nun die Spezifizierung eines Zwecks.

Williams gibt ein Beispiel einer spezifizierenden Überlegung (vgl. Williams (1980) 104): Angenommen, ich möchte einen unterhaltsamen Abend verbringen. Ich überlege daher, was mir einen solchen Abend verschaffen könnte. Wenn ich spezifizierend überlege, so wähle ich nicht nur zwischen mir bekannten Handlungsalternativen aus. Würde ein Kinobesuch unterhaltsamer sein als ein gemütliches Abendessen mit meinen besten Freunden? Ich überlege nicht nur, welche Alternative mir mehr Unterhaltung verschaffen würde. Vielmehr kann ich am Ende einer spezifizierenden Überlegung beispielsweise zu der Konklusion gelangen, dass ich ins Kabarett gehen sollte, obwohl ein Kabarettbesuch nicht zu den Alternativen gehörte, die ich zu Beginn meiner Überlegung als Möglichkeiten, einen unterhaltsamen Abend zu verbringen, angesehen hatte. Der Witz spezifizierender Überlegungen ist gerade auch darin zu sehen, weitere Handlungsalternativen herauszuarbeiten. Durch spezifizierende Überlegungen soll herausbekommen werden, was ich in einer bestimmten Situation tun sollte. Angewandt auf das gegebene Beispiel besagt das, ich soll herausbekommen, was genau mir einen unterhaltsamen Abend verschaffen könnte. Dafür muss ich mir verschiedene Handlungsalternativen vorstellen können. Das ist der Grund, warum bei dieser Form praktischer Überlegungen die Vorstellungskraft oder genauer gesagt, das, was Williams darunter versteht, eine wichtige Rolle spielt.

Die Rolle der Vorstellungskraft besteht laut Williams vornehmlich darin, vorwegzunehmen, wie man bestimmte Handlungen oder die Realisierung bestimmter Ziele, *erleben* würde. Es geht also darum herauszubekommen, wie man es *fände*, wenn ... . Deshalb ist es wichtig, dass die Vorstellungskraft „lebendige" Eindrücke vermittelt. Die Vorstellungskraft soll also zu einem gewissen Grad die Erkenntnis vorwegnehmen, die man durch *Erfahrung* oder *Ausprobieren* erwirbt. Die Vorstellungskraft kann aber weder Erfahrung noch Erleben vollständig ersetzen.[54] Erfahrung kann uns lehren, dass uns bestimmte Dinge nur in unserer Vorstellung angenehm erscheinen.

Allerdings räumt Williams ein, dass es unklar ist, zu welchen Ergebnissen die Vorstellungskraft Personen führen kann und welche Vorstellungsleistungen wir von Personen erwarten können (vgl. Williams (1980) 110). Wie aber kann dann die Vorstellungskraft in der Zuschreibung von Gründen berücksichtigt werden? Wann können wir Personen beispielsweise dafür kritisieren, dass sie sich das Falsche vorgestellt haben, oder dass ihnen bestimmte Dinge gar nicht eingefallen sind? Dass nicht klar ist, zu welchen praktischen Konklusionen die Vorstellungskraft eine Person führen kann und welche Vorstellungsleistungen wir von Personen erwarten können, überträgt sich auch auf die Zuschreibung von Gründen. Es kann mitunter unklar sein, wozu eine Person einen Grund hat und wozu nicht, weil unklar ist, zu welchen Ergebnissen (praktischen Konklusionen) man mit Hilfe der Vorstellungskraft gelangt. Die Rolle der Vorstellungskraft, die Williams ihr in praktischen Überlegungen einräumt, führt daher zu einer gewissen Vagheit bei der Zuschreibung von Gründen (vgl. Williams (1980) 110). Laut Williams spricht das aber nicht gegen seine Konzeption interner Gründe. Seine Erklärung dafür, warum Vagheit nicht gegen seine Konzeption spricht, lautet, dass es mitunter unklar ist, zu welchen Handlungen wir einen Grund haben und zu welchen Handlungen wir keinen Grund haben. Und, so fährt er fort, seine Konzeption praktischer Gründe kann diese Vagheit erklären.

Die Vorstellungskraft greift in allen vier genannten Formen praktischer Überlegungen ein und zwar auf folgende Weise: Sie kann zur Aufgabe und zum Neuerwerb sowohl von Wünschen als auch von Überzeugungen führen. Im Unterschied zu praktischen Überlegungen folgt die Vorstellungskraft aber nicht (unbedingt) den Regeln induktiven und deduktiven Schließens. Daher können mit ihrer Hilfe beispielsweise konstitutive und spezifizierende Lösungen gefunden wer-

---

54 Millgram argumentiert auf dieser Basis gegen Williams für die Existenz externer Gründe (vgl. Millgram (1996) insb. § 5).

den. Diese Lösungen lassen sich nicht deduktiv oder induktiv aus vorhandenen Wünschen herleiten. Die Vorstellungskraft, so könnte man sagen, hilft an den Stellen weiter, wo Herleiten nicht möglich ist. Damit spielt die Vorstellungskraft eine entscheidende Rolle in praktischen Überlegungen. Sie legt mit fest, zu welchen Handlungen wir einen Grund haben und zu welchen nicht.

Auch wenn gegen Williams' Konzeption interner Gründe nicht geltend gemacht werden kann, dass es mitunter unklar sei, zu welchen Handlungen eine Person einen Grund hat, so könnte aber gegen Williams angeführt werden, dass Überlegungen, in denen die Vorstellungskraft eine entscheidende Rolle spielt, wie beispielsweise spezifizierende und konstitutive Überlegungen, nicht wunschgeleitet sind. Man könnte daran zweifeln, weil ja die Rolle der Vorstellungskraft gerade darin besteht, von den gegebenen Wünschen und Handlungsalternativen zu extrapolieren und sich beispielsweise vorzustellen, was einem neben den bekannten Handlungsalternativen sonst noch einen unterhaltsamen Abend verschaffen könnte. Aber ich denke, Williams könnte hier darauf bestehen, dass zwar durch die Rolle der Vorstellungskraft in praktischen Überlegungen humesche Konzeptionen *instrumenteller* Gründe widerlegt werden, aber nicht seine humesche Konzeption *wunschgeleiteter* Gründe. Begründen könnte er das damit, dass auch in den Fällen konstituierender und spezifizierender Überlegungen, die Überlegungen bei einem Wunsch beginnen. In dem gegebenen Beispiel hat mein Wunsch nach einem unterhaltsamen Abend zusammen mit meinen anderen Wünschen, meine Überlegung zu der praktischen Konklusion geleitet, dass ich ins Kabarett gehen sollte. Wenn ich aber Kabaretts verabscheuen würde, so würde mich mein Wunsch nach einem unterhaltsamen Abend nicht zu der Konklusion leiten, dass ich ins Kabarett gehen sollte. Vielleicht würde ich zu der Konklusion gelangen, dass ich mir ein Ballett ansehen sollte.

Diese Ausführungen zeigen, dass Williams' Auffassung interner Gründe nicht instrumentell ist. Wunschgeleitete Überlegungen folgen nicht nur den Regeln der Zweckrationalität, da in ihnen auch die Vorstellungskraft eine wichtige Rolle spielt.[55]

12. Sind Williams' Ausführungen inkonsistent?

Gegen Williams' weit gefasstes Verständnis praktischer Überlegungen argumentiert Scanlon. Er führt an, dass Williams' Konzeption praktischer Gründe inkonsistent durch die Weise wird, in der mit Hilfe der Vorstellungskraft Einfluss auf die *Zusammensetzung* von Motivationsprofilen genommen wird. Wenn wir diese Formen praktischer Überlegungen als wunschgeleitet verstehen, so fragt er, worin unterscheiden sich dann diese Überlegungen von anderen Prozessen, durch die man dazu kommt, neue Wünsche zu erwerben? Scanlon denkt dabei insbesondere an Prozesse der folgenden Art. Eine Person überlegt nicht ausgehend von einem Element ihres Motivationsprofils, sondern fragt sich, wie die Elemente ihres Motivationsprofils zu bewerten sind. Scanlon nimmt an, dass Personen von den Elementen ihrer Motivationsprofile Abstand nehmen und diese kritisch beurteilen können. Angenommen, ich finde Reinlichkeit überaus wichtig und folge diesem Wert auch in meinen Handlungen. Eines Tages aber frage ich mich, warum ich eigentlich meine Wohnung immer so gründlich putzen soll. Ich kann laut Scanlon den von mir geschätzten Wert der Reinlichkeit kritisch hinterfragen. Diese Beurteilung einer meiner Wertvorstellungen ist gerade nicht, so Scanlon, durch die anderen Elemente des Motivationsprofils geleitet. Dennoch könne dieses Nachdenken über eines (oder mehrere) Elemente meines Motivationsprofils zu einer Veränderung des Motivationsprofils führen. Ich könne beispielsweise zu dem Ergebnis kommen, dass Reinlichkeit nicht so wertvoll oder wichtig sei, wie ich immer dachte. Scanlon bezeichnet Veränderungen in Motivationsprofilen, die durch Nachdenken über Motivationsprofile hervorgerufen werden als *reflexive Modifikationen* (*reflective modifications*) von Motivationsprofilen (vgl. Scanlon (1998) 368). An Williams stellt er dann die folgende Frage: Worin

---

[55] Daher hat Millgram Unrecht, wenn er Williams' Humeanismus einen Instrumentalismus nennt (vgl. Millgram (1996) 211).

unterscheidet sich eine Veränderung in Motivationsprofilen, die durch wunschgeleitete Überlegungen hervorgerufen wird, von einer reflexiven Modifikation von Motivationsprofilen? Er illustriert das Problem, diese Formen von Veränderungen in Motivationsprofilen zu unterscheiden, anhand des folgenden Beispiels (vgl. Scanlon (1998) 365):

Bunter findet Vorstellungen über persönliche Ehre altmodisch. Von seinem Motivationsprofil gibt es keine durch einen Wunsch geleitete Überlegung zu der Konklusion, dass er (Bunter) einen Grund hat, sich ehrenhaft zu verhalten. Bunter lernt Lord Peter kennen. Lord Peter nimmt Vorstellungen über Ehre und ehrenhaftes Verhalten nicht nur ernst, er richtet sogar sein Leben nach ihnen. Nach einiger Zeit des Zusammenseins mit Lord Peter beginnt Bunter diesen zu bewundern. Über den täglichen Umgang mit Lord Peter und seiner Bewunderung für ihn ändert sich Bunters Wertvorstellung. Er glaubt nun, dass die persönliche Ehre etwas Wichtiges und Wertvolles sei, und dass er vorher irrte, als er persönlicher Ehre einen Wert absprach. Anhänger einer kantischen oder aristotelischen Konzeption können, so Scanlon, die veränderte Sichtweise erklären. Diesen Konzeptionen zu Folge ist Bunter dazu gekommen, etwas (schon immer wahres) zu sehen, nämlich, dass Ehre einen Wert hat und er daher einen Grund hat, sich ehrenhaft zu verhalten.

Wenn wunschgeleitete Überlegungen, also Überlegungen, die bei den Elementen des Motivationsprofils beginnen, nur zweckrationale Überlegungen sind, wenn praktisches Schließen immer instrumentell ist, dann gibt es eine klare Trennung zwischen wunschgeleiteten Überlegungen und reflexiven, das Motivationsprofil modifizierenden Prozessen. Williams' Verständnis wunschgeleiteter Überlegungen ist aber sehr viel weiter gefasst. Unsere praktischen Überlegungen handeln nicht nur davon, wie wir unsere Wünsche erfüllen können, sondern wir konstituieren und spezifizieren mit Hilfe der Vorstellungskraft, worin unsere Ziele (Wünsche) genau bestehen und wie ihre Erfüllung gefördert werden kann. Dieser Überlegensprozess kann neue Wünsche generieren und alte eliminieren. Dann gibt es aber laut Scanlon keine klare Trennung zwischen Williams' Vorstellung einer triftigen wunschgeleiteten Gedankenkette und seiner (Scanlons)

Vorstellung von reflexivem Modifizieren, weil zu den Motivationsprofilen nicht nur die tatsächlich vorhandenen Wünsche gehören, sondern auch die, die durch wunschgeleitete Überlegungen generiert werden können. Aber, so fährt Scanlon fort, damit verändert Williams signifikant seine Konzeption eines Motivationsprofils (vgl. Scanlon (1998) 369). Das hat Scanlon zufolge die Konsequenz, dass Williams' Ansatz entweder inkonsistent wird oder aber, dass er keine Argumente für die Zurückweisung der anti-humeschen Konzeptionen praktischer Gründe hat.

Williams' Ausführungen wären inkonsistent, wenn er die anti-humeschen Ansätze mit dem Argument zurückweisen würde, dass es im Motivationsprofil der Person kein passendes Element gibt, dem durch die Handlung gedient wird. Dieser Zug ist ihm durch sein weit gefasstes Verständnis praktischen Schließens verwehrt, das es erlaubt, Personen Gründe für Handlungen zuzuschreiben, obwohl in den aktuellen Motivationsprofilen der Personen keine Wünsche zu finden sind, deren Erfüllung durch die Handlungen gefördert werden könnte. Da Williams kein anderes Argument gegen die anti-humeschen Ansätze hat, ist die Grenze willkürlich, die er zwischen solchen Veränderungen in Motivationsprofilen, die durch wunschgeleitete Überlegungen hervorgerufen sind und solchen, die durch reflexive Modifikationen von Motivationsprofilen hervorgerufen sind, zieht. Die Willkür der Unterscheidung illustriert Scanlon anhand folgender Beispiele (vgl. Scanlon (1998) 371).

Die O'Briens (Vater und Sohn) gleichen sich darin, dass sie schlechte Gastgeber sind. Im Unterschied zu seinem Sohn hat O'Brien Senior aber einen Wunsch, dessen Erfüllung gefördert werden würde, wenn er gastfreundlicher wäre. Von seinem Motivationsprofil kann daher eine triftige Gedankenkette gebildet werden, die zur Konklusion führt, er solle sein Verhalten ändern. Daher hat O'Brien Senior laut Williams im Unterschied zu O'Brien Junior einen Grund, sein Verhalten zu ändern. Aber O'Brien Senior wird dieser Grund niemals zu einer Verhaltensänderung motivieren. Durch seine *Unsensibilität* kann O'Brien Senior keine triftige Gedankenkette bilden, die zu der Konklusion führen würde, dass er einen Grund hat, sein Verhalten zu ändern. Warum aber, fragt Scanlon, sollten wir hier mit Williams O'Brien Senior einen Grund für eine Verhaltensänderung zuschreiben und O'Brien Junior diesen absprechen? Beide werden niemals zu der Konklusion gelangen, dass sie einen Grund haben, ihr Verhalten zu ändern, beide werden niemals motiviert sein, ihr Verhalten zu ändern. Bei dem Älteren liegt es an seiner Unsensibilität und bei dem Jüngeren an der Beschaffenheit seines Motivationsprofils.

Meiner Ansicht nach hat Scanlon damit Recht, dass Williams' Zurückweisung der anti-humeschen Ansätze willkürlich ist. Im Unterschied zu Scanlon erscheint mir aber Williams' Ablehnung, O'Brien Junior einen Grund für eine Verhaltensänderung zuzuschreiben, richtig zu sein. Problematisch an seinem Ansatz ist vielmehr, O'Brien Senior einen Grund für eine Verhaltensänderung zuzuschreiben.[56] Es ist nicht plausibel, einer Person einen Grund für eine Handlung zuzuschreiben, wenn die Person niemals durch den Grund motiviert werden kann, weil ihre Möglichkeiten praktischen Schließens durch psychische Defizite beschränkt sind und sie niemals sehen kann, dass etwas für ihr Handeln spricht. O'Brian Senior sind die Gründe, sein Verhalten zu ändern, unzugänglich. Daher hat er keinen Grund, sein Verhalten zu ändern. Das macht deutlich, dass Williams' humesche Konzeption praktischer Gründe der Zugänglichkeitsbedingung nicht hinreichend Rechnung trägt. Ich komme auf diesen Punkt im 3. Kapitel (§6) zurück.

13. Die Elemente von Motivationsprofilen

In diesem Paragraphen möchte ich näher auf die Elemente der Motivationsprofile eingehen. Wie überzeugend Williams' humesche Konzeption ist, das hängt unter anderem auch davon ab, was alles Element

---

[56] John Robertson kritisiert ebenfalls, dass durch Williams' weites Verständnis praktischer Überlegungen die Attraktivität des humeschen Ansatzes gegenüber anti-humeschen verloren ginge. Wenn nicht nur gegenwärtig vorhandene Wünsche, sondern auch Wünsche, die Personen haben würden, wären sie ideal rational, Gründe für Handlungen geben können, dann stellt sich auch für den Humeanismus das Problem, zu erklären, woher diese Gründe ihre motivierende Kraft bekommen (vgl. Robertson (1986) 128).

eines Motivationsprofils sein kann. In zweierlei Hinsicht besteht hier Gefahr. Zum einen kann die Konzeption interner Gründe unserem Verständnis praktischer Gründe nicht gerecht werden, wenn nach ihr, beispielsweise nur Wünsche im engen Sinn zu den Elementen zählen. Dann könnte meine Angst vor einem Unglück, mir keinen Grund geben, entsprechende Vorsichtsmaßnahmen zu treffen. Ebenso wenig könnten mir meine Karrierepläne Gründe geben, bestimmte Aufgaben zu übernehmen. Das Verständnis von Wünschen darf nicht zu eng sein, da es sonst zu einer Konzeption praktischer Gründe führt, die bei weitem nicht alle Fälle erklären kann, in denen wir von Personen zu Recht sagen, dass sie Gründe für bestimmte Handlungen hätten. Zum anderen kann es zu Konsistenzproblemen kommen, wenn ein sehr weites Verständnis von Wünschen zugrunde gelegt wird. Konsistenzprobleme treten in diesem Zusammenhang immer dann auf, wenn angenommen wird, ein kognitiver Zustand gehöre zu den Elementen. Die humesche Annahme, derzufolge kognitive Zustände nicht zu Handlungen motivieren können, verbietet es, kognitive Zustände mit zu den Elementen von Motivationsprofilen zu zählen. Die Auseinandersetzung mit den möglichen Kandidaten von Motivationsprofilen geschieht mit Augenmerk auf diese beiden Gefahren.

Zu den Elementen gehören laut Williams u.a. Dispositionen zu Bewertungen, Bewertungen, Anlagen zu emotionalen Reaktionen, persönliche Bindungen, Projekte, Wünsche und Einstellungen (vgl. Williams (1980) 105, (1989a) 35). Da Williams die Existenz reinen praktischen Schließens verneint, kann es sich bei den genannten Elementen nicht um *kognitive* mentale Zustände oder Dispositionen zu denselben handeln. Der Humeanismus würde nicht nur gegenüber dem Anti-Humeanismus an Schärfe verlieren, wenn einige kognitive Einstellungen zu den Elementen von Motivationsprofilen gezählt würden, er würde inkonsistent werden. Entgegen der humeschen These würde Williams dann behaupten, dass es zumindest bestimmte Formen reinen praktischen Schließens gibt.

Es ist aber durchaus umstritten, ob Bewertungen (bzw. Dispositionen zu Bewertungen) kognitive oder nicht kognitive Einstellungen (oder Dispositionen zu denselben) sind. Zu welcher Art mentaler Einstellung gehören die folgenden Bewertungen? Zu Stehlen ist schlecht. Bären sind gefährlich. Van Gogh war ein guter Maler. Erdbeeren sind lecker. Kognitivisten und Emotivisten werden zu ganz verschiedenen Ergebnissen darüber kommen, was Bewertungen sind.[57] Ersteren zufolge sind es kognitive Einstellungen, letzteren zufolge sind es nicht-kognitive Einstellungen. So argumentiert beispielsweise Smith gegen Williams dafür, dass Bewertungen kognitive Einstellungen sind (vgl. Smith (1994) 133 – 151). Daher können laut Smith Bewertungen keine Elemente von Motivationsprofilen sein. Der Frage nachzugehen, ob Bewertungen kognitive oder nicht-kognitive Einstellungen sind, würde mich zu weit von der Debatte über eine adäquate Konzeption praktischer Gründe wegführen und muss daher ausbleiben. Festhalten möchte ich aber, dass Williams, sofern er keine inkonsistente Position vertreten will, entweder behaupten muss, dass Dispositionen zu Bewertungen lediglich Tendenzen sind, Gefallen oder Missfallen zu empfinden, oder aber einräumen muss, dass Dispositionen zu Bewertungen nicht zu den Elementen von Motivationsprofilen gehören.

Attraktiver wäre der humesche Ansatz, wenn hier keine Entscheidung getroffen werden müsste.[58] Es entspricht durchaus unserer Wahrnehmung, dass wir Gründe haben, bestimmte Dinge zu tun, weil sie uns wertvoll, gut oder richtig erscheinen und bestimmte Dinge zu unterlassen, weil sie uns nicht wertvoll, schlecht oder falsch erscheinen. Weil mich das Schlagen Wehrloser anwidert, habe ich Grund, sie nicht zu schlagen, bzw. andere davon abzuhalten, Wehrlose zu schlagen. Aber ich meine hier nicht, dass meine Abscheu entscheidend dafür ist, dass ich einen Grund habe, Wehrlose nicht zu schlagen oder Zivilcourage zu zeigen. Vielmehr meine ich, dass das Schlagen Wehrloser meine ablehnende Bewertung verdient. Ich sehe aber keine Möglichkeit, im Rahmen einer interessanten humeschen Position, Dispositionen zu Bewertungen als Dispositionen zu kognitiven Einstellungen zu verstehen *und* sie zu den Elementen des Motivationsprofils zu zählen.

---

[57] Eine hilfreiche Charakterisierung der genannten Positionen gibt beispielsweise Simon Blackburn (1984) insb. Kapitel 5 und 6.
[58] Scanlon teilt diese Einschätzung (vgl. Scanlon (1998) 367).

Tatsächlich versucht Williams aber, so verstehe ich seine Ausführungen, einen Spagat zwischen den zwei zumindest *prima facie* nicht miteinander verträglichen Positionen. Dadurch kommt es aber vorsichtig ausgedrückt zu Spannungen. Ich denke hierbei an Williams' Ausführungen über moralische Dispositionen. Moralische Dispositionen lassen sich laut Williams als Disposition verstehen, bestimmte moralische Aussagen zu akzeptieren (vgl. Williams (1985a) 199). Es sind, so könnte man auch sagen, Dispositionen zu moralischen Bewertungen, beispielsweise Lügen schlecht zu finden. Daher, so Williams, können moralische Dispositionen auch als Charakterdispositionen verstanden werden. Charakterdispositionen sind u.a. ehrlich, hilfsbereit, großzügig oder gerecht zu sein (vgl. Williams (1985a) 50 – 52, 199 – 202). Den Spagat macht Williams meiner Ansicht nach, weil er weder sagen möchte, dass moralische Dispositionen Dispositionen zu Urteilen mit einem kognitiven Gehalt sind, noch dass sie solche zu Urteilen ohne kognitiven Gehalt sind. So führt er aus, dass moralische Dispositionen Dispositionen zu *Werturteilen* sind. Für die dichten ethischen Begriffe (*thick ethical concepts*)[59] gilt Folgendes:

> „Urteile, die diese Begriffe enthalten, können einfach wahr sein, und entsprechend kann für die Menschen, die diese Begriffe benutzen, der Anspruch der in ihrer Billigung beschlossen ist, Anerkennung finden" (Williams (1985a) 277d/200).

Doch auch wenn diese Urteile wahr sein können und wir moralisches Wissen erlangen können, so fährt Williams fort, gilt in einem gewissen Sinn, dass ethisches und soziales Leben nur in den Dispositionen der Menschen vorkommt.

---

[59] Diesen „dichten" ethischen Begriffen, wie beispielsweise Mut, Tapferkeit und Hilfsbereitschaft, setzt Williams „dünne" ethische Begriffe (*thin ethical concepts*) entgegen, wie böse, gut, falsch und richtig (vgl. Williams (1985a) 128f, 140, 143 – 145).

„Was von Gesellschaft zu Gesellschaft unterschiedlich ausfällt, ist der Gehalt der Einstellungen, ihre Intelligibilität und der Grad ihrer Besonderheit, und genau darum geht es auch in den unterschiedlichen Interpretationen der modernen Gesellschaft" (Williams (1985a) 279d/201).

Wenn wir durch kritisches Überlegen und Hinterfragen unserer moralischen Urteile diesen letzten Schritt vollziehen und erkennen, dass unsere sozialen und ethischen Wertvorstellungen nur Dispositionen von Personen sind, dann gerät unser moralisches Wissen in Gefahr. Williams drückt diesen Gedanken treffend aus, indem er sagt, „daß in der Ethik *die Reflexion die Erkenntnis zerstören kann* " (Williams (1985a) 208d/148).

Ich habe von einem Spagat gesprochen und von Spannungen, die dadurch entstehen. Damit meine ich, dass Williams einerseits sagt, dass wir in den moralischen Dispositionen auf Werte reagieren und es in diesem Sinn auch vernünftige Dispositionen sind. Andererseits aber führt er aus, dass es Werte eigentlich nur durch unsere (in unseren?) Dispositionen gibt. Williams erklärt das durch zwei verschiedene Perspektiven, die wir einnehmen können. Einmal die Sichtweise der Person, die diese Dispositionen hat, und einmal der Blick von außen, in dem wir beurteilen, was es heißt, diese Dispositionen zu haben.

„Der Unterschied zwischen der von den eigenen ethischen Einstellungen ausgehenden Binnenperspektive und der von außen auf diese Einstellungen gerichteten Perspektive zeigt, in welch offenkundiger Weise es nicht wahr ist, daß alle ethischen Werte in den Einstellungen des Selbst liegen, während es auf andere Weise durchaus wahr ist. Aus der Binnenperspektive gesehen ist es nicht wahr, daß nur die Einstellungen der Menschen, geschweige die des Handelnden Wert besitzen. […] Nehmen wir jedoch die andere Perspektive ein und sehen uns die Einstellungen der Menschen von außen an, können wir die Frage stellen: ‚Was muß in der Welt existieren, damit diese ethische Sichtweise existieren kann?' Die Antwort darauf kann nur lauten:

,Die Einstellungen der Menschen.' In einem gewissen Sinne sind sie der Grundpfeiler des ethischen Werts" (Williams (1985a) 79d/51).

Williams interpretiert hier moralische Bewertungen, so scheint es mir, zugleich kognitivistisch und emotivistisch. Sie sind aus der Sicht der Person, die moralisch bewertet, Urteile über Werte, die nichts mit ihr oder ihren Dispositionen zu tun haben. Aus der Außensicht aber sind es keine Urteile, die über das Haben der Dispositionen hinausgehen. In diesem Sinn sind Werte nicht in der Welt, sondern von uns gemacht.[60]

Aber selbst wenn wir Williams gestatten, mit einem klaren „Jein" auf die Frage „Gibt es Werte?" zu antworten, bleibt der oben genannte Vorwurf der Inkonsistenz bestehen. Das liegt daran, dass es in Williams' Konzeption keinen Raum für die Sichtweise der urteilenden und handelnden Person bei der Erklärung der Handlungsmotivation gibt. Nicht weil ich es liebe, meine Versprechen zu halten, bin ich eine verlässliche Person, sondern weil mir Versprechen zu halten geboten erscheint. So kritisiert beispielsweise Scanlon, dass Williams keine plausible humesche Erklärung moralischer Handlungen geben und zugleich der Wahrnehmung der Handlungssituation aus Sicht der handelnden Person gerecht werden kann (vgl. Scanlon (1998) 367). Wenn man mich fragt, warum ich moralisch gehandelt habe, so würde ich beispielsweise antworten „weil es gut ist, so zu handeln", oder „weil die Situation mein Handeln erforderte". Obwohl es aus Sicht der Person so erscheint, als würde die Zusammensetzung ihres Motivationsprofils nichts über das Vorliegen moralischer Gründe oder die Angemessenheit positiver oder negativer Bewertungen aussagen, kann Williams keine der genannten Antworten geben, ohne gegen die humesche These zu verstoßen, dass rein kognitive Einstellungen niemals Motivation generieren können.

Diese richtige Beobachtung Scanlons weist meiner Ansicht nach aber nicht auf eine Inkonsistenz, sondern auf eine Konsequenz des

---

[60] Vgl. zu einem ähnlichen Ansatz Blackburn (1984) Kapitel 6.

humeschen Ansatzes hin.⁶¹ So sagt Williams, dass seine Ausführungen letztlich darauf hinauslaufen, dass die Sichtweise der handelnden Person eine Täuschung ist.⁶²

„Ich habe zu begründen versucht, warum das ethische Denken keine Möglichkeit hat, alles das zu sein, was es scheint. Selbst wenn es in sehr genau bestimmten Konzeptionen des Wohlergehens seine Grundlage hat, können die Konsequenzen, die daraus zu ziehen sind, nur in der Rechtfertigung einer *Disposition*, bestimmte ethische Behauptungen *zu akzeptieren*, liegen, ohne daß die Wahrheit dieser Behauptung direkt zu beweisen wäre, was denjenigen, die diese Behauptungen akzeptiert haben, natürlich anders erscheint" (Williams (1985a) 276d/199f).⁶³

Der Person erscheint es so, als würden moralische Werte sie zum Handeln bewegen. Da aber dafür Dispositionen verantwortlich sind, ist diese Sichtweise letztlich eine Täuschung.⁶⁴

Was für ein Verständnis moralischer Gründe ergibt sich, wenn die Sichtweise der handelnden Person eine Täuschung ist? Um diese Frage zu beantworten, werde ich untersuchen, wie Dispositionen zu moralischen Verhalten und Wünsche, moralisch zu handeln, in praktische Überlegungen eingehen und in welchem Sinn gesagt werden kann, dass sie praktische Überlegungen leiten.

---

⁶¹ Diese Konsequenz hat Warren Quinn dazu bewogen, gegen subjektivistische Ansätze, und dazu zählt er den von Williams', vorzutragen, dass sie nur kausale Erklärungen, aber keine Rechtfertigungen von Handlungen geben könnten. Ohne die Angabe einer Bewertung bleibt laut Quinn unverständlich, wie nicht kognitive Einstellungen Handlungen vernünftig machen können. Vgl. Quinn (1993) 228 – 255.
⁶² Vgl. für diese Interpretation auch Williams (1993).
⁶³ Williams ist sehr skeptisch gegenüber jedem Versuch eingestellt, Moralität und moralische Werte zu begründen. Wenn überhaupt ein Versuch Aussicht auf Erfolg hat, dann ist das laut Williams der Versuch, Moralität über das Wohl von Personen zu begründen (vgl. Williams (1985a) insb. Kapitel 3 und 4).
⁶⁴ Wallace behauptet daher, dass die humesche Konzeption praktischer Gründe keinen Raum lassen würde für eine adäquate Konzeption einer rational handelnden Person (vgl. Wallace (1999) insb. § 1).

14. Eine humesche Interpretation moralischer Gründe

Welches Verständnis moralischer Gründe ergibt sich aus der humeschen Konzeption praktischer Gründe? Kann im Rahmen eines humeschen Modells sinnvoll von moralischen Gründen gesprochen werden? Dafür, dass eine humesche Konzeption praktischer Gründe keinen Raum ließe für ein adäquates Verständnis moralischer Gründe, wird angeführt, dass mithilfe humescher Vorstellungen nicht die Moralität einer Handlung erklärt werden kann.[65] Der Einwand richtet sich auf die Weise, in der Wünsche in praktische Überlegungen eingehen und in der sie unsere Überlegungen leiten. So bezieht sich beispielsweise bei zweckrationalen Überlegungen die erste Prämisse des praktischen Schlusses stets auf den leitenden Wunsch. Angenommen, ich möchte eine Currywurst essen. Ich überlege, wie ich diesen Wunsch möglichst ökonomisch, einfach und bequem erfüllen könnte. Ich komme zu dem Ergebnis, dass ich zum nächsten Imbiss gehen sollte, um mir eine Wurst zu kaufen. Die Erklärung für mein Kaufen der Wurst wäre dann: Ich möchte eine Currywurst essen. Das ist der Wunsch, von dem die Überlegung ausging und der die Überlegung geleitet hat. Für den Wunsch, moralisch zu handeln, aber scheint diese Art der Einflussnahme auf den praktischen Schluss nicht adäquat zu sein scheint.

Moralische Überlegungen, so führt Williams aus, beginnen zwar auch bei einer Disposition zum moralischen Handeln (i. F. kurz „moralische Disposition). Aber die erste Prämisse der praktischen Überlegung bezieht sich nicht reflexiv auf die moralische Disposition.[66] Mit „reflexiv" ist hier folgendes gemeint: Explizit wird darauf Bezug genommen, dass die Person selbst diese moralische Disposition hat. Angenommen, ich bin eine hilfsbereite Person. Ein reflexiver Verweis

---

[65] So beispielsweise Scanlon und Quinn (vgl. Scanlon (1998) 363 – 373 und Quinn (1993) 236). Darüber hinaus wird gegen eine humesche Konzeption moralischer Gründe angeführt, dass moralische Gründe gerade nicht relativ zu Wünschen seien. Vgl. dazu Stephen L. Darwall (1987); Scanlon (1998) 41 – 49.
[66] Im Folgenden werde ich verkürzt sagen: die moralische Disposition geht nicht als erste Prämisse in den praktischen Schluss ein.

auf meine moralische Disposition der Hilfsbereitschaft wäre dann folgender: Ich bin eine hilfsbereite Person. Die erste Prämisse kann sich aber nicht reflexiv auf die moralische Disposition beziehen, weil sich eine moralische Person u.a. gerade dadurch auszeichnet, dass sie nicht mit ihrer eigenen Wunschbefriedigung beschäftigt ist (vgl. Williams (1976c) 48). Der Gedanke, dass ich eine hilfsbereite Person bin, taucht nicht in meinen praktischen Überlegungen auf. So überlege ich beispielsweise nicht, was ich tun sollte, um meinem Interesse hilfsbereit zu sein, nachzukommen. Wer mit der eigenen Wunschbefriedigung beschäftigt ist, der macht sich laut Williams der moralischen Selbstgefälligkeit (*moral self-indulgence*) schuldig. Wer selbstgefällig handelt, der kehrt, so führt Williams aus, das Verhältnis von Anteilnahme und Selbstinteresse um und handelt daher nicht moralisch. So eine Person handelt nicht moralisch, selbst wenn ihre Handlung aus moralischer Sicht gut zu heißen ist (vgl. Williams (1976c) 47).[67]

Nach der humeschen Konzeption hat eine Person Gründe für eine bestimmte Handlung, wenn die Handlung mindestens zur Erfüllung eines Wunsches der Person beiträgt bzw. selber die Erfüllung eines Wunsches ist. Also hat eine Person beispielsweise einen Grund, zu helfen, wenn zu helfen ihrer moralischen Disposition zur Hilfsbereitschaft dient. Das Problem besteht nun für Williams, und meiner Ansicht nach für jedes humesche Modell, darin, „dienen" im Zusammenhang mit moralischen Dispositionen nicht als reflexiven Verweis aufzufassen. Das heißt, dass es einer Person dient, in moralischer Weise zu handeln, darf nicht bedeuten, dass die moralische Handlung einen Wunsch der Person befriedigt bzw. dessen Erfüllung fördert. Wenn es gelingt, ein sinnvolles Verständnis von „dienen" zu etablieren, das nicht auf Wunscherfüllung hinausläuft, dann ist das Dienen einer moralischen Disposition auch nicht vergleichbar mit der Befriedigung von Wünschen. In welchem Sinn kann aber mit Williams gesagt werden, dass moralische Handlungen den moralischen Dispositi-

---

[67] Williams argumentiert in dem genannten Aufsatz gegen utilitaristische Ansätze, nach denen sich die Moralität einer Handlung aus Konsequenzen derselben ergibt. Er führt aus, dass die Konsequenzen einer Handlung gut sein können, aber die Handlung selbst unmoralisch ist, da sie selbstgefällig ist und dem Eigeninteresse der Person dient.

onen einer Person dienen? Auf welche Weise müssten dann moralische Dispositionen in praktische Überlegungen eingehen? Ausführlich sagt Williams nur, wie moralische Dispositionen in praktische Überlegungen *nicht* eingehen:

> „Die einzige These, die ich hier zu diesem Thema aufstelle, lautet, daß der charakteristische und grundlegende Ausdruck einer moralischen Disposition in der Überlegung *keine* Prämisse ist, die auf die Disposition Bezug nimmt – es ist nicht das grundlegende Charakteristikum der Überlegung eines großzügigen Menschen, daß sie von der Prämisse ‚Ich bin ein großzügiger Mensch' Gebrauch machen. […] Obwohl der großzügige Mensch sich zum Teil durch das auszeichnet, was in seine Überlegungen eingeht, ist es nicht so, daß das, was darin eingeht, Betrachtungen über seine Großzügigkeit sind. Auch sind es, können wir hinzufügen, nicht einfach Gedanken wie ‚Er braucht Hilfe'; das Vorkommnis derartiger Gedanken zeichnet gewiß einige Menschen vor anderen aus, aber es trägt wenig dazu bei, großzügige Menschen vor nicht großzügigen auszuzeichnen. Auch ist es nicht das ‚moralische Urteil': ‚Ich sollte helfen'; […]" (Williams (1976c) 58d/48).

Williams' konstruktiver Vorschlag, wie moralische Dispositionen in praktische Überlegungen eingehen könnten, ist hingegen nur skizzenhaft:

> „Eine Antwort wird wahrscheinlich von dem Gedanken ausgehen müssen, daß die fundamentale Darstellung einer solchen Disposition in der Überlegung der Gedanke ‚Ich möchte helfen …' ist; das hat den weiteren Vorteil, es nicht unverständlich zu machen, wie solche moralischen Erwägungen in der Überlegung gegen vollkommen verschiedenartige Erwägungen abgewogen werden können" (ibid.).

Williams verwirft hier folgende Weisen, in denen sich eine moralische Disposition in einer praktischen Überlegung zeigt: (1) Sie zeigt sich nicht in Form einer Prämisse, die sich auf die moralische Disposition bezieht. (2) Sie zeigt sich auch nicht in *rein kognitiven Einstellungen* wie der Meinung, dass er Hilfe braucht. (3) Die Prämisse des praktischen Schlusses ist auch nicht „Ich soll helfen". Sein positiver Vorschlag lautet, dass sich die Disposition zur Hilfsbereitschaft in der praktischen Überlegung nicht selbst, sondern in Form der Prämisse „Ich will helfen" zeigt. Wie gut ist dieser Vorschlag? Um diese Frage zu beantworten, werde ich die vier von Williams genannten Weisen der Einflussnahme moralischer Dispositionen auf praktische Überlegungen diskutieren. Exemplarisch wird dies anhand der moralischen Disposition der Hilfsbereitschaft geschehen. Mich interessiert dabei zum einen, wie sich die moralische Disposition der Hilfsbereitschaft in praktischen Überlegungen zeigen könnte. Und zum anderen möchte ich herausbekommen, warum Williams drei der Möglichkeiten verwirft, in der sich die Hilfsbereitschaft einer Person in ihren Handlungen zeigen könnte.

Kognitive-Variante
(1) Er braucht Hilfe.
(2) Mein Handeln könnte ihm helfen.
(3) Ich sollte handeln.

Williams lehnt diese Art der Einflussnahme moralischer Dispositionen auf praktische Überlegungen ab, da er die Existenz reinen praktischen Schließens verneint. Ohne die Annahme, dass aus rein kognitiven Einstellungen Handlungsmotivation generiert werden kann, lässt sich nicht erklären, woher die Motivation zum Handeln kommt. Die Ablehnung dieser Form der Einflussnahme hat nichts mit dem oben erwähnten Problem zu tun, dem zufolge die Moralität der Handlung nicht erklärt werden kann, wenn Wünsche als erste Prämisse in praktische Konklusionen eingehen. Es besteht nicht der Verdacht, dass die Person moralisch selbstgefällig ist. Die Hilfsbereitschaft der Person lässt sich auf diese Weise erklären, *wenn* es reines praktisches Schließen gibt.

Selbstgefällige-Variante
(1) Ich bin eine hilfsbereite Person.
(2) Er braucht Hilfe.
(3) Ein bestimmtes Handeln könnte ihm helfen.
(4) Ich sollte handeln.

In der selbstgefälligen Variante wird reflexiv auf die moralische Disposition der Hilfsbereitschaft verwiesen, indem die Person ihre Überlegung damit startet, dass sie eine hilfsbereite Person ist. Hilfsbereitschaft zeichnet sich aber nicht dadurch aus, dass mit Handlungen einem eigenen Bedürfnis (helfen zu wollen) nachgegangen wird, sondern dadurch, dass die Bedürfnisse *anderer* mit der Handlung befriedigt werden. Wer in der beschriebenen Weise überlegt, der ist daher auch nicht hilfsbereit, sondern laut Williams selbstgefällig.

Meines Erachtens ist Williams etwas vorschnell, wenn er diese Variante deshalb verwirft, weil der die Überlegung leitende Wunsch als erste Prämisse in den praktischen Schluss eingeht. Daraus allein folgt nicht, dass die Person moralisch selbstgefällig ist. Wenn ich hilfsbereit bin und daher anderen helfen möchte, dann ist mein Helfenwollen Ausdruck moralischer Selbstgefälligkeit, wenn ich anderen helfe, um mir zu schmeicheln. Allgemein gesagt, ist es Ausdruck moralischer Selbstgefälligkeit, wenn ich mit mir oder meinen Interessen beschäftigt bin und meine Aufmerksamkeit nicht den Interessen anderer gilt. Wie Williams sagt, beschreibt moralische Selbstgefälligkeit die Umkehrung des Verhältnisses von der Sorge um andere (*other concern*) und der Sorge für sich selbst (*self concern*) in der praktischen Überlegung. Doch zu dieser Umkehrung kommt es nicht zwangsläufig, wenn sich die erste Prämisse auf eine moralische Disposition bezieht. Es kommt zu dieser Umkehrung nur, wenn die Person handelt, *um* ihrem Wunsch hilfsbereit zu sein, zu dienen und die

Handlung (oder Überlegung) nicht *Ausdruck* der Disposition zur Hilfsbereitschaft ist.[68]

Dennoch tut Williams gut daran, diese Variante zu verwerfen. Denn auch wenn die Person sich nicht zwangsläufig der moralischen Selbstgefälligkeit schuldig macht, enthält ihre Überlegung, um es mit Williams zu sagen, „einen Gedanken zu viel" (vgl. Williams (1976b) 18). Damit ist gemeint, dass in der Überlegung, warum man helfen sollte, der Gedanke, dass man eine hilfsbereite Person ist, nicht nur überflüssig ist, sondern tatsächlich der Überlegung die falsche Richtung gibt. Das wird deutlich, wenn man sich fragt, wie die Person ihre Handlung rechtfertigen würde. Sie würde nicht anführen, dass sie hilfsbereit ist, sondern dass die Person Hilfe braucht. Dieser Variante gegenüber kann daher der folgende Vorwurf gemacht werden: Bezieht sich die erste Prämisse reflexiv auf die moralische Disposition, so erhalten wir keine plausiblen Handlungserklärungen.

<u>Pflicht-Variante</u>
(1) Ich soll helfen.
(2) Er braucht Hilfe.
(3) Mein Handeln könnte ihm helfen.
(4) Ich sollte handeln.

Warum können wir diese Überlegung nicht als die einer hilfsbereiten Person interpretieren? Ich verstehe Williams so: Wenn die Prämisse lautet „Ich soll helfen", so bezieht sie sich allenfalls indirekt auf die Disposition zur Hilfsbereitschaft. Ausschlaggebend für die Handlung ist nicht die Hilfsbereitschaft der Person, sondern ihr Pflichtbewusstsein. Diese Überlegung, so würde Williams wohl fortfahren, charakterisiert daher auch keine hilfsbereite Person. Sie charakterisiert viel-

---

[68] Erstaunlicherweise führt Williams an anderer Stelle bei der Verteidigung eines tugendethischen Ansatzes einen Punkt an, der meinem ähnlich ist. Daraus, dass moralische Dispositionen in einer Überlegung auftauchen, kann nicht geschlossen werden, dass wir es mit einer egoistischen Überlegung zu tun haben (vgl. Williams (1985a) 50).

mehr eine pflichtbewusste Person. Die Handlungen der Person geschehen nicht aus Hilfsbereitschaft, sie geschehen aus Pflicht.[69]

Williams grenzt sich hier gegenüber deontologischen Ansätzen ab, wie etwa dem Ansatz von Kant. Wenn moralische Gesetze oder Regeln die Person zum moralischen Handeln bringen sollen, so argumentiert Williams, dann handelt die Person eigentlich stets aus Pflicht vor dem Gesetz oder einer moralischen Regel. Moralisches Handeln wird so auf Handeln aus *Pflicht* reduziert. Dagegen wendet Williams ein:

„Es ist ein Fehler der Moral, daß sie versucht, alles in Pflichten zu verwandeln" (Williams (1985a) 250d/180).

Für Williams ist es zumindest eine offene Frage, ob unser Verständnis moralischer Urteile und der Pflichtbegriff so eng miteinander verwoben sind, wie es seiner Ansicht nach die Kantianer annehmen.[70]

Wenn ich im fünften Kapitel Korsgaards kantische Konzeption vorstelle, wird aber deutlich werden, dass das Problem eines kantischen Ansatzes nicht darin besteht, dass diesem zufolge jedes Handeln aus Pflicht geschieht. Vielmehr ist an diesem Verständnis praktischer Gründe problematisch, dass moralisches Handeln mit rationalem Handeln gleichgesetzt wird.

---

[69] Das Handeln aus Pflicht, so fährt Williams fort, könne zur Verletzung der Integrität der Person führen. Das wiederum bedeutet für ihn, dass es letztlich zu untragbaren oder grausamen Ergebnissen führt (vgl. Williams (1976b) insb. § 3). Auch gegen utilitaristische Ansätze bringt Williams (1973) vor, dass sie der Integrität der Person keinen entsprechenden Raum einräumten. In Williams' Kritik an beiden Ansätzen, in der er die Bedeutung der Integrität der Person hervorstellt, zeigt sich, dass Williams für einen tugendethischen Ansatz plädiert. Allerdings zeigt er eine große Skepsis gegenüber der Realisierung eines solchen Ansatzes (vgl. Williams (1985a) 199 und (1996) 213).
[70] Vgl. Williams (1985a) insb. Kapitel 10. Ob Williams Recht hat, muss im Rahmen dieser Arbeit offen bleiben. Vgl. für widersprechende Ansätze beispielsweise W. D. Ross (1930) 21ff. und W. K. Frankena (1958) 73.

Motivationale-Variante
(1) Ich möchte helfen.
(2) Er braucht Hilfe.
(3) Mein Handeln könnte ihm helfen.
(4) Ich sollte handeln.

Das ist Williams' positiver Vorschlag. Moralische Dispositionen sollen auf diese Weise in praktische Überlegungen eingehen. Zumindest *prima facie* hat Williams hier einen Ausweg gefunden. In der motivationalen Variante kommt die moralische Disposition nur indirekt in der ersten Prämisse zum Ausdruck: Wer hilfsbereit ist, der wird auch helfen wollen. Die moralische Disposition zeigt sich im praktischen Schluss dadurch, dass die Person helfen will. Für die motivationale Variante spricht aus humescher Sicht, dass die Motivation zur hilfreichen Tat einfach erklärt werden kann.

Dennoch habe ich Bedenken gegenüber Williams' Vorschlag. Auch die motivationale Variante führt zu Erklärungen moralischer Handlungen, die dem moralischen *Selbstverständnis* der Person widersprechen. Würde man den hilfsbereiten Lord Peter fragen, warum er Saint George finanziell unter die Arme greift, so würde er kaum antworten: „Weil ich helfen möchte." Lord Peter würde andere Erklärungen geben, etwa dass Saint George seine Hilfe brauche, dass Saint George große finanzielle Sorgen habe oder, dass seine Hilfe der einzige Ausweg für Saint George sei. Nicht was Lord Peter möchte oder wünscht, würde in der Erklärung auftauchen, sondern in welcher Situation Saint George sich befindet, was seine Hilfe notwendig macht. Das wird Lord Peter als Erklärung anführen. Williams' Vorschlag kann aus den genannten Gründen nicht überzeugen. Auch „Ich möchte helfen", kann nicht die Prämisse des praktischen Schlusses sein.

15. Resümee

In diesem Kapitel habe ich anhand von Williams' Konzeption die humesche Theorie praktischer Gründe vorgestellt. Die Diskussion zentraler Komponenten von Williams' humescher Konzeption praktischer Gründe hat zu drei Ergebnissen geführt.

Erstens, Williams' Humeanismus ist kein Instrumentalismus. Williams nennt sieben Formen praktischer Überlegungen, die er alle als wunschgeleitet bezeichnet. Ich habe dafür argumentiert, dass eine dieser Formen aber nicht als eine von einem Wunsch geleitete Überlegung verstanden werden kann. Im Rahmen eines humeschen Ansatzes kann nicht verständlich gemacht werden, warum wichtige Wünsche notfalls auf Kosten unwichtiger zu erfüllen sind. Darüber hinaus hat die Auseinandersetzung mit den anderen Formen praktischer Überlegungen gezeigt, dass Williams durch die Rolle, die er der Vorstellungskraft in Überlegungen einräumt, mit wunschgeleiteten Überlegungen nicht nur zweckrationale Überlegungen meint. Seine Konzeption praktischer Gründe gewinnt dadurch an Flexibilität, dass wunschgeleitete Überlegungen wiederum Auswirkungen auf die Zusammensetzung von Motivationsprofilen haben. Für die Zuschreibung von Gründen bedeutet das, dass es mitunter unklar sein kann, zu welchen Handlungen eine Person einen Grund hat. Entgegen der Kritik Scanlons meine ich nicht, dass Williams' Konzeption durch sein weit gefasstes Verständnis wunschgeleiteter Überlegungen inkonsistent wird. Dennoch – darauf werde ich im nächsten Kapitel näher eingehen – ist dieses Verständnis problematisch, weil es dazu führt, dass einige Gründe unzugänglich sind.

Zweitens hat die Diskussion gezeigt, dass Williams darauf festgelegt ist, Dispositionen zu Bewertungen als Dispositionen zu nichtkognitiven Einstellungen zu interpretieren. Williams versucht, zwei sich zumindest *prima facie* widersprechende Positionen zu vereinbaren. Wertende Einstellungen sind kognitive Urteile aus Sicht der beurteilenden Person. Aus unabhängiger Perspektive aber sind wertende Einstellungen keine kognitiven Urteile, sondern einfach Ausdruck von Dispositionen zu Werturteilen. Dass Williams moralische Dispositionen und Dispositionen zu Werturteilen zu den Elementen der Motivationsprofile zählt, zeigt, dass bei Williams die unabhängige Perspektive den Ausschlag gibt. Inkonsistent ist sein Modell an dieser Stelle nicht. Es wird aber deutlich, dass eine Konsequenz des humeschen

Ansatzes darin besteht, die Wahrnehmung von Handlungssituationen aus Sicht der ersten Person letztlich als Täuschung anzusehen.

Das dritte Ergebnis ist eine Folge aus dem gerade Gesagten. Dadurch, dass die Sicht der handelnden Person letztlich als Täuschung ausgewiesen wird, ergibt sich ein Verständnis moralischer Gründe, das der Weise widerspricht, in der Personen erklären, warum sie moralisch gehandelt haben. Das humesche Modell lässt demnach keinen Raum für eine attraktive Interpretation moralischer Gründe.

Nachdem ich im folgenden Kapitel ausführen werde, was darüber hinaus problematisch an der humeschen Theorie praktischer Gründe ist, wende ich mich im vierten und fünften Kapitel Theorien praktischer Gründe zu, die zumindest Raum für ein Verständnis moralischer Gründe zu haben scheinen, das unserem moralischen Selbstverständnis besser gerecht wird.

III. Kapitel: Kritik an der humeschen Theorie

Als Vorteil humescher Konzeptionen praktischer Gründe gilt im Allgemeinen, dass sie keine Probleme damit haben, die motivierende Dimension praktischer Gründe zu erklären. Dadurch, dass die Zuschreibung von Gründen von der Anwesenheit eines passenden Wunsches abhängt, lässt sich die motivierende Dimension interner Gründe durch eben diesen Wunsch erklären. Hingegen werden humesche Erklärungen der normativen Dimension praktischer Gründe im Allgemeinen als problematisch angesehen. Da die Rechtfertigung von Handlungen durch die Angabe eines internen Grundes immer im Rekurs auf nicht weiter kritisierbare basale Wünsche geschieht, ist die Rechtfertigung und damit auch die Normativität von Gründen immer relativ zu Wünschen.

Im Folgenden werde ich erst ausführen, wie Williams die motivierende und die normative Dimension von Gründen erklärt und warum er annimmt, dass weder eine kantische noch eine aristotelische Konzeption der motivierenden Dimension von Gründen gerecht werden kann. Im Anschluss daran werde ich ausführen, inwiefern an der Normativität interner Gründe gezweifelt werden kann. Beenden werde ich dieses Kapitel damit, dass zumindest einigen internen Gründen die motivierende Dimension fehlt, weil sie unzugänglich sind.

1. Die humesche Erklärung der Normativität von Gründen

Grundgedanke humescher Theorien ist, dass ausgehend von den tatsächlichen Wünschen einer Person darauf geschlossen werden kann, welche Handlung sie tun soll. Gegen diesen Grundgedanken kann eingewendet werden, dass er voraussetzt, es könne von etwas Faktischem auf etwas Normatives geschlossen werden.[71] Doch daraus, dass eine Person wünscht, eine Currywurst zu essen, kann nicht geschlossen werden, dass die Person die Wurst essen soll. Allgemein gesagt

---

[71] Diesen Einwand formulieren u.a. Korsgaard (1997) 229 und Broome (1997) 134-137. Vgl. auch in diesem Kapitel § 2ff.

kann daraus, dass p der Fall ist, nicht geschlossen werden, dass p sein soll.[72] Und tatsächlich würden Humeaner diesen Fehler begehen, wenn sie Gründe auf Wünsche reduzieren würden. In dem Fall müssten Humeaner beispielsweise annehmen, dass mein Wunsch nach einer Currywurst mein Grund ist, eine Currywurst zu essen. Daraus, dass mir nach einer Currywurst ist, würde dann (irrtümlicherweise) geschlossen, dass ich eine Currywurst essen soll. So eine Konzeption interner Gründe kann aber nicht überzeugen, da sie keinen Raum für Korrekturen und Ideale lässt. Das bedeutet, dass dieser Konzeption zufolge den falschen Gründen bzw. Wünschen eine normative Kraft zugesprochen würde. Williams begeht diesen Fehler aber nicht.[73] Eine Person hat einen Grund, in bestimmter Weise zu handeln, wenn sie ausgehend von der (kontingenten) Zusammensetzung ihres Motivationsprofils über eine triftige Gedankenkette zu der Konklusion gelangen kann, dass sie in der Weise handeln soll. Zum Grund „gehört" neben einem Wunsch also auch eine Gedankenkette. Der Zusatz „triftig" macht darauf aufmerksam, dass hier nicht die tatsächliche Gedankenkette ausschlaggebend ist, die die Person hat, sondern eine ideale Gedankenkette. Eine Gedankenkette ist triftig, wenn sie nur aus wahren Meinungen besteht, alle relevanten Meinungen enthält und auch jeder Folgerungsschritt korrekt ist. Triftige Gedankenketten eröffnen eine Lücke zwischen dem Gegebenen und dem Idealen.

Aber nicht nur durch die Triftigkeit der Gedankenketten, sondern auch durch die Weisen, in der wunschgeleitete Überlegungen wiederum Einfluss auf die Zusammensetzung von Motivationsprofilen nehmen können, gelingt Williams eine Trennung zwischen dem Gegebenen und dem Idealen. Diese Lücke ist wichtig, da Grundaussagen nicht nur angeben, zu welchen Handlungen eine Person gerade motiviert ist, sondern auch, zu welchen Handlungen eine Person motiviert sein *soll*. Das wird besonders deutlich bei dem

---

[72] Vgl. George Edward Moore (1903) 41f. Moore argumentiert dafür, dass Sollens- und Seinsbegriffe zu zwei verschiedenen, nicht aufeinander rückführbaren Begriffsklassen gehören. Wer aus dem Sein ein Sollen schließt, der begeht einen naturalistischen Fehlschluss (*naturalistic fallacy*).
[73] Anders hingegen interpretiert Heuer (1999) Williams.

„[...] 'if I were you...' mode. Taking other people's perspective on a situation, we hope to be able to point out that they have reason to do things they did not think they had reason to do, or, perhaps, less reason to do certain things than they thought they had" (Williams (1989a) 36).

Die Normativität von Gründen kann mit diesem Bild nur erklärt werden, wenn wir an einen idealen Ratgeber denken, also an einen Ratgeber, der die Situation ganz überblickt und mit dem Rat keine eigenen Interessen verfolgt. Geraten wird zu der Handlung, die eine Person in ihrer Situation tun sollte. Der Zusatz „in ihrer Situation" weist darauf hin, dass das Motivationsprofil der Person mit in Rechnung gestellt wird. Ihre Wünsche bestimmen mit, zu welcher Handlung der Person in ihrer Situation zu raten ist.

Interne Gründe haben daher auch nach Williams' Konzeption eine gewisse normative Kraft. Allerdings sind sie nicht vollkommen von der Beschaffenheit der Motivationsprofile von Personen und deren Möglichkeiten zu überlegen – kurz, der Psychologie von Personen – unabhängig.[74] Aber gerade diese Relativität zu Motivationsprofilen wird von namhaften Philosophen als äußerst problematisch angesehen. Anhand einer von Christine Korsgaard vorgetragenen Kritik werde ich darstellen, inwiefern die Normativität praktischer Gründe von Williams nicht hinreichend erklärt wird.

2. Humeaner und die Normativität von Gründen

Korsgaard wendet ihre Kritik gegen Konzeptionen instrumenteller Gründe. Wie sich aber zeigen wird, widerspricht sie mit ihr auch Williams' Konzeption interner Gründe. Korsgaards These ist, dass instrumentelle Gründe keine *normative* Kraft haben und daher keine

---

[74] McDowell ist deshalb der Meinung, dass Williams die Grenze zwischen dem Gegebenen und dem Idealen nicht in der richtigen Weise zieht. Durch das Einführen einer triftigen, d.h. idealen Gedankenkette entstehe zwar eine gewisse Lücke, doch diese reiche nicht aus, weil auch eine ideale Gedankenkette immer noch indirekt von den gegebenen Wünschen abhänge (vgl. McDowell (1995a) 77).

Handlungsgründe sind, wenn es neben der Zweckrationalität nicht noch mindestens einen weiteren Rationalitätsstandard gibt (vgl. Korsgaard (1997)). Als Rationalitätsstandard bezeichnet Korsgaard Prinzipien, die angeben, wie wir überlegen sollen oder woran wir uns in unseren Überlegungen orientieren sollen. Beispiele für Rationalitätsstandards sind der kategorische Imperativ und das prudentielle Prinzip. Korsgaard behauptet, dass der Zweckrationalität oder, wie sie auch sagt, der instrumentellen Rationalität ein normatives Fundament oder eine normative Begründung fehlt und widerspricht damit, wie wir sogleich sehen werden, auch dem humeschen Ansatz.

Die folgenden drei normativen Prinzipien werden im Allgemeinen als mögliche Rationalitätsstandards gehandelt, die angeben, wie wir überlegen sollen und zu welchen Handlungen wir einen Grund haben: das instrumentelle, das prudentielle und das moralische Prinzip. Die humesche Position geht von der Annahme aus, dass das instrumentelle Prinzip keiner Rechtfertigung bedarf, das prudentielle Prinzip sich nur im Rekurs auf das instrumentelle Prinzip rechtfertigen lässt und das moralische Prinzip überhaupt nicht zu rechtfertigen und daher obskur ist (vgl. Korsgaard (1997) 215 – 217). Korsgaard widerspricht diesen drei Annahmen: Auch das instrumentelle Prinzip bedürfe einer Rechtfertigung, oder wie Korsgaard sagt, einer *normativen Begründung*[75]; das prudentielle Prinzip lasse sich nicht durch das instrumentelle Prinzip begründen; und das moralische Prinzip sei keinesfalls obskur.

Wenn die instrumentelle Rationalität das einzige Prinzip ist, an dem wir unsere praktischen Überlegungen orientieren sollen, so Korsgaard, dann ist unklar, wie ein bestimmter Wunsch einer Person, dessen Erfüllung durch ihr Handeln gefördert werden könnte, der Person einen Grund zu der Handlung geben kann. Es ist zum einen unklar, weil dieser Grund die Person nicht zum Handeln *leiten* könne und zum anderen, weil das instrumentelle Prinzip einer *normativen Begründung* bedürfe. Ich beginne mit Korsgaards ersten Einwand.

---

[75] Vgl. dazu auch Korsgaards Deutung von Humes Position, der zufolge Hume die Existenz praktischer Gründe bestreitet (vgl. beispielsweise Korsgaard (1997) 222).

3. Interne Gründe können Personen nicht leiten

Korsgaard führt aus, dass aus der bloßen Tatsache, dass eine Person einen bestimmten Wunsch hat, nicht folgt, dass sie nach diesem Wunsch handeln *soll*, sondern allenfalls, dass sie nach diesem Wunsch möglicherweise handeln *wird*. Ein Wunsch könne einer Person keinen Grund für eine bestimmte Handlung geben, sondern könne nur die Ursache für ihr Handeln sein, weil er die Person zum Handeln motivieren, aber nicht zum Handeln leiten könne. Korsgaard wirft demnach Williams vor, dass er keine rationalen, sondern kausale Handlungserklärungen gibt. Sie verweist in diesem Zusammenhang auf ein Beispiel von Thomas Nagel.[76] Eine Person ist so konditioniert, dass sie immer, wenn sie etwas trinken möchte und glaubt, dass vor ihr ein Bleistiftanspitzer steht, eine Münze in den Bleistiftanspitzer stecken möchte. Hat die Person Durst, eine Münze zur Hand und befindet sich auch ein Bleistiftanspitzer in ihrer Reichweite, so steckt die Person eine Münze in den Bleistiftanspitzer. Das Vorhandensein von Wunsch und Meinung führt *verlässlich* zu einer bestimmten Handlung, allerdings nicht zu einer rationalen, sondern zu einer verrückten. Wie kann Williams den Unterschied erklären, der zwischen dieser Person und einer Person besteht, die rationaler Weise eine Münze in einen Getränkeautomaten werfen möchte, wenn sie etwas zu trinken wünscht?

Wenn Williams erwidert, dass ein Getränkeautomat im Unterschied zu einem Bleistiftanspitzer eine „Getränkequelle" ist, so dass die richtige *konzeptuelle* Verbindung besteht zwischen dem Wunsch nach einem Getränk und der Meinung, den Wunsch durch das Einwerfen der Münze befriedigen zu können, so sagt er laut Korsgaard nur etwas über die Beziehung zwischen Meinung und Wunsch, aber nichts über die *Rationalität* der Person. Wenn die Meinungen und Wünsche einer Person nur die Funktion haben, bestimmte Handlungen hervorzurufen, dann unterscheiden sich rationale Handlungen nur zufällig oder extern von verrückten. Eine Person kann sowohl zu rationalen als auch zu verrückten Handlungen konditioniert werden. Die kausale Ef-

---

[76] Vgl. Nagel (1970) 33 – 34.

fizienz, das ist die motivierende Kraft, sagt nichts über die Vernünftigkeit der Person aus.

An dieser Stelle zeigt sich, dass Korsgaard ein fundamental anderes Verständnis praktischer Rationalität hat, als Anhänger einer empiristischen Kausaltheorie. Vertreter dieser Theorie würden Korsgaard entgegen halten, dass eine Person rational genannt werden kann, wenn sie durch solche Ursachen zu solchen Handlungen gebracht wird, die in das empiristische Bild passen. Wer vom Wunsch nach einem Getränk dazu gebracht wird, eine Münze in einen Bleistiftanspitzer zu stecken, der handelt in einer Weise, die nicht in dieses Rationalitätsbild passt und ist daher irrational. Welches Rationalitätsbild setzt Korsgaard dem entgegen und warum meint sie, dass das empiristische nicht adäquat ist?

Korsgaard nimmt an, dass Personen nur rational handeln können, wenn der Grund nicht nur ihr Handeln verursacht, sondern die Person durch den Grund zu der Handlung *geleitet* wird. Geleitet wird eine Person, so Korsgaard, wenn sie von ihrer Wahrnehmung der passenden konzeptuellen Verbindung von Wunsch und Meinung zu der entsprechenden Handlung motiviert wird. Dann kann laut Korsgaard gesagt werden, die Person bzw. ihre Handlung ist rational. Die Person in dem geschilderten Szenario muss also wahrnehmen, dass das Einwerfen der Münze in den Getränkeautomat zur Befriedigung ihres Wunsches nach einem Getränk beitragen kann.

„We may say that she *herself* must combine the belief and the desire in the right way. A person acts rationally, then, only when her action is the expression of her own mental activity, and not merely the result of the operation of beliefs and desires *in* her" (Korsgaard (1997) 221).

Korsgaards Kritik an Williams läuft darauf hinaus, dass dieser keine Konzeption praktischer Gründe, sondern praktischer Ursachen gibt. Um Gründe handelt es sich nicht, weil sich im Rahmen seiner Konzeption nicht erklären lässt, wie die Anwesenheit passender Wünsche und Meinungen die Person zu den passenden Handlungen leitet. Wenn das aber nicht erklärt werden kann, dann bleibt unklar, warum das Handeln auf der Basis von Gründen rational ist, warum Personen rational sind, wenn sie die Mittel zu ihren Zwecken ergreifen.

„As a preliminary formulation of this point, let us say that a rational agent is one who is motivated by what I will call the *rational necessity* of doing something, say, of taking the means to an end, and who acts accordingly. Such an agent is *guided* by reason, and in particular, guided by what reason presents as necessary" (Korsgaard (1997) 221).

Korsgaard wendet sich hier der Frage zu, was eine *rational handelnde Person* ausmacht. Die Vernünftigkeit einer handelnden Person besteht (u.a.) darin, so ihre Antwort, dass die Person davon, dass eine bestimmte Handlung rational Notwendigkeit (*rational necessity*) ist, motiviert wird, zum Handeln. Damit meint sie meiner Ansicht nach, dass die Erkenntnis, dass es für die Handlung einen Grund gibt, die Person zum Handeln motiviert. Wichtig ist, dass sich der Begriff der rationalen von dem der logischen Notwendigkeit unterscheidet. Wenn es logisch notwendig wäre, dass rational handelnde Personen motiviert sind, die Mittel zur Erreichung ihrer Ziele zu ergreifen, dann könnten rationale Personen nicht irrational handeln. Sie würden notwendigerweise rational handeln. Laut Korsgaard kann aber nur rational handeln, wer auch irrational handeln könnte. Das bedeutet, dass auch die Handlungen einer rationalen Person nur rational sein können, wenn die rationale Person auch irrational hätte handeln können (vgl. Korsgaard (1997) § 2).

Ihre Begründung dafür scheint zu sein, dass „rational" sonst kein normativer, sondern ein rein deskriptiver Begriff wäre. Wäre „rational handelnde Person" ein rein deskriptiver Begriff, so wäre er vergleichbar mit dem Begriff „Junggeselle". Ebenso wie „ein Junggeselle ist ein unverheirateter Mann", würde „eine rational handelnde Person ist eine Person, die motiviert ist, die Mittel zur Erreichung ihrer Ziele zu ergreifen" nur eine Begriffsexplikation sein: Unter einem Junggesellen verstehen wir ..., unter einer rational handelnden Person verstehen wir ... . Nennen wir jemanden einen Junggesellen, so geben wir eine Beschreibung der Person kund. Wenn wir aber jemanden eine rational handelnde Person nennen, so geben wir neben einer Beschreibung laut Korsgaard auch noch eine Norm kund: Personen *sollen* rational handeln. Das soll zeigen, dass rational kein rein deskriptiver, sondern auch ein normativer Begriff ist. Mich überzeugt diese These von Korsgaard aber nicht. Wenn ich eine Person als rational bezeichne, dann stelle ich damit eine Tatsache fest. Die Person verhält sich in einer Weise, die rational genannt werden kann. Ich sage nichts darüber aus, wie Personen sein sollten. Hören wir uns dennoch an, wie ihre Argumentation weitergeht.

Damit das instrumentelle Prinzip ein Rationalitätsstandard sein kann, muss es Personen zu Handlungen leiten können. Ein Prinzip kann aber nur leiten, wenn es auch möglich ist, dagegen zu verstoßen (vgl. Korsgaard (1997) 245). Wenn es unmöglich wäre, gegen das Prinzip zu handeln, hätten wir es nicht mit einer normativen, sondern mit einer *kausalen Beschreibung* zu tun: Wenn du etwas willst, dann wirst du die notwendigen Mittel zur Erfüllung des Wunsches ergreifen. Das heißt aber Korsgaard zufolge, dass wir es nicht mit einer rationalen Verbindung zwischen dem Ergreifen des Mittels und der Verfolgung des Zwecks zu tun haben, sondern mit einer kausalen Verbindung. Wiederum zeigt sich, dass Korsgaard eigentlich nicht eine empiristische Kausaltheorie der Rationalität widerlegt, sondern einfach eine andere Auffassung von Rationalität entwirft, derzufolge kausales Handeln nicht mit rationalem Handeln gleichgesetzt werden kann.[77]

Da Williams annimmt, dass aus Überzeugungen allein keine Motivation generiert werden kann, muss er jede Handlungsmotivation, die durch Gründe hervorgerufen wird, letztlich auf einen Wunsch zurückführen. Basale Wünsche unterliegen aber keiner rationalen Kontrolle. Wenn Handlungsmotivation ihren Ursprung in den basalen Wünschen hat, dann unterliegt sie nur eingeschränkt unserer rationalen Kontrolle. Wir können die Handlungsmotivation, die von Wünschen ausgeht, durch unsere Überlegungen in bestimmte Richtungen

---

[77] Vgl. für eine empiristische Kausaltheorie der Rationalität Donald Davidson (1980) insb. Essay 1.

lenken. Aber wir können durch Überlegungen allein keine neue Motivation generieren. Die Rationalität des Handelnden, so behauptet Korsgaard, kann auf diese Weise aber nicht verstanden werden, weil für seine Handlungsmotivation nicht relevant ist, dass er erkennt, dass eine Handlung zur Erfüllung seiner Wünsche beträgt. Für die Handlungsmotivation ist einzig relevant, dass der Handelnde passende Wünsche hat.[78] Daher können interne Gründe, so Korsgaard, nicht zu Handlungen *leiten*, sondern nur zu Handlungen motivieren. Da aber Gründe immer auch eine normative Dimension haben, kann die humesche Konzeption praktischer Gründe nicht überzeugen.

Korsgaards Kritik läuft auf die These hinaus, dass allein der Hinweis, eine Handlung sei das Mittel für einen Zweck, nicht ausreicht, um zu begründen, dass die entsprechend handelnde Person (zweck-)rational ist. In den Handlungen kann sich nur die Rationalität einer Person zeigen, wenn die Person erstens sieht, dass es sich bei den Handlungen um Mittel handelt, die ihren Zwecken dienen, und die Person zweitens aufgrund dieser Erkenntnis handelt. Nur dann kann laut Korsgaard gesagt werden, dass instrumentelle Gründe die Person zum Handeln *leiten*. Humesche Ansätze könnten diese Bedingung aber nur unter Aufgabe der zentralen humeschen Annahme erfüllen, dass Personen keine rationale Kontrolle über ihre Handlungsmotivation haben.

Meiner Ansicht nach muss Williams aber nicht die zentrale These aufgeben. Er könnte vielmehr Korsgaards Interpretation davon, was es heißt, dass eine Person von einem Grund geleitet wird, angreifen. Er könnte darauf beharren, dass von Gründen geleitet zu werden bedeutet, dass Gründe kausal Personen zum Handeln bringen. Da Korsgaard keine Argumente gegen eine empiristische Interpretation

---

[78] Der Einwand gegenüber humeschen Konzeptionen praktischer Gründe lässt sich daher auch so fassen: Sie lassen keinen Raum für eine Konzeption rationaler Motivation, das heißt einer Motivation durch Gründe. Und daher können sie auch keine (plausiblen) Konzeptionen rational, das heißt auf der Basis von Gründen, handelnder Personen geben. (Vgl. für eine detaillierte Ausarbeitung des Zusammenhangs zwischen Konzeptionen praktischer Gründe, Handlungsmotivation und rational handelnder Person, Wallace (1999) insb. 217 – 220).

der Rationalität vorgebracht hat, sondern sich auf den Entwurf einer konkurrierenden Alternative beschränkt hat, hat sie Williams auch nicht widerlegt. Hier zu entscheiden, welche Vorstellung praktischer Rationalität überzeugender ist, wäre verfrüht. Gegen Williams' Verständnis spricht, dass es uns nicht so erscheint, als würden unsere Wünsche kausal unsere Handlungsmotivation hervorbringen. Wir meinen, dass uns Einsicht in das Vorliegen von Gründen zu Handlungen bewegt und wir unsere Motivation zu Handlungen kontrollieren können. Über die Schwierigkeiten, auf die man sich einlässt, wenn man Korsgaards Verständnis praktischer Vernunft folgt, komme ich im 5. Kapitel zurück. Dort wird sich zeigen, dass auch Korsgaards Verständnis nicht adäquat sein kann.

4. Der humesche Ansatz bedarf eines weiteren Prinzips

Korsgaard sieht ein weiteres Problem für humesche Konzeptionen von Gründen. Das instrumentelle Prinzip besagt nur, dass man die Mittel zur Erfüllung der Zwecke ergreifen soll. Daher können Personen mit Hilfe des instrumentellen Prinzips nicht erfahren, was sie tun sollen, solange nicht klar ist, was ihre Zwecke sind (vgl. Korsgaard (1997) 223). Nur in Verbindung mit einem Ansatz, der erstens angibt, worin die Zwecke einer Person bestehen, und zweitens erklärt, dass die Zwecke begründet sind, kann das Prinzip den Personen angeben, zu welchen Handlungen sie Gründe haben.

Williams aber nimmt an, dass die Zwecke von den Wünschen der Person bestimmt werden. Aber diese Behauptung, so Korsgaards Kritik, muss begründet werden. Begründet werden könne die Behauptung aber nicht durch das instrumentelle Prinzip. Ohne eine Begründung, warum sich die Zwecke aus den Wünschen ergeben, könne man ebenso gut behaupten, die Zwecke bestünden darin, sein größtmögliches Glück zu machen, moralisch gut zu sein oder den Fortbestand der menschlichen Gattung zu gewährleisten. Wichtig ist, so Korsgaard, dass nicht irgendeine Begründung dafür gegeben wird, dass die Zwecke durch Wünsche determiniert sind. Gefordert ist vielmehr eine Begründung der Zwecke mit Hilfe einer weiteren Norm oder eines weiteren normativen Prinzips. Sonst würde sich aus dem instrumentellen Prinzip nicht ergeben, dass die Wünsche einer Person deren Zwecke bestimmen (vgl. Korsgaard (1997) 223).

Wenn aber das instrumentelle Prinzip der einzige Rationalitätsstandard ist, dann kann keine Begründung mit einer weiteren Norm dafür gegeben werden, dass die Wünsche der Person ihre Zwecke bestimmen. Mit Hilfe des instrumentellen Prinzips kann nicht vom Verfolgen der Zwecke auf das Vorliegen von Gründen geschlossen werden, weil sonst aus dem, was ist (dem Verfolgen des Zweckes) etwas Normatives generiert würde (man hat Grund, die passenden Mittel zu ergreifen). Das wäre ein Fehlschluss. Aus der bloßen Tatsache, dass eine Person bestimmte Zwecke hat, folgt nicht, dass sie nach diesen Zwecken handeln soll. Einziger Ausweg ist, so Korsgaard, ein weiteres normatives Prinzip anzugeben, das begründet, warum sich die Zwecke aus den Wünschen einer Person ergeben. Das bedeutet nichts anderes, als dass das Prinzip der Zweckrationalität einer Begründung durch eine weitere Norm bedarf.

Ebenso wie bei Korsgaards erstem Einwand zeigt sich hier, dass sie das Rationalitätsbild, das von Vertretern empiristischer Kausaltheorien entworfen wird, nicht teilt. Welche Probleme wiederum Korsgaards Vorstellung praktischer Rationalität mit sich bringt, darauf komme ich, wie gesagt, im 5. Kapitel zu sprechen. An dieser Stelle bleibt aber festzuhalten, dass die Kritik Korsgaards zeigt, dass Humeaner wie Williams auf ein bestimmtes Verständnis der normativen Dimension von Gründen und auch der praktischen Rationalität (von Personen) festgelegt sind. Die Normativität von Gründen ist immer relativ zu basalen, und nicht weiter auf rationale Weise kritisierbaren Elementen von Motivationsprofilen. Auf dieses Verständnis der normativen Dimension sind Vertreter humescher Theorien aufgrund ihrer empiristischen Vorstellung über Rationalität festgelegt. Dass Handlungen kausal verursacht werden von vorhandenen motivationalen Einstellungen und nicht durch Einsicht der Person hervorgerufen werden, schließt diesen Theorien zufolge nicht aus, dass die Handlungen rational genannt werden können. Mich überzeugt diese Auffassung praktischer Rationalität ebenso wenig, wie sie Korsgaard überzeugt.

Attraktiver erscheint mir eine Interpretation rational handelnder Personen zu sein, nach der Personen eine Kontrolle über die Generierung ihrer Handlungsmotivation haben und aus der Erkenntnis, dass etwas für eine bestimmte Handlung spricht, nämlich der Grund, zu der entsprechenden Handlung motiviert werden.

Im 5. Kapitel werde ich aber ausführen, dass Korsgaards Rationalitätsbild auch keine attraktive Alternative darstellt, da es die Möglichkeit bestimmter Phänomene menschlichen Handelns, wie beispielsweise Willensschwäche, nicht erklären kann. Darüber hinaus, das gebe ich zu, läuft ein Rationalitätsbild, demzufolge Entscheidungen von Personen zu bestimmten Handlungen auf der Basis von Einsicht, dass Gründe für diese Handlungen vorliegen, Gefahr, sich auf unhaltbare Thesen festzulegen. Wie können wir die Fähigkeit von Personen erklären, sich aus Gründen heraus für bestimmte Handlungen zu entscheiden? Wie unabhängig von den kognitiven und motivierenden Einstellungen von Personen müssen wir uns diese Fähigkeit denken? Ich werde diese Fragen hier nicht beantworten, obwohl ich meine, dass auch die Debatte über eine adäquate Konzeption praktischer Gründe von einer Beantwortung dieser Fragen profitieren würde.[79] Aber in dieser Arbeit geht es darum, was praktische Gründe sind bzw., was diese auszeichnet. Was wiederum Personen auszeichnet, die aus Gründen handeln und wann Personen bzw. deren Handlungen rational genannt werden können, werde ich nicht betrachten.

5. Die motivierende Dimension interner Gründe

Dass ein Grund motivierende Kraft hat, bedeutet, dass es möglich ist, auf der Basis des Grundes zu handeln (vgl. Williams (1980) 106). In welchem Sinn muss es der Person *möglich* sein, auf der Basis des Grundes zu handeln? Es ist für eine Person möglich auf der Basis eines Grundes zu handeln, wenn es ihr möglich ist, ausgehend von ih-

---

[79] In jüngster Zeit wurden Versuche unternommen, die Frage nach einer adäquaten Konzeption praktischer Gründe zu klären, bei denen die Fähigkeit, sich aus Gründen für Handlungen zu entscheiden oder Konzeptionen rational handelnder Personen in das Zentrum der Untersuchung gestellt werden. Vgl. beispielsweise Wallace (1999), (1997) und David Velleman (1997).

rem Motivationsprofil durch eine triftige Gedankenkette zu der Konklusion zu gelangen, dass sie (in bestimmter Weise) handeln sollte. Dass es der Person möglich ist, zu dieser Konklusion zu gelangen, heißt aber nicht, dass sie tatsächlich selbst fähig ist, die relevante Überlegung durchzuführen. Es muss ihr, so Williams, nur *prinzipiell* und nicht *tatsächlich* möglich sein, die Überlegung durchzuführen (vgl. Williams (1995b) 188). Diese Aussage klärt aber das Problem nicht, sondern verlagert es nur. Was genau ist damit gemeint, dass es einer Person *prinzipiell möglich* sein muss, zu der Konklusion zu gelangen, dass sie (in bestimmter Weise) handeln sollte? Es bieten sich hier mindestens zwei unterschiedliche Lesarten an.

(1) Eine Person hat bestimmte Meinungen und Wünsche. Es ist erlaubt, in das Meinungs- und Motivationsgefüge der Person einzugreifen. Die Person wird mit allen relevanten wahren Meinungen ausgestattet. Aus ihrem Motivationsprofil werden Wünsche gestrichen bzw. welche hinzu getan. Eingriffe in das Motivationsprofil sind nur auf einem bestimmten Weg erlaubt: Die Änderungen müssen darauf beruhen, dass die Person mit anderen *Meinungen* ausgestattet wird. Wenn auf diesem Wege eine triftige Gedankenkette zu der Konklusion, dass sie (in bestimmter Weise) handeln sollte, konstruiert werden kann, dann hat die Person einen Grund zu der Handlung.

(2) Eine Person hat bestimmte Meinungen und Wünsche. Es ist erlaubt, in das Meinungs- und Motivationsgefüge der Person einzugreifen. Die Person wird mit allen relevanten wahren Meinungen ausgestattet. Aus ihrem Motivationsprofil werden Wünsche gestrichen bzw. welche hinzu getan. Eingriffe in das Motivationsprofil sind nur auf einem bestimmten Weg erlaubt. Die Änderungen müssen darauf beruhen, dass die Person mit anderen Meinungen ausgestattet wird. Im Unterschied zur Lesart (1) gilt aber nicht schon, dass die Person einen Grund zum Handeln hat, wenn auf diesem Wege eine triftige Gedankenkette zu der entsprechenden Konklusion gebildet werden kann. Nur wenn der Person die Triftigkeit der Gedankenkette erkennbar ist, wenn sie also sehen kann, dass etwas für ihr Handeln spricht, hat die Person einen Grund zu der Handlung.

Durch die Lesart (2) kommt eine andere Relativität von Gründen ins Spiel. Verstehen wir Williams „prinzipiell möglich" wie in (1), dann tun wir so, als ob die Person *allwissend* wäre. Wir bringen also ein Ideal ins Spiel. Menschen sind aber nicht allwissend. Von bestimmten Fakten können (einige) Menschen nicht oder zu bestimmten Zeiten keine Kenntnis haben. Ebenso ist die Falschheit bestimmter Überzeugungen zu bestimmten Zeiten (oder niemals) für (einige) Menschen nicht erkennbar. Nach Lesart (2) wird „prinzipiell möglich" individuell interpretiert. Nicht *irgendwelchen* Personen, sondern einem bestimmten Individuum muss es prinzipiell möglich sein, die relevanten Fakten zu kennen und die relevanten Meinungen zu erwerben.

Nehmen wir an, dass wir es mit einer geistig behinderten Person zu tun haben. Bestimmte Fakten und die Gehalte bestimmter Meinungen sind einfach zu kompliziert für diese Person und übersteigen ihren Intellekt. Wollen wir in solchen Fällen so tun, als ob die Person von diesen Fakten Kenntnis hat, die entsprechenden Meinungen erwerben könnte und deshalb deren Auswirkungen auf ihr Motivationsprofil bei der Zuschreibung von Gründen mit berücksichtigen? Dann würden wir der Person Gründe zuschreiben, auf deren Basis sie nicht handeln kann. So wie die geistigen Fähigkeiten der Person beschaffen sind, kann sie auf der Basis dieser Gründe nicht handeln, weil ihr die dafür relevanten Fakten nicht erkennbar sind, bzw. sie die dafür relevanten Meinungen nicht erwerben kann.

Williams vertritt Lesart (1). Das ist erstaunlich, denn ihm müssten die gerade geschilderten Probleme bekannt sein. Gegen McDowells aristotelische Position (vgl. Kapitel 4) führt er an, dass sich die Gründe einer Person nicht daraus ergeben könnten, wozu eine ideal tugendhafte Person einen Grund hat, da wir sonst

„would be left with the sad mockery that a person who has been born defective as a result of *in utero* damage has reason to act as the *phronimos* [an ideal virtuous person] acts" (Williams (1995b) 193).

Wenn wir „prinzipiell möglich" nicht individuell interpretieren, dann erhalten wir eine Konzeption interner Gründe, die nicht der motivierenden Dimension von Gründen gerecht wird. Wie ich im folgenden Paragraphen ausführen werde, liegt das daran, dass so eine Konzeption praktischer Gründe gegen die Zugänglichkeit von Gründen verstößt. Ich werde zuerst ausführen, warum Williams meint, dass Lesart (1) der motivierenden Dimension die richtige sei. Im Anschluss daran werde ich darlegen, wie sich Williams' Konzeption in einer Weise modifizieren lässt, die der Zugänglichkeit von Gründen gerecht wird und auch die Schwierigkeiten vermeidet, die Williams dazu bewogen haben, für Lesart (1) zu votieren.

6. Die Zugänglichkeitsbedingung

Williams behauptet, dass eine Person einen Grund für eine bestimmte Handlung hat, wenn die Person ausgehend von ihren Wünschen durch eine triftige Gedankenkette zu der Konklusion gelangen kann, dass sie in bestimmter Weise handeln sollte. Das bedeutet, wenn die Person vollkommen und korrekt informiert und im Besitz aller relevanten wahren Meinungen wäre, würde sie zu der Konklusion gelangen, dass sie handeln sollte. Wenn wir herausbekommen wollen, welche Gründe eine Person hat, dann schreiben wir ihr hypothetisch alle relevanten wahren Meinungen zu, die sie für ihre Überlegung braucht. Nach Williams haben wir sowohl die Lizenz alle falschen Meinungen zu korrigieren als auch die Lizenz, alle Wünsche zu korrigieren, die von falschen Meinungen abhängen. Williams' Rechtfertigung dieser Lizenz zur Meinungs- und Wunschkorrektur ist einerseits, dass *jede rationale Person* ein generelles Interesse daran hat, umfangreich und korrekt informiert zu werden, und andererseits, dass ohne diese Korrekturen die *Normativität* von Gründen nicht garantiert werden kann (vgl. Williams (1989a) 36f.).

Ich möchte hier nicht gegen so ein generelles Interesse rationaler Personen argumentieren und auch nicht die normative Dimension praktischer Gründe in Frage stellen. Aber meiner Ansicht nach folgt weder aus diesem generellen Interesse noch aus der Normativität praktischer Gründe, dass wir hypothetisch die Meinungen und Wünsche einer Person in der Weise korrigieren dürfen, wie es Williams vorschwebt. Nach dem epistemischen Internalismus hat eine Person einen Grund, P zu glauben, wenn ihr zugänglich ist, dass etwas, nämlich der Grund, für P spricht (vgl. 1. Kapitel, § 5). Wenn der Grund der Person nicht zugänglich ist, so folgt daraus nicht, dass die Person irrational ist. Wenn nun der epistemische Internalismus richtig ist, dann ist Williams' Weise der Meinungs- und Wunschkorrektur nicht gerechtfertigt. Es ist nicht ohne weiteres gerechtfertigt, alle falschen Meinungen zu korrigieren oder eine Person mit allen relevanten wahren Meinungen auszustatten. Ebenso dürfen wir nicht ohne zusätzliche Rechtfertigung alle Wünsche korrigieren, die auf falschen Meinungen basieren.

Dem epistemischen Internalismus zufolge ist es nur gerechtfertigt, eine Person mit allen wahren Meinungen, für die sie *Gründe* hat, auszustatten, das heißt, mit allen wahren Meinungen, von denen ihr zugänglich ist, dass etwas für diese Meinungen spricht. Wir dürfen auch nur solche Fehler korrigieren, deren Fehlerhaftigkeit der Person zugänglich ist. Das heißt, wir dürfen auch nur solche Wünsche hypothetisch in das Motivationsprofil aufnehmen bzw. aus demselben streichen, die auf Meinungen basieren, deren Richtigkeit bzw. Falschheit der Person zugänglich ist. Die Menge aller relevanten wahren Meinungen ist aber nicht deckungsgleich mit der Menge aller relevanten wahren Meinungen, für die die Person Gründe hat. Wie ich bereits gesagt habe, folgt daraus, dass eine Meinung wahr ist, einfach nicht, dass eine Person auch Grund hat, dieser Meinung zu sein, und dass der Person zugänglich ist, dass etwas für diese Meinung spricht. Ebenso wenig folgt daraus, dass eine Meinung relevant ist, dass die Person Grund hat, diese Meinung zu vertreten.

Wenn wir Meinungen einer Person (und damit letztlich auch ihre Wünsche, die im Zusammenhang mit Meinungen zu sehen sind) in dieser mit dem epistemischen Zugänglichkeitsinternalismus verträglichen Weise korrigieren, handeln wir uns nicht die negativen Konsequenzen ein, die Williams beschreibt. Wir ignorieren weder die Rationalität der Handelnden, noch gefährden wir die Normativität praktischer Gründe. Vielmehr scheint das Gegenteil der Fall zu sein. Der Vernünftigkeit der Handelnden kann nur umfassend Rechnung getragen werden, wenn wir uns nicht ausschließlich auf die Wahrheit oder Relevanz der Meinungen konzentrieren, sondern auch darauf, zu welchen Meinungen die Handelnde Gründe hat. Aus Gründen zu glauben hat sehr viel mit der Rationalität von Personen zu tun. Die Normativität praktischer Gründe ist nicht in Gefahr, da wir Korrekturen in dem Meinungs- und Motivationsprofil der Person vornehmen dürfen. Nur dürfen wir das nicht ausschließlich unter dem Gesichtspunkt der Wahrheit und der Relevanz von Meinungen tun. Zusätzlich müssen wir mit einbeziehen, ob der Person zugänglich ist, dass etwas für diese wahren und relevanten Meinungen spricht oder ob ihr das unzugänglich ist. Wenn nur auf diese Weise Eingriffe in die praktischen Überlegungen genommen werden können, dann wird auch der motivierenden Dimension praktischer Gründe Rechnung getragen.

7. Die Existenz externer Gründe

Es ist bereits mehrfach gesagt geworden, dass Vertreter humescher Konzeptionen von Gründen insbesondere für ihren Ansatz anführen, dass nur er der motivierenden Dimension von Gründen Rechnung tragen könnte. Ich habe im vorangehenden Paragraphen ausgeführt, dass diese Annahme aber nur überzeugen kann, wenn die humesche Konzeption praktischer Gründe in einer Weise modifiziert wird, die der Zugänglichkeit von Gründen Rechnung trägt. Hier möchte ich nun klären, wie überzeugend die Annahme ist, dass nur Vertreter eines Humeanismus, die ihren Ansatz entsprechend modifiziert haben, der motivierenden Dimension praktischer Gründe gerecht werden können.

Grob gesagt, basiert das Argument der Humeaner gegen die Möglichkeit einer kantischen Konzeption praktischer Gründe auf zwei zentralen Annahmen und der humeschen These, dass es kein reines praktisches Schließen gibt. Die beiden Annahmen lauten: Erstens, es ist falsch zwischen erklärenden und motivierenden Gründen zu unterscheiden (vgl. Williams (1989a) 39); und zweitens, jede Handlung einer Person kann nur mit Hilfe eines Elements aus ihrem Motivationsprofil erklärt werden (vgl. ibid.). Wie ich gleich erläutern werde, folgt aus diesen beiden Annahmen und der humeschen These, dass die kantische Konzeption praktischer Gründe falsch ist. Williams würde das in folgender Weise ausdrücken: Aus den beiden Annahmen folgt, dass die Existenz externer Gründe unmöglich ist. Ich werde in diesem und den folgenden Paragraphen (§§ 8 – 11) der Einfachheit halber Williams' Terminologie übernehmen. Wenn ich in den genannten Paragraphen von externen Gründen spreche, dann denke ich dabei ausschließlich an eine kantische Konzeption praktischer Gründe!

Aus der ersten Annahme ergibt sich, dass, sofern die normative Aussage „Eine Person hat einen Grund für eine bestimmte Handlung" wahr ist, es möglich ist, dass die Person auf der Basis des Grundes handelt. Wenn sie auf der Basis des Grundes handelt, dann ist der Grund die Erklärung für ihre Handlung. Die zweite Annahme besagt, dass ein Grund nur eine Erklärung für das Handeln einer Person sein kann, wenn er in irgendeiner Form im Motivationsprofil der Person verankert ist. Da aber der kantischen Konzeption zufolge Gründe gerade nicht von der Anwesenheit bestimmter Elemente im Motivationsprofil abhängen sollen, fragt Williams, wie sie dann handlungsmotivierend sein könnten. Er kommt zu dem Ergebnis, dass externe Gründe das sein könnten, wenn es so etwas wie reines praktisches Schließen gäbe. Da es der humeschen These zufolge aber kein reines praktisches Schließen gibt und laut Annahme (1) etwas nur ein Grund sein kann, wenn es auch zu Handlungen motivieren kann, folgt, dass es keine externen Gründe gibt.

Williams' Argument ist meiner Ansicht nach schlüssig. Dennoch ist es nur gültig unter der Voraussetzung, dass die beiden Annahmen und die humesche These richtig sind. Dafür gibt Williams aber keine Begründung. In der Debatte um die Existenz externer Gründe mag es noch unproblematisch sein, auf eine Begründung der ersten Annahme zu verzichten, da sie von vielen Vertretern einer kantischen Konzeption geteilt wird.[80] Problematisch ist aber in diesem

---

[80] Geteilt wird diese These beispielsweise von Scanlon, Korsgaard und Dancy. Vgl. Scanlon (1998) Kapitel 1; Korsgaard (1996c) Kapitel 3f, (1986b); Dancy (1995). Nicht geteilt wird diese These beispielsweise von Parfit (1997) §2.

Zusammenhang, die Richtigkeit der humeschen These vorauszusetzen. In der Auseinandersetzung zwischen Humeaner und Kantianern geht es vor allem auch um die Richtigkeit der humeschen These. Sich auf sie zu berufen, kann daher nicht als *Knock-out* Argument gegen den kantischen Standpunkt gelten, da sich dieser gerade dadurch auszeichnet, dass er die Richtigkeit der humesche These bestreitet.[81] Um eine kantischen Konzeption praktischer Gründe zu widerlegen, ist es daher notwendig, die humesche These zu begründen. (Dass Williams keine Argumente für die Annahme (2) gibt, ist nicht weiter nachteilig, da diese auf der humeschen These basiert und keiner unabhängigen Begründung bedarf.)

Williams beurteilt die Situation allerdings anders. Er nimmt an, dass die Beweislast auf Seiten der Vertreter einer kantischen Konzeption liegt. Diese müssten zeigen, dass es so etwas wie reines praktisches Schließen gibt und die humesche These daher falsch sei (vgl. Williams (1980) 109f.). Dass Williams hier irrt, zeigt Scanlon. Er entwickelt eine alternative Theorie von praktischer Motivation und argumentiert dagegen, dass Wünschen in praktischen Überlegungen eine motivierende Rolle zukommt (vgl. Scanlon (1998) 37 – 41, 153 – 158). Handlungsmotivation solle durch bestimmte mentale Einstellungen, die Scanlon *judgment sensitive attitudes* nennt, generiert werden (vgl. Scanlon (1998) 18 – 22). Da Williams es versäumt, die humesche These zu begründen, misslingt ihm eine Widerlegung kantischer Konzeptionen praktischer Gründe, die die Richtigkeit dieser These bestreiten.

Auch wenn Williams kein Argument gegen die Möglichkeit der Existenz externer Gründe hat, bedeutet das natürlich nicht, dass es externe Gründe gibt bzw., dass Vertreter einer kantischen Konzeption die motivierende Dimension praktischer Gründe erklären können. Korsgaard versucht, für die Möglichkeit der Existenz praktischer Gründe zu argumentieren. Im Folgenden möchte ich diesen Versuch

---

[81] So auch Brad Hooker (1987). Wallace argumentiert ebenfalls dafür, dass es kein generelles Argument gegen die Annahme gibt, reines Überlegen könne Motivation generieren (vgl. Wallace (1999) 221 und (1990)).

vorstellen.[82] Um das Argument der Humeaner und den Versuch dieses zu entkräften besser zu verstehen, stelle ich zuvor kurz den *kantischen* Ansatz vor.

Laut Korsgaard ist für ihn kennzeichnend, dass moralische Urteile auf praktischen Gründen basieren. Korsgaard formuliert diesen Punkt so: Unsere moralischen Urteile können mit *rationalen Standards* erklärt werden, die direkt auf unsere Handlungen oder unsere Überlegungen angewendet werden (vgl. Korsgaard (1986b) 311). Damit meint sie, dass moralische Prinzipien rationale Prinzipien sind. Daher sind auch moralisch richtige Handlungen rationale Handlungen. Problematisch wird an diesem Ansatz gemeinhin angesehen, dass unsicher und unklar ist, ob bzw. bis zu welchem Ausmaß Gründe oder Überlegungen menschliche Handlungen überhaupt leiten können. Dieser Skeptizismus kann sich laut Korsgaard auf zwei verschiedene Argumente stützen. Entweder wird daran gezweifelt, dass rationale Standards einen Einfluss auf unser Denken und unsere Handlungswahl haben. Können formale Prinzipien, wie z. B. der kategorische Imperativ, inhaltlich bestimmen, wie man handeln soll? Diese skeptische Haltung wird von Korsgaard Inhaltsskeptizismus (*content skepticism*) genannt. Oder es wird daran gezweifelt, dass formale Prinzipien *motivierende Kraft* haben. Kann die Einsicht in die Richtigkeit eines formalen Prinzips bzw. eines rationalen Standards zu entsprechenden Handlungen motivieren? Diese skeptische Haltung nennt Korsgaard Motivationsskeptizismus (*motivational skepticism*).

Das oben dargestellte Argument, das Humeaner gegen die Existenz externer Gründe vortragen, ist laut Korsgaard Ausdruck des Motivationsskeptizismus'. Ihre Strategie gegen die Humeaner besteht darin zu zeigen, dass *allein* das Bezweifeln der motivierenden Kraft formaler Prinzipien eine skeptische Haltung gegenüber dem kantischen Ansatz *nicht* rechtfertigen kann. Die motivierende Kraft formaler Prinzipien zu bezweifeln, könne nicht zum Scheitern des Projekts führen, Ethik bzw. moralisches Handeln durch rationale Standards zu begründen. Nur durch einen begründeten Zweifel, der Ausdruck des Inhaltsskeptizismus ist, könne sich der kantische Ansatz als falsch er-

---

[82] Vgl. Korsgaard (1986b). Siehe auch Wallace (1999).

weisen. Humeaner meinen nun aber, dass ein Motivationsskeptizismus einen Inhaltsskeptizismus begründen würde. Laut Korsgaard besteht aber die umgekehrte Beziehung zwischen Inhalts- und Motivationsskeptizismus. Ein Motivationsskeptizismus muss Korsgaard zufolge immer auf einem Inhaltsskeptizismus basieren und hat keine unabhängige Kraft (vgl. Korsgaard (1986b) 311f). Wenn Korsgaard damit Recht hat, dass Argumente gegen die motivierende Kraft formaler Prinzipien keine unabhängige Gültigkeit haben, dann steht der Humeanismus auf äußerst schwachen Beinen.

Bevor ich im nächsten Paragraphen die Schritte ihres Arguments genauer darstellen werde, möchte ich herausarbeiten worin die Schlagkraft des Arguments besteht, wenn es denn überzeugend ist. Das Hauptargument der Humeaner ist, dass allein ihre Konzeption praktischer Gründe der motivierenden Dimension von Gründen gerecht wird. Laut Williams handelt es sich hierbei um ein *Knock-out* Argument und nicht um eines, das auf einem Inhaltsskeptizismus basiert.

Wenn aber die motivierende Dimension externer Gründe nur bezweifelt werden kann, indem bezweifelt wird, dass bestimmte formale Prinzipien inhaltlich bestimmen, wie man handeln soll, dann gibt es kein Argument, mit dem auf einen Schlag *alle* anti-humeschen Positionen ausgeräumt werden können. Vielmehr muss man sich dann jeweils ansehen, um welche formalen Prinzipien es sich handelt. Stellt sich heraus, dass ein bestimmtes formales Prinzip, wie z. B. der kategorische Imperativ, nicht bestimmen kann wie gehandelt werden soll, dann kann daraus nur geschlossen werden, dass eine anti-humesche Position, die sich auf den kategorischen Imperativ beruft, nicht überzeugend ist. Es kann aber nicht geschlossen werden, dass formale Prinzipien *generell* keinen Einfluss auf praktische Entscheidungsfindungen haben. Es kann also nicht geschlossen werden, dass *jede* anti-humesche Position bzw. der anti-humesche Ansatz grundsätzlich falsch ist. Mit der These, dass ein Motivationsskeptizismus auf einem Inhaltsskeptizismus beruht, wird behauptet, dass die Existenz externer Gründe zumindest *logisch möglich* ist.

Wenn Korsgaard Recht hat, dann bedeutet das viel Arbeit für Humeaner. Denn jeder Vorschlag, dieses oder jenes formale Prinzip sei das Fundament moralischer Handlungen, müsste ernst genommen werden. Es müsste jedes Mal untersucht werden, ob das vorgeschlagene Prinzip Einfluss auf unsere Handlungsweise nehmen kann. Aber hat Korsgaard überhaupt Recht? Basiert der Motivationsskeptizismus tatsächlich auf dem Inhaltsskeptizismus, oder verbirgt sich hinter dem Motivationsskeptizismus nicht doch ein fundamentaler, und damit meine ich einen vom Inhaltsskeptizismus unabhängigen Einwand gegen anti-humesche Ansätze?

8. Externe Gründe und die motivierende Dimension

In den folgenden Paragraphen werde ich Korsgaards Argument wiedergeben, das zeigen soll, dass ein Motivationsskeptizismus auf einem Inhaltsskeptizismus basieren muss. Die Frage, inwieweit das Argument überzeugend ist, ist wichtig für den Fortgang der Untersuchung. In den beiden folgenden Kapiteln wende ich mich anti-humeschen Konzeptionen praktischer Gründe zu. Wenn nun schon hier klar würde, dass zumindest ein kantischer Ansatz daran krankt, dass er die motivierende Dimension praktischer Gründe nicht erklären kann, so könnten wir uns bereits an dieser Stelle von der kantischen Konzeption praktischer Gründe verabschieden. Daher ist eine gründliche Prüfung von Korsgaards Argument geboten.

Das Argument hat folgende Struktur: Ausgehend von der Annahme, dass praktische Gründe auch eine motivierende Dimension haben, formuliert Korsgaard eine Bedingung, die sie „internalistisch" nennt:

> „Practical-reason claims, if they are really to present us with reasons for action, must be capable of motivating rational persons. I will call this the *internalism requirement*" (Korsgaard (1986b) 317).

Dass eine bestimmte Handlung ein Mittel zum Erreichen eines Ziels einer Person ist, ist ein Grund, der die Person zu dieser Handlung motivieren kann. Die motivierende Quelle liegt auf der Hand: Es handelt sich um ein Ziel der handelnden Person; die Handlung ist in ihrem Interesse. Korsgaard behauptet, dass die internalistische Bedingung nicht nur von internen Gründen, sondern auch von externen Gründen erfüllt werden kann. Externe Gründe würden die Bedingung erfüllen, wenn, so Korsgaard, allein die Erkenntnis, dass eine Handlung nach einem formalen Prinzip geboten ist, zu den entsprechenden Handlungen motivieren kann. Korsgaard widerspricht damit der humeschen Kernthese und behauptet, dass es reines praktisches Schließen geben kann.

Korsgaard argumentiert für die Möglichkeit einer bestimmten Form praktischer Irrationalität. Sie möchte damit Folgendes zeigen: Humeaner haben kein Argument für ihre Behauptung, es sei logisch unmöglich, dass auch externe Gründe die internalistische Bedingung erfüllen könnten. Korsgaard nennt diese Form praktischer Irrationalität *echte* praktische Irrationalität. Nachdem sie dargelegt hat, warum auch eine humesche Konzeption praktischer Gründe diese Form praktischer Irrationalität nicht leugnen sollte, holt sie zu ihrem eigentlichen Schlag aus. Wenn Humeaner ihr bis zu diesem Punkt gefolgt sind, dann können sie die motivierende Kraft externer Gründe nur noch auf der Basis eines Inhaltsskeptizismus bestreiten. Und das bedeutet, dass die Existenz externer Gründe zumindest logisch möglich ist, da auch sie die internalistische Bedingung erfüllen können. Schauen wir uns die Schritte des Arguments im Einzelnen an. Ich beginne mit der internalistischen Bedingung und Korsgaards Behauptung, dass auch externe Gründe diese Bedingung erfüllen können, wenn Humeaner nicht das Phänomen der echten praktischen Irrationalität leugnen.

9. Echte praktische Irrationalität

Wichtig ist bei der internalistischen Bedingung, der zufolge Gründe zu Handlungen motivieren, der Zusatz: sofern die Person *rational* ist.

Dieser Zusatz trägt dem Umstand Rechnung, dass Personen zuweilen irrational sind, wobei sich diese Irrationalität dann gerade darin äußert, dass vorliegende Gründe Personen nicht zu Handlungen motivieren. In diesem Zusammenhang haben wir von Williams bereits erfahren, dass eine Person *keinen* Grund für eine Handlung hat, wenn ihre Wünsche auf falschen Meinungen basieren oder die Meinungen, bestimmte Mittel würden zur Erfüllung bestimmter Wünsche beitragen, falsch sind (vgl. 2. Kapitel, § 3). Korsgaard macht auf eine weitere Form praktischer Irrationalität aufmerksam: Eine Person erkennt, dass ein bestimmtes Mittel zur Erfüllung einer ihrer Wünsche beiträgt, aber *handelt* dennoch *nicht*. Genauer gesagt unterlässt sie die Handlung nicht, weil sie andere Gründe hat, sondern weil sie *irrational* ist.

„[...] knowing the truth about the relevant causal relations in the case, we might nevertheless choose means insufficient to our end or fail to choose obviously sufficient and readily available means to the end. This would be what I will call *true irrationality*, by which I mean a failure to respond appropriately to an available reason. If the only possibility [of practical irrationality] is the possibility of action based on false belief about causes and effects, we get a curious result. Neither of the cases that [internalists] consider is a case of true irrationality: relative to their beliefs, people *never* act irrationally" (Korsgaard (1986b) 318f).

Aber, so fährt Korsgaard fort, auch eine Theorie der Zweckrationalität sollte zumindest eine Form echter Irrationalität zulassen: nicht motiviert zu sein durch eine Überlegung, der zufolge eine bestimmte Handlung Mittel zu einem von der Person verfolgten Zweck ist.

Korsgaard beschreibt hier einen Unterschied, den es zwischen theoretischer und praktischer Vernunft gibt.[83] Genauer gesagt, unter-

---

[83] Vgl. Hurley (1989), 130 – 135; 260f und Wallace (2001) § 2. Ob Korsgaard meint, dass diese Form der Irrationalität *nur* im praktischen Bereich denkbar ist, bleibt unklar. Für diese Interpretation sprechen ihre Ausführungen in Korsgaard (1998). Siehe aber auch Korsgaard (1997) 248f und Fn. 69.

scheiden sich die Möglichkeiten praktischer und theoretischer *Irrationalität*.[84] Irrationale Überzeugungen lassen sich entweder auf Selbsttäuschung oder auf Fehler verschiedenster Art zurückführen. Ich denke hierbei an Folgerungs- oder Abwägungsfehler.[85]

Im praktischen Bereich gibt es neben diesen Möglichkeiten der Irrationalität noch eine weitere: bei vollem Bewusstsein und in Kenntnis aller relevanten Fakten *absichtlich* das Falsche tun. Dass es diese starke Form der Irrationalität im theoretischen Bereich nicht gibt, beschreibt Moores Paradox (vgl. auch Wallace (2001) 11): So ist die aufrichtige Äußerung von „Es regnet, aber ich glaube es nicht" unmöglich.[86] Im praktischen Bereich hingegen kann man folgendes aufrichtig sagen, ohne auch nur paradox zu erscheinen (vgl. auch Wallace (2001) § 2): „Ich müsste jetzt aufstehen, aber ich tue es nicht." „Meine Lieblingstasse zu zerschmeißen, nützt mir in keiner Weise, aber ich tue es trotzdem." Meines Erachtens lässt sich dieser Unterschied darauf zurückführen, dass wir uns *entscheiden* können, etwas Bestimmtes zu tun, aber nicht entscheiden können, etwas Bestimmtes zu glauben.[87] Dass wir voluntative Kontrolle über unsere Handlungen haben, ermöglicht extreme Formen praktischer Irrationalität. Daher hat Korsgaard vollkommen Recht, wenn sie sagt, dass eine überzeugende Konzeption praktischer Gründe die Möglichkeit echter praktischer Irrationalität berücksichtigen sollte.

Daraus ergibt sich folgender Begriff praktischer Rationalität: Eine Person ist praktisch rational, wenn sie die praktischen Überlegungen den praktischen und theoretischen Rationalitätsstandards entsprechend durchführt, und auch von den praktischen Überlegungen, die zu dem Schluss führen, sie solle in bestimmter Weise handeln, zu eben dieser Handlung motiviert wird. Korsgaard behauptet, es sei et-

---

[84] Anders hingegen Scanlon, der diese Form echter Irrationalität auch für den theoretischen Bereich annimmt (vgl. Scanlon (1998) 35f).
[85] Wobei ich nicht behaupte, dass jeder dieser Fehler notwendigerweise den Vorwurf der Irrationalität nach sich zieht. Zuweilen ist es beispielsweise passender, der Person vorzuwerfen, dass sie unachtsam war.
[86] Vgl. auch Benedict de Spinoza, *Die Ethik mit geometrischer Methode begründet.*
[87] Vgl. für eine detaillierte Darstellung dieser Problematik Williams (1970).

was anderes, von einer Überlegung, der zufolge eine Handlung das Mittel zu einem favorisierten Zweck ist, motiviert zu sein, als nur über die Tatsache nachzudenken, dass die Handlung das Mittel zu einem favorisierten Zweck ist. Die motivationale Kraft des Wunsches muss von der Überlegung mit „getragen" und auch auf die praktische Konklusion übertragen werden (vgl. Korsgaard (1986b) 320).

Die Möglichkeit echter Irrationalität wäre für Williams' Ansatz verheerend, wenn die internalistische Bedingung implizieren würde, dass der motivationale Transfer nicht gestört, behindert oder unterbunden werden kann.[88] Das tut sie aber nicht. Korsgaard zufolge spricht auch nichts dafür, so etwas zu glauben (vgl. Korsgaard (1986b) 320). So kann der motivationale Einfluss einer Mittel-Zweck-Überlegung z. B. durch Wut, Leidenschaft, Depression, Verwirrung, Trauer, physische oder psychische Krankheit gestört werden. Das alles kann bewirken, dass eine Person irrational handelt, irrational in dem Sinne, dass sie nicht von einer rationalen Überlegung motiviert wird, die ihr bekannt und nachvollziehbar ist.

Das bedeutet, dass die internalistische Bedingung nicht besagt, dass rationale Überlegungen wie beispielsweise Mittel-Zweck-Überlegungen *notwendigerweise* zu den entsprechenden Handlungen motivieren müssen. Nur sofern wir rational sind, werden wir durch diese Überlegungen zu den entsprechenden Handlungen motiviert (vgl. Korsgaard (1986b) 321). Bis hierher sollten meines Erachtens Humeaner Korsgaards Ausführungen zustimmen und ihre These dahingehend modifizieren, dass wir, *sofern* wir rational sind, durch interne Gründe zu Handlungen motiviert werden.

Aber wenn Humeaner dies einräumen, dann, so holt Korsgaard nun zum Schlag aus, verlieren entscheidende Argumente für die humesche Position ihre Überzeugungskraft. Zu diesen Argumenten gehört auch das viel bemühte Argument, dem zufolge nur interne Gründe zu Handlungen motivieren können. Wenn ein Humeaner die Möglichkeit echter praktischer Irrationalität nicht bestreitet, dann kann

---

[88] So führt beispielsweise Hampton aus, dass humesche Ansätze echte Irrationalität nicht integrieren können und daher zu verwerfen seien (vgl. Hampton (1998) Kapitel 2 und 3).

er Korsgaard zufolge einen Motivationsskeptizismus nicht mehr unabhängig von einem Inhaltsskeptizismus vertreten. Das wiederum bedeutet, dass der Zweifel an der motivationalen Kraft bestimmter rationaler Standards vom *Inhalt* der Standards abhängt (vgl. Korsgaard (1986b) 322). Was genau Korsgaard damit meint, möchte ich im folgenden Paragraphen mit Hilfe einer Rekonstruktion ihres Arguments, warum ein Motivationsskeptizismus auf einem Inhaltsskeptizismus basiert, herausarbeiten.

10. Inhaltsskeptizismus und Motivationsskeptizismus

Humeaner bezweifeln im Allgemeinen nicht, dass zweckrationale Überlegungen allein zu Handlungen motivieren können. Sie bezweifeln aber beispielsweise, dass prudentielle Überlegungen allein motivieren können. Nehmen wir die folgende prudentielle Überlegung: Wenn ich in bestimmter Weise handle, dann dient das meinem größeren Gut (*greater good*). Humeanern zufolge können prudentielle Überlegungen *nur* motivieren, wenn das Subjekt ein prudentielles Interesse hat, wie z. B. das Interesse, immer sein größeres Gut anzustreben. Dieser Zweifel an der motivierenden Kraft prudentieller Überlegungen, zeigt sich laut Korsgaard auch in humeschen Bewertungen von Situationen, in denen von echter Irrationalität keine Rede sein kann und eine Person nicht von zweckrationalen oder prudentiellen Überlegungen zu einer Handlung motiviert wird. Korsgaard illustriert ihre Behauptung anhand zweier Beispiele (vgl. Korsgaard (1986b) 322f):

1. Die zentrale Rolle spielt eine *zweckrationale* Überlegung
Eine Person hat einen Grund für eine bestimmte Handlung, weil die Handlung ein Mittel zur Erfüllung eines ihrer Wünsche ist. Nun stellen wir aber fest, dass die Person überhaupt nicht motiviert zu der Handlung ist. Ein Humeaner würde die Situation dann folgendermaßen bewerten. Entweder würde er annehmen, dass der Person nur fälschlicherweise der Wunsch zugeschrieben wurde, der durch ihr

Handeln erfüllt werden könnte oder aber, dass die Person einen anderen stärkeren Wunsch hat, der gegen ihr Handeln spricht.

2. Die zentrale Rolle spielt eine *prudentielle* Überlegung
Die Person steht vor einem kleinen und einem großen Goldbarren. Sie darf nur einen der beiden Barren nehmen und hat die freie Wahl. Wenn sich die Person dafür entscheidet, den kleinen Goldbarren zu ergreifen, dann schließt ein Humeaner daraus, dass die Person nicht den Wunsch hat, das größere Gut (in diesem Fall den größeren Goldbarren) zu erlangen. Er schließt also, dass die Person kein prudentielles Interesse hat. Oder aber der Humeaner schließt, dass die Person zwar ein prudentielles Interesse hat, sich aber in diesem Fall stärker für den kleinen Goldbarren interessiert. Das heißt, dass die Person ein stärkeres nicht-prudentielles Interesse hat. (Vielleicht gefällt ihr die kleinere Form so gut, oder sie scheut die Mühen des größeren Gewichts.) Wenn die Person hingegen in so einer Situation nach dem größeren Goldbarren greift, dann wird ein Humeaner ihr ein prudentielles Interesse unterstellen.

Aus der Analyse der beiden Situationen scheint zum einen zu folgen, dass man immer das Ziel hat, vorhandene Wünsche zu erfüllen. Zum anderen scheint zu folgen, dass die Verfolgung des größeren Guts ein Ziel ist, das man haben kann oder nicht. Welche Handlung rational ist, scheint deshalb davon abzuhängen, welche Ziele man hat. Aber, so Korsgaard, zu diesem Ergebnis kommen wir nur, weil echte Irrationalität von vornherein ausgeschlossen wurde. Wenn wir die Möglichkeit echter Irrationalität nicht ausschließen, dann lassen sich die Situationen auch anders beurteilen. Wichtig ist in diesem Zusammenhang die Beurteilung der zweiten Situation. Wenn die Person nach dem kleinen Goldbarren greift, sie also nicht von einer prudentiellen Überlegung motiviert ist, muss das nicht dahingehend analysiert werden, dass prudentielle Überlegungen *nur* motivieren, wenn ein prudentielles Interesse vorhanden ist. Die Handlung der Person – so Korsgaards Behauptung – könnte genauso gut anders analysiert werden: Die Person handelt echt irrational.

Welche Argumente hat ein Humeaner, fragt Korsgaards, gegen diese Analyse der Situation, also dagegen, dass die Möglichkeit echter Irrationalität ausgeschlossen ist? Ihre Antwort lautet, dass er keine Argumente hat! Nur wer bereits annimmt, dass *allein* zweckrationale Überlegungen zu Handlungen motivieren können, den wird die Analyse der Humeaner überzeugen (vgl. Korsgaard (1986b) 322). Der Motivationsskeptizismus, dem zufolge generell an der motivierenden Kraft formaler Prinzipien zu zweifeln ist, setzt demnach die Richtigkeit des Inhaltsskeptizismus, der die motivierenden Kraft eines bestimmten formalen Prinzips in Frage stellt, voraus.

Wer bezweifelt, dass prudentielle Rationalitätsstandards eine leitende Funktion bei praktischen Überlegungen haben, der kommt natürlich zu dem Schluss, dass prudentielle Standards (allein) nicht motivieren können. Sie können nicht motivieren, weil sie keine praktischen Rationalitätsstandards sind. Was aber Humeaner mit ihrer Analyse zeigen wollen, ist etwas anderes: Prudentielle Standards sind keine praktischen Rationalitätsstandards, *weil* sie nicht motivieren können. Also sollte die Analyse gerade zeigen, dass sie nicht motivieren können. Wenn aber echte Irrationalität als Möglichkeit zugelassen wird, lassen sich die Fälle auch anders analysieren. Es folgt nicht, dass die motivationale Kraft prudentieller Überlegungen davon abhängt, ob jemand ein prudentielles Interesse hat oder nicht. Es folgt nicht, da ebenso gut geschlossen werden kann, dass in Fällen, in denen eine Person nicht prudentiell handelt, also nicht von einer prudentiellen Überlegung motiviert wird, die Person irrational ist. Um zu zeigen, dass prudentielle Standards keine praktischen Rationalitätsstandards sind, müssen Humeaner Korsgaard zufolge daher ganz andere Wege beschreiten.[89]

11. Korsgaards Interpretation des Motivationsskeptizismus'

Man könnte meinen, dass Korsgaard den Humeanismus missversteht, denn Humeaner nehmen nicht an, dass das Prinzip der Zweckrationa-

---

[89] Siehe für eine grobe Skizzierung, welche Wege Humeaner beschreiten könnten, Korsgaard (1986b) 322f.

lität zu Handlungen motiviert. Hinter dem Motivationsskeptizismus verbirgt sich, so erscheint es zumindest, vielmehr eine bestimmte Haltung gegenüber Handlungserklärungen.[90] Es wird bezweifelt, dass Handlungen *allein* durch Rekurs auf rationale Prinzipien erklärt werden können. Sie können dadurch nicht erklärt werden, weil, so die humesche These, rationale Prinzipien (Rationalitätsstandards) nicht erklären können, woher die Motivation des Handelnden zu der Handlung kommt. Sie können es nicht erklären, da aus rein kognitiven Einstellungen keine Motivation generiert werden kann. Nur motivierende Zustände, wie z. B. Wünsche können Motivation generieren. Daher sei der einzig gültige praktische Rationalitätsstandard der der Zweckrationalität. Laut dieser Argumentation folgt entgegen Korsgaards Ausführungen doch aus dem Motivationsskeptizismus der Inhaltsskeptizismus. Der Motivationsskeptizismus ist fundamentaler, da er – so die Argumentation – *a priori* daraus folgt, dass Handlungsmotivation nur im Rekurs auf einen Wunsch *erklärt* werden kann und nicht im Rekurs auf ein rationales Prinzip (vgl. auch Wallace (1990) 361). Mit anderen Worten, der Motivationsskeptizismus ergibt sich daraus, dass es kein reines praktisches Schließen gibt.

Wer in dieser Weise auf Korsgaards Ausführungen reagiert, unterschätzt meiner Ansicht nach die Tragweite des Zusatzes „sofern die Person rational ist" in der internalistischen Bedingung. Dass es echte Irrationalität gibt, hat Korsgaard überzeugend dargelegt. Es kommt vor, dass Personen absichtlich ihren Interessen zuwiderhandeln. Auf den ersten Blick mag das nicht weiter problematisch für Humeaner erscheinen, auf den zweiten aber sehr wohl. Korsgaard nimmt an, dass Humeaner echt irrationales Handeln nur erklären können, wenn sie ihre These aufgeben, dass sich Gründe aus den Wünschen einer Person ergeben. Sie müssen vielmehr annehmen, dass sich Gründe aus Prinzipien der praktischen Rationalität ergeben, wie beispielsweise das der Zweckrationalität. Aber wieso können Humeaner

---

[90] Beispielsweise führt Wallace aus, dass Humeaner so reagieren könnten. Er fährt dann aber fort, dass sich auf diese Weise Korsgaards Ausführungen nicht widerlegen lassen (vgl. Wallace (1990) insb. § 2).

irrationales Handeln nur auf Kosten der Aufgabe ihrer zentralen These, nach der es kein reines praktisches Schließen gibt, erklären?

Eine rationale Person, das besagt die internalistische Bedingung, wird von ihren Handlungsgründen zu den entsprechenden Handlungen motiviert. Für interne Gründe besagt diese Bedingung dann Folgendes: Eine rationale Person wird zum Handeln motiviert, wenn sie einen Wunsch hat, dessen Erfüllung durch ihre Handlung gefördert wird und sie durch eine Überlegung ausgehend von dem Wunsch zu der Konklusion gelangen kann, dass sie handeln soll. Eine Person ist demnach (echt) irrational, wenn sie einen Wunsch hat, dessen Erfüllung durch ihr Handeln gefördert werden kann, und sie durch eine Überlegung ausgehend von dem Wunsch zu der Konklusion gelangt, dass sie handeln soll, aber *nicht* zum Handeln motiviert ist. Daher können Humeaner das Ausbleiben der Handlungsmotivation nicht dadurch erklären, dass sie annehmen, die Person hatte doch keinen solchen Wunsch. Sie können es zumindest nicht *immer* so erklären, wenn Raum für echte Irrationalität bleiben soll.

Ein Humeaner könnte ausführen, dass echte Irrationalität auch nach seinem Ansatz möglich ist. Eine Person ist echt irrational, wenn sie ausgehend von einem ihrer Wünsche zu der Konklusion gelangt, dass sie handeln soll, sie aber nicht zum Handeln motiviert ist. Aber das allein reicht hier nicht aus. Das beschriebene Szenario handelt nämlich nicht notwendigerweise von einer irrationalen Person. Die Person ist nur irrational, wenn zusätzlich gilt, dass sie die *Motivation* zum Handeln hätte haben können, wenn also gilt, dass die Person ihre Motivation in Übereinstimmung mit ihren zweckrationalen Überlegungen bringen kann. An dieser Stelle wird dann die Tragweite des Zusatzes in der internalistischen Bedingung deutlich: Humeaner können echte Irrationalität nur erklären, wenn sie annehmen, dass eine Person ihre Motivation in Übereinstimmung mit ihren zweckrationalen Überlegungen bringen kann.[91] Daher sind Humeaner darauf festgelegt, dass Personen eine *gewisse Kontrolle* über ihre Hand-

---

[91] Auf der Basis eines ähnlichen Arguments argumentiert Wallace dafür, dass die humesche Konzeptionen keine plausiblen Konzeptionen rational handelnder Personen geben können (vgl. Wallace (1999) 225f).

lungsmotivation haben. Sie müssen annehmen, dass Personen die Fähigkeit haben, ihre Handlungsmotivation in Übereinstimmung mit ihren zweckrationalen Überlegungen bringen zu können. Anders ausgedrückt bedeutet das aber, dass angenommen wird, es gäbe zumindest ein rationales Prinzip, das motivieren kann, nämlich das der Zweckrationalität.

Die Crux ist, dass damit Humeanern die Argumente für ihre zentrale These verloren gehen, dass es kein reines praktisches Schließen gibt. Grundlage dieser These ist die Annahme, dass die Handlungsmotivation *keiner* Kontrolle unterliegt, weil (basale) Wünsche keiner Kontrolle unterliegen. Wie sich aber gezeigt hat, müssen Humeaner, sofern sie nicht echte Irrationalität leugnen wollen, annehmen, dass Personen eine gewisse Kontrolle über ihre Handlungsmotivation haben. Sie können ihre Handlungsmotivation in Übereinstimmung mit ihren zweckrationalen Überlegungen bringen. Warum aber, so fragt Korsgaard, sollte diese Kontrolle nur hinsichtlich zweckrationaler Überlegungen bestehen? Warum sollte Zweckrationalität der einzige Rationalitätsstandard sein, der motivieren kann? Wie die Argumentation gezeigt hat, können sich Humeaner nicht mehr auf ihr *Knock-out* Argument berufen, da sie zumindest eine gewisse Kontrolle von Personen über ihre Handlungsmotivation zugegeben haben. Daraus, dass Humeanern Argumente für ihre These fehlen, dass es kein reines praktisches Schließen gibt, folgt weder, dass es reines praktisches Schließen gibt, noch dass es neben der Zweckrationalität noch weitere Rationalitätsstandards gibt, die motivieren können. Was aber folgt, ist, dass der Motivationsskeptizismus auf einem Inhaltsskeptizismus beruht. Das wiederum bedeutet, dass nur über den Inhalt bestimmter formaler Prinzipien an der motivierenden Kraft dieser Prinzipien gezweifelt werden kann. Damit folgt auch, dass die Existenz externer Gründe zumindest *logisch möglich* ist.

12. Resümee

Im Zentrum dieses Kapitels stand die Frage, ob interne Gründe sowohl eine normative als auch eine motivierende Dimension aufweisen.

Motivierend und normativ zu sein, sind notwendige Eigenschaften von Gründen. Wenn internen Gründen eine dieser Eigenschaften fehlt, bedeutet das, dass sie keine plausible Konzeption praktischer Gründe sein können.

In der Literatur wird insbesondere die normative Dimension für jede humesche Konzeption von Gründen als problematisch angesehen. So wird eine Konzeption instrumenteller interner Gründe beispielsweise dieser Dimension nicht gerecht. Daher ist sie abzulehnen. Williams gelingt es, durch vier Modifikationen eine Konzeption interner Gründe zu entwerfen, nach der internen Gründen zumindest ein gewisses Maß an Normativität zukommt. Die Normativität interner Gründe ist aber, wie bei jedem humeschen Modell, relativ zu den Motivationsprofilen von Personen.

Ich habe gezeigt, dass die Annahmen, mit denen Williams meint, der Normativität von Gründen gerecht zu werden, dazu führen, dass einige interne Gründe ihre motivierende Kraft verlieren. Das liegt daran, dass eben diese Gründe unzugänglich sind. Williams' Konzeption interner Gründe verstößt daher gegen die Zugänglichkeitsbedingung und bedarf einer Modifikation.

Im Anschluss habe ich dargelegt, dass Humeaner kein *Knockout* Argument gegen einen anti-humeschen Ansatz haben. Sie können die motivierende Dimension praktischer Gründe nicht besser oder leichter erklären als beispielsweise Vertreter einer kantischen Konzeption. Zumindest können sie das nicht, wenn sie nicht die Möglichkeit bestimmter Phänomene menschlichen Handelns leugnen wollen.

Im folgenden Kapitel wende ich mich einer alternativen Theorie praktischer Gründe zu. Die leitende Frage ist dabei, ob das aristotelische Verständnis praktischer Gründe eine adäquate Interpretation von Gründen sein kann.

IV. Kapitel: Eine aristotelische Theorie praktischer Gründe

Nachdem ich in den vorangegangen zwei Kapiteln eine humesche Konzeption praktischer Gründe vorgestellt habe, wende ich mich in diesem Teil einer alternativen Auffassung von Handlungsgründen zu. Für die Existenz externer praktischer Gründe wird auf der Basis zweier, sich voneinander substantiell unterscheidender, Auffassungen praktischer Überlegungen argumentiert. Vertreter eines *kantischen* Ansatzes stützen ihre Konzeption praktischer Gründe auf die Annahme, dass es reines praktisches Schließen gibt. Hingegen bestreiten Vertreter eines *aristotelischen* Ansatzes nicht die humesche These, sondern argumentieren mit Hilfe tugendethischer Vorstellungen von einem guten Leben für die Existenz externer Gründe.[92]

In diesem Kapitel werde ich anhand von John McDowells Konzeption die aristotelische Theorie praktischer Gründe vorstellen. Dabei werde ich herausarbeiten, welche Verbindungen zwischen einer Moraltheorie und einer Theorie praktischer Gründe bestehen. Am tugendethischen Ansatz von McDowell lässt sich besonders gut zeigen, welche Beziehungen zwischen moralischen Werten einerseits und Gründen für Handlungen andererseits bestehen, und welche eben nicht. Meine These, für die ich mithilfe der Zugänglichkeitsbedingung argumentieren werde, ist, dass es zwar für Moraltheorien eine bedeutende Frage ist, welchen ontologischen Status moralische Werte haben, dass aber eine Antwort auf diese Frage für Theorien praktischer Gründe nur von untergeordnetem Interesse ist. Beispielsweise spielt diese Antwort keine Rolle, wenn es gilt einen Skeptiker davon zu überzeugen, dass er einen Grund hat, moralisch zu handeln.

Anhand von McDowells Moraltheorie werde ich vorführen, dass bestimmte Überlegungen, die zentral für seine Theorie sind, allenfalls dazu taugen für eine bestimmte Interpretation moralischer Werte zu

---

[92] Ich sollte hier erwähnen, dass es verschiedene aristotelische Konzeptionen praktischer Gründe gibt. Das hängt auch damit zusammen, dass verschiedene Konzeptionen moralischer Werte vertreten werden (vgl. Cullity/Gaut (1997b) 12 – 18). Vgl. für zwei weitere prominente aristotelische Ansätze, Alasdair MacIntyre (1981) und James D. Wallace (1978).

argumentieren. Mithilfe dieser Überlegungen kann der ontologische Status von Werten bestimmt werden. Die Überlegungen sind aber nicht geeignet, um für eine bestimmte Theorie praktischer Gründe zu argumentieren.[93] Die Argumente, mit denen der ontologische Status von Werten bestimmt werden kann, sind, so lässt sich unter anderem mit Hilfe der Zugänglichkeitsbedingung zeigen, beispielsweise nicht einschlägig, wenn es gilt, zwischen einer humeschen, kantischen oder aristotelischen Konzeption praktischer Gründe zu unterscheiden. Das wiederum bedeutet, dass sich mit der Zurückweisung von Argumenten und Annahmen, die für einen moralischen Realismus sprechen, auch nicht gegen bestimmte Auffassungen praktischer Gründe argumentieren lässt. Was an McDowells Konzeption praktischer Gründe nicht überzeugend ist, kann daher nicht mithilfe von Argumenten gezeigt werden, die für einen anderen ontologischen Status moralischer Werte sprechen. Vielmehr muss direkt an seiner Konzeption praktischer Gründe und an den Thesen, auf die man sich durch diese Konzeption festlegt, Kritik geübt werden.

1. McDowells tugendethischer Ansatz

McDowell folgt in seinen Arbeiten den aristotelischen Auffassungen einer Tugendethik. Seine Vorgehensweise ist aber nicht exegetisch. Aristoteles' Arbeiten dienen ihm eher als Orientierung bei der Ausarbeitung seines tugendethischen Ansatzes.[94] Drei Annahmen, die er im Rahmen seines Ansatzes macht, sind für seine Konzeption praktischer Überlegungen und praktischer Gründe von Bedeutung: (1) Moralische Forderungen sind kategorische Forderungen; (2) praktische Überlegungen können objektiv richtig sein; und (3) es gibt moralische Werte. Ich werde diese Annahmen im Folgenden kurz der Reihe nach vorstellen.

---

[93] Auf vergleichbare Weise führen Parfit und Scanlon gegen einige Auffassungen praktischer Gründe an, dass bestimmte Handlungen richtig oder moralisch geboten seien. Meiner Ansicht nach scheitern auch diese Versuche. Vgl. Parfit (1997) 107 und Scanlon (1998) Kapitel 4.
[94] Ich lasse daher außer Acht inwieweit McDowells Aristoteles Interpretation überzeugend ist.

(1) Moralische Forderungen sind kategorische Imperative
McDowell illustriert in „Two Sorts of Naturalism", was er mit „kategorischem Imperativ" meint.[95] Die Behauptung, dass moralische Forderungen kategorische Imperative sind, besagt, dass die Gültigkeit dieser Forderungen unabhängig von den Zielen einer Person ist. McDowells Verständnis weicht in einem entscheidenden Punkt von der kantischen Vorstellung ab. Dass moralische Forderungen kategorische Imperative sind, bedeutet laut McDowell *nicht*, dass jede Person, sofern sie rational ist, erkennen kann, dass moralische Forderungen begründet sind und es vernünftig ist, sich nach ihnen zu richten.[96]

Bevor ich mich mit dieser Idee befasse, ist es notwendig, einen Begriff zu klären, den McDowell einführt: die *zweite Natur* einer Person.[97] McDowell bezeichnet damit den Charakter, den eine Person im Laufe ihres Lebens ausbildet. Die zweite Natur ist ein kulturelles und soziales Produkt. Durch moralische Erziehung nach aristotelischen Vorstellungen wird die zweite Natur einer Person in einer Weise entwickelt, die es der Person ermöglicht, moralische Gründe zu erkennen. Wird die zweite Natur *anders* ausgebildet (weil man z. B. das Kind eines Mafiapaten ist und von frühester Kindheit an dahin gedrängt wird, die Familienehre zu wahren), so kann man moralische Gründe nicht erkennen. Nur eine in besonderer Weise ausgeprägte zweite Natur, die McDowell in Anlehnung an Aristoteles *phronesis* nennt, eröffnet den Weg zu moralischen Gründen und macht den Kern eines

---

[95] Vgl. McDowell (1995b).
[96] Allerdings gibt es auch Vertreter kantischer Positionen wie beispielsweise Scanlon, die gar nicht annehmen, dass unmoralisches Handeln notwendigerweise auf Irrationalität beruht (vgl. Scanlon (1998) 25 – 33).
[97] Die zweite Natur grenzt er gegenüber der reinen (*mere*) Natur des Menschen ab. Zur reinen Natur zählt er die physiologische Beschaffenheit des Menschen und die sich aus ihr ergebenen Bedürfnisse. Vgl. McDowell (1995b) § 3.

tugendhaften Charakters aus.[98] Um seine Idee zu illustrieren, verweist McDowell auf ein Bild, das von Philippa Foot stammt:[99]

> „[1] Denen, die in der Armee der Pflicht dienen, liegen bestimmte Ziele nicht bloß zufällig am Herzen. Man kann sagen, die Vernunft gebe ihnen Aufschluß über die Vorschriften der Tugend und zeige, daß es sich um echte Anforderungen an einen rationalen Willen handelt. [2] Die Vernunft, die für diesen Aufschluß verantwortlich ist, ist ihre erworbene zweite Natur, [die] ihnen damit die Augen für wirkliche Handlungsgründe [er]öffnet [...]. [3] Daher ist es offensichtlich verfehlt, wenn man erwartet, das richtige Vernunftvermögen sei imstande, einfach jedem, unabhängig von seiner motivationalen Konstitution, Befehle zu erteilen. [...] [4] [D]iejenigen, die in der Armee der Pflicht dienen, [werden] nicht durch zufällig angestrebte Ziele bei der Stange gehalten [...], sondern durch die von ihnen richtig gesehenen Vorschriften der Vernunft. [...] [5] Hier könnte man versucht sein einzuwenden, damit würden die Soldaten in der Armee nicht als Freiwillige, sondern als Wehrpflichtige bestellt" (McDowell (TSN) 71d/178).

Laut [1] ist es rational, wenn die Soldaten den moralischen Forderungen in ihren Handlungen folgen. Aber es ist nicht rational, weil sie bestimmte *Ziele* haben. Für die Soldaten ist das Befolgen der moralischen Forderungen nicht (oder nicht nur) zweckrational. Die Soldaten erkennen durch praktisches Überlegen, dass moralische Forderungen begründet sind und es rational ist, sich nach ihnen zu richten, ganz gleich welche Ziele sie selber haben. Seine Tugendethik unterscheidet sich daher, so McDowell, von humeschen Moraltheorien auch dadurch, dass sie nicht zielrelativ ist. Zielrelativität möchte McDowell vermeiden, denn

---

[98] Die *phronesis* bezeichnet eine besondere praktische Erkenntnisfähigkeit oder praktische Weisheit, die es denjenigen, die über sie verfügen, erlaubt, mit Sicherheit zu urteilen, was in der jeweiligen Situation zu tun ist. Vgl. McDowell (1979) 332, (1994) 79 und (1980) insb. §§10 – 14.
[99] Vgl. Philippa Foot (1972) 170.

„[...] der Anklang, den die Tugend bei der Vernunft finde, stehe dann, wenn sie ihn finde, auf dem gleichen Fuß wie der Anklang, den die zur Erreichung eines beliebigen angestrebten Ziels nötigen Handlungen bei der Vernunft finden, auch wenn es etwa darum geht, das größte Streichholz-Modell der St. Paulskirche aller Zeiten zu basteln" (McDowell (1995b) 70d/178).

Ob humesche Moraltheorien diese Konsequenz haben, kann hier offen bleiben. Wie ich in den folgenden Absätzen zeigen möchte, hat aber McDowells Tugendethik, wenn auch aus anderen Gründen, eben diese Konsequenz.

Aber auch wenn moralische Gründe nicht zielrelativ sind, so fährt McDowell fort, kann doch nicht jede Person durch praktisches Überlegen zu der Konklusion gelangen, dass moralische Forderungen begründet sind. [2] macht diesen Punkt deutlich. Nur Personen, deren zweite Natur besonders ausgeprägt ist, können zu dieser Einsicht gelangen. Zur *richtigen* Ausbildung der zweiten Natur, zur *phronesis*, führt die aristotelische Erziehung.

Wie kann eine Person erkennen, dass moralische Forderungen tatsächlich Gründe für Handlungen darstellen, dass es rational ist, sie zu befolgen? Wie kann eine Person zu der Einsicht gelangen, dass diese Forderungen begründet sind? McDowells Antwort lautet: Dass moralische Forderungen begründet sind, zeigt sich, wenn sie hinterfragt werden. Dieses Hinterfragen illustriert McDowell mit einem Bild von Neurath (1932): Ein Boot wird repariert, während es auf dem Meer ist. Das bedeutet, dass die Überzeugungen nicht alle auf einmal, sondern nacheinander in Frage gestellt werden. Durch dieses Procedere käme eine Person dazu zu sehen, dass moralische Forderungen begründete Forderungen sind.

[3] besagt, dass es falsch wäre zu erwarten, dass jede Person, ganz gleich wie ihr Motivationsprofil zusammengesetzt ist, von moralischen Forderungen zu den richtigen Handlungen bewegt werden kann. Mit Hilfe von [3] lese ich [2] so, dass *nur* diejenigen, die schon

in der Armee eingeschrieben sind, zu dieser Einsicht durch kritische Reflexion gelangen können. Also können nur diejenigen, die im Besitz der *phronesis* sind, zu dieser Einsicht gelangen.

McDowell formuliert seine zentrale These in [4]: Die Soldaten können sehen, dass moralische Forderungen auch dann begründet sind, wenn ihr Befolgen nicht mindestens das Verfolgen eines eigenen Ziels einschließt. Die Soldaten sähen, dass moralische Forderungen begründet seien und es rational sei, sich nach ihnen zu richten, ganz gleich welche eigenen Ziele die Soldaten haben.

Wichtig ist in diesem Zusammenhang, dass McDowell im Gegensatz zu Williams annimmt, dass Personen Gründe für Handlungen haben können, ganz gleich, welche Wünsche sie haben. Das Vorliegen passender Wünsche sei keine Voraussetzung dafür, dass jemand beispielsweise einen Grund für tugendhafte Handlungen habe. Daraus scheint unmittelbar zu folgen, dass moralische Gründe nach der von Williams gegebenen Definition externe Gründe sind. Das scheint zu folgen, da die Wahrheit von Sätzen wie „eine Person hat einen Grund, tugendhaft zu handeln", nicht in irgendeiner Weise davon abhängt, wie das Motivationsprofil der Person beschaffen ist.

[5] hebt hervor, dass das Einschreiben der Soldaten in die Armee selber kein rationaler Akt ist. Weil die Soldaten die Kommandos vor dem Eintreten in die Armee nicht hören könnten, geschehe ihr Einschreiben nicht aus Einsicht und sei daher kein rationaler Akt. Nachdem sie sich eingeschrieben hätten, könnten sie die Kommandos hören. Dass sie dann freiwillig in der Armee blieben, spräche dafür, dass die Kommandos begründet seien, weil die Soldaten die Armee wieder verlassen würden, wenn sie die Kommandos als unbegründet ansehen würden. Dass die Kommandos begründet seien und es rational sei, sich nach ihnen zu richten, sei aber erst erkennbar, *nachdem* man in die Armee eingetreten sei.

Diese Analogie McDowells ist vor dem Hintergrund aristotelischer Vorstellungen über Erziehung zum tugendhaften Leben zu sehen. So führt McDowell an anderer Stelle aus, dass Erziehung, die zur Ausbildung der *phronesis* führen soll, kein rationaler Akt ist (vgl. McDowell (1995a) 73f). Wie diejenigen, die nicht in der Armee dienen, taub gegenüber den Kommandos sind, so sind auch Personen, die nicht über die besondere Wahrnehmungsfähigkeit verfügen, blind gegenüber moralischen Forderungen. Personen, die über die *phronesis* verfügen und für die daher die Forderungen der Tugend erkennbar sind, können sich fragen, ob diese Forderungen begründet sind. Dass sie trotz der Möglichkeit, die Forderungen zu hinterfragen, weiterhin tugendhaft handeln, zeigt, so legt die Analogie zumindest nah, dass diese Personen den Forderungen nachkommen, weil sie erkennen, dass die Forderungen begründet sind.

Damit wird in [5] auch behauptet, dass Personen Gründe haben, sich nach moralischen Forderungen zu richten, selbst wenn sie nicht auf rationale Weise (durch Überlegen) dazu kommen können zu sehen, dass bestimmte Handlungen gefordert sind, dass sie so also handeln *sollen*, wie es gefordert ist. Eine Person könne einen Grund für eine bestimmte Handlung haben, ohne auf rationale Weise zu der Konklusion gelangen zu können, dass sie handeln solle. Auf der Basis dieses Zusammenhangs behauptet McDowell, dass auch nicht tugendhafte Personen einen Grund *hätten*, tugendhaft zu handeln. Wer nicht erkenne, dass die Forderungen begründet seien, sei nicht notwendiger Weise *irrational*. Dass moralische Forderungen kategorische Imperative sind, bedeutet also nicht, dass jeder, sofern er rational ist, erkennen kann, dass er einen Grund hat, tugendhaft zu handeln (vgl. McDowell (1978) 13). Daher stimmt McDowell Williams zu, dass der Vorwurf der Irrationalität gegenüber Personen, die nicht sehen, dass sie Grund haben, tugendhaft zu handeln, nichts weiter als ein „Bluff" sei (vgl. McDowell (1995a) 75).[100]

Der fundamentale Unterschied zwischen hypothetischen und kategorischen Imperativen besteht McDowell zufolge vielmehr in der Art, wie „Auffassungen der Umstände den Willen beeinflussen" (vgl. McDowell (1978) 134d/14). Für kategorische Imperative gilt: Der Grund für eine Handlung ist das, was ein *phronimos* in der Situation wahrnimmt. Die Anwesenheit passender Wünsche ist nicht erforderlich. Für hypothetische Imperative gilt: Die Wahrnehmung der Situation gibt nur *zusammen* mit einem passenden Wunsch einen Grund für

---

[100] Siehe aber auch Fußnote 120 in diesem Kapitel.

eine Handlung. McDowell spricht von einer besonderen Weise, die Handlungsumstände aufzufassen (*to conceptualize*) oder über eine spezielle Auffassung (*conception*) der Handlungsumstände (vgl. McDowell (1978) 14). Dabei denkt er an bestimmte Überzeugungen, die von den Handlungsumständen handeln. Wenn ich beispielsweise glaube, dass dort ein Kind ist, das Hilfe braucht und dem Kind helfe, so kann meine Handlung vollständig durch die Angabe meiner Überzeugung, dass dort ein Kind ist, das Hilfe braucht, erklärt werden. Es ist nicht notwendig hinzuzufügen, dass ich helfen will. Dennoch, so McDowell, ist es nicht falsch, dass ich auch den Wunsch habe, zu helfen. Es ist nicht falsch, weil die spezielle Auffassung der Handlungsumstände den passenden Wunsch mit sich bringt (vgl. McDowell (1978) 22f).[101]

McDowell nimmt demnach an, dass die besonderen Auffassungen von Situationen *allein*, das heißt Überzeugungen allein, Gründe konstituieren. Aber nur jemand, der die Fähigkeit besitzt, Situationen (Handlungsumstände) in einer besonderen Weise aufzufassen, wird von moralischen Gründen auch zu Handlungen bewegt. Ob eine Person von moralischen Gründen bewegt wird, hängt nicht von der kontingenten Beschaffenheit ihres Motivationsprofils ab, sondern von ihrer Fähigkeit, Situationen in besonderer Weise aufzufassen. Da nicht jeder die Fähigkeit besitzt, Handlungssituationen in besonderer Weise aufzufassen, verfügt nicht jeder über die relevanten Auffassungen der Situation und daher wird nicht jeder von moralischen Gründen bewegt (vgl. McDowell (1978) 22). Aus diesem Grund meine ich, dass Mc-

---

[101] McDowell zitiert in diesem Zusammenhang Thomas Nagel. „That I have the appropriate desire simply *follows* from the fact that these considerations motivate me; if the likelihood that an act will promote my future happiness motivates me to perform it now, then it is appropriate to ascribe to me a desire for my future happiness. But nothing follows about the role of the desire as a condition contributing to the motivational efficacy of those considerations" (Nagel (1970) 29 – 30). Wie Nagel nimmt auch McDowell an, dass prudentielle Überlegungen ebenfalls die zu ihnen passenden Wünsche mit sich bringen (vgl. McDowell (1978) §§ 3 und 4).
Kritik an McDowells Vorgehensweise, Ausführungen Nagels zur Stützung seiner Argumentation zu benutzen, haben George R. Carlson und I. G. McFetridge geübt. Vgl. Carlson (1985) 413 und McFetridge (1978) 33.

Dowells Tugendethik die unplausible Konsequenz hat, die er humeschen Konzeptionen zuweist, nämlich dass

„[...] die Reize tugendhaften Verhaltens – so wie die Reize des Briefmarkensammelns – bei manchen Personen nur zufällig Anklang finden" (McDowell (1995b) 72d/179).[102]

McDowell hat ausgeführt, dass externe Gründe eine Person nicht zu Handlungen bewegen können (zumindest nicht, solange sie nicht über die *phronesis* verfügt). Warum aber ist McDowell dann die Existenz externer Gründe wichtig? Wenn diese Gründe die nicht tugendhaften Personen nicht zu Handlungen bewegen können, warum ist es dann so entscheidend, ob es sie gibt oder nicht? Meiner Ansicht nach meint McDowell, dass ohne die Annahme, auch nicht tugendhafte Personen hätten zumindest einen externen Grund, tugendhaft zu sein, nicht daran festgehalten werden kann, dass moralische Forderungen begründet sind. Wie ich hier nur behaupte und unten noch genauer ausführe, besteht dieser Zusammenhang aber nicht (vgl. § 7 in diesem Kapitel und im 6. Kapitel § 3).

(2) Praktische Überlegungen können objektiv richtig sein
Laut McDowell haben praktische ebenso wie theoretische Überlegungen ein epistemisches Ziel, das darin besteht, die Dinge in der richtigen Weise zu sehen. Es sei wichtig zwischen einer richtigen Überlegung und einer scheinbar richtigen Überlegung unterscheiden zu können. Sonst könnte „[praktisches Denken] kein Denken sein, denn Denken ist etwas völlig anderes als beispielsweise eine Einstellung zu etwas zu haben" (McDowell (1995b) 55d/167). Aber wie kann bei praktischen Überlegungen zwischen Richtigkeit und scheinbarer Richtigkeit unterschieden werden?

McDowell argumentiert überzeugend gegen die Ansicht, es bedürfe *Fundamente*, um diese Unterscheidung zu treffen (vgl. McDo-

---

[102] Im § 3 dieses Kapitels erläutere ich ausführlicher, warum McDowells Tugendethik dieses wenig attraktive Ergebnis hat.

well (1995b) insb. §§ 1, 2).[103] Das beinhaltet seiner Ansicht nach auch, dass kein *unabhängiges Kriterium* notwendig ist, um die Unterscheidung zu treffen. Nur ein *phronimos* könne erkennen, dass moralische Forderungen begründet seien. Nur ein *phronimos* könne die Richtigkeit moralischer Überlegungen und die Tugendhaftigkeit bestimmter Handlungen wahrnehmen. Ein *phronimos* könne mit Argumenten rechtfertigen, dass seine Sicht der Dinge die richtige sei. Aber die Schlüssigkeit seiner Argumente könne auch nur von denjenigen erkannt werden, die seine Sicht teilten, deren zweite Natur also auch in besonderer Weise ausgebildet sei. Das heißt, nur die *phronimoi* können die Schlüssigkeit der Argumente erkennen. Im weiteren Verlauf des Kapitels wird sich zeigen, dass dieser Zug von McDowells Ansatz in zweierlei Hinsicht problematisch ist. Zum einen verstößt McDowells Konzeption damit gegen die Zugänglichkeitsbedingung praktischer Gründe (vgl. §7) und zum anderen führt er dazu, dass McDowells Tugendethik nicht den Ansprüchen an eine Moraltheorie gerecht wird, die eine moderne und aufgeklärte Gesellschaft hat (vgl. §3).

(3) Es gibt moralische Werte
McDowell ist ein moralischer Realist. In „Values and Secondary Qualities" argumentiert er dafür, dass moralische Werte genuine Entitäten sind. Moralische Werte (und McDowells Ansicht nach auch sekundäre Qualitäten) existieren objektiv.[104] Diese Annahme prägt auch McDowells Konzeption praktischer Gründe, da er annimmt, dass es eine enge Beziehung zwischen Gründen und Werten gibt. Der (positive) moralische Wert einer Handlung gäbe einer Person einen Grund, diese Handlung auszuführen. Nähme eine Person einen moralischen Wert wahr, so werde sie mit ihren Handlungen auf den Wert reagie-

---

[103] Vgl. auch McDowell (1994) insb. Vorlesung IV.
[104] Vgl. McDowell (1985). Es ist für das Verständnis von McDowells Konzeption praktischer Gründe nicht relevant, wie überzeugend McDowells Ausführungen zur Objektivität von Werten sind. Hier interessiert einzig der Zusammenhang, den McDowell zwischen Werten und Gründen sieht. Eine widersprechende Auffassung vom ontologischen Status moralischer Werte vertritt beispielsweise John Leslie Mackie (1976) und (1977).

ren. (Dass diese Beziehung nicht besteht, dafür argumentiere ich in diesem Kapitel, §7, und im 6. Kapitel, § 3.)

McDowell vertritt mit den drei zentralen Annahmen eine objektivistische und realistische Moraltheorie. Dass moralische Forderungen kategorisch sind bedeutet, dass sie unabhängig von Wünschen und Interessen, die Personen haben, begründet sind. Es bedeutet aber nicht, dass Personen irrational sind, die diese Begründung nicht verstehen und meinen, sie bräuchten sich nicht nach diesen Forderungen zu richten. Die zweite Annahme besagt, dass die Überlegungen von Personen, die die Begründung moralischer Forderungen nicht verstehen, zwar nicht irrational, aber objektiv falsch sind. Diese Ausführungen machen auch auf McDowells Auffassung praktischer Rationalität aufmerksam. Dass eine Überlegung falsch ist, besage nicht notwendigerweise, dass die Überlegung irrational ist. Durch seine dritte Annahme wird McDowells Moraltheorie realistisch. Er nimmt an, dass moralische Werte keine Projektionen von Personen sind.

Nach dieser Vorbereitung wende ich mich nun der Frage zu, welche Konzeption praktischer Überlegungen und praktischer Gründe McDowell vertritt. Dabei wird auch deutlich werden, worin sich eine aristotelische Konzeption von den humeschen und kantischen Ansätzen unterscheidet.

2. McDowells Konzeption praktischer Überlegungen

Die besondere Wahrnehmungsfähigkeit der *phronimoi*, die *phronesis*, soll sowohl zum Erwerb der richtigen Meinungen darüber, welche Handlungen moralisch gefordert sind führen, als auch zum Erwerb der dazu passenden Motivation, in der geforderten Weise zu handeln. Daraus ergibt sich die zentrale Rolle des Konzepts einer tugendhaften Person bzw. ihres tugendhaften Verhaltens für McDowells Moraltheorie, die daher als *Tugendethik* bezeichnet werden kann.

Wie aber genau stellt sich McDowell vor, dass die Sichtweise einer tugendhaften Person in praktische Überlegungen auf eine Weise Einfluss nimmt, die sowohl zum Handeln *motiviert*, als auch Handlungen *rechtfertigt*? Bei McDowell findet sich keine Ausarbeitung seines Ansatzes. Er beschränkt sich größtenteils auf eine Kritik an kantischen und humeschen Konzeptionen praktischer Überlegungen. In seiner Auseinandersetzung mit beiden Positionen wird deutlich, dass McDowell *die Weise* kritisiert, in der Auffassungen davon, welche Handlungen moralisch gefordert oder richtig sind, Einfluss auf die praktischen Überlegungen nehmen sollen.[105] In kantischen und humeschen Ansätzen werden die Auffassungen darüber, was man tun soll, als Prinzipien gedacht, die die praktischen Überlegungen leiten (vgl. das 3. Kapitel, §§ 2 - 4). Dagegen wendet McDowell ein, dass Auffassungen davon, was man tun soll, nicht die Rolle eines Prinzips in Überlegungen einnehmen können (vgl. McDowell (1979) 347).[106] Demnach argumentiert McDowell für ein sich fundamental von humeschen und kantischen Auffassungen unterscheidendes Verständnis praktischer Überlegungen.[107]

Was aber ist so unplausibel an der Vorstellung, praktische Überlegungen seien von Prinzipien geleitet? Dancy illustriert mit einem Zitat von George Eliot, die er „Patron Saint of Particularists" nennt, was an dieser Vorstellung stören könnte:[108]

„All people of broad, strong sense have an instinctive repugnance to the men of maxims; because such people early discern that the mysterious complexity of our life is not to be embraced by maxims, and that to lace ourselves up in formulas of that sort is to repress all the divine promptings and inspirations that spring from growing insight and sympathy."[109]

---

[105] Vgl. für eine ausführliche Begründung dieser Interpretation von McDowell, Wallace (1991) insb. § 2.
[106] Diese Ansicht wird ebenfalls von William Child vertreten. Vgl. Child (1994) insb. 2. Kapitel, § 9.
[107] Vgl. McDowell (1979) 340 - 342, (1985) 122, (1980) §§ 12, 14, und (1981). Vgl. dazu auch Aristoteles, *Nikomachische Ethik*, 1097b 12 ff.
[108] Vgl. Dancy (1993) 70f.
[109] George Eliot, *The Mill on the Floss*, 349f.

Welche Alternative setzt McDowell den humeschen und kantischen Vorstellungen praktischer Überlegungen entgegen? Was für ein Bild praktischer Überlegungen ergibt sich, stellt man sich diese nicht als von Prinzipien geleitet vor? Am deutlichsten ist McDowell, wenn er ausführt, dass ein *phronimos* eine besondere Wahrnehmungsfähigkeit besitzt. Ein *phronimos* nähme in jeder Situation wahr, was er tun solle und welche Handlung die richtige sei. Ein *phronimos* nähme wahr, *dass* diese Situation eine tugendhafte Handlung verlange (vgl. McDowell (1979) 331f). Das besondere an den Meinungen des *phronimos* wäre, dass sie verlässlich seien. Dass sie verlässlich seien, besage zweierlei: Diese Meinungen sind wahr, und sie sind gerechtfertigt.[110]

Diese Wahrnehmungsfähigkeit solle eine notwendige Bedingung dafür sein, dass eine Person tugendhaft ist, beispielsweise freundlich ist. Um sie zu einer hinreichenden zu machen, bedürfe es der Identifikation von Wahrnehmungsfähigkeit mit der Tugendhaftigkeit der Person. Wie wir uns diese Identifikation vorstellen sollen, führt McDowell exemplarisch anhand der Freundlichkeit vor.

„Die von der Situation ausgehende – und von der Sensitivität des Akteurs für solche Forderungen erkannte – Forderung muß bei jeder der relevanten Gelegenheiten den gesamten Grund für sein Handeln bilden. [...] Also konstituieren die Bekundungen seiner Sensitivität in jedem einzelnen Fall vollständige Erklärungen der die Tugend zum Ausdruck bringenden Handlungen. Doch der Begriff der Tugend ist der Begriff von einem Zustand, dessen Vorhandensein die jene Tugend zum Ausdruck bringenden Handlungen erklärt. Da diese Erklärungsaufgabe von der Sensitivität erfüllt wird, stellt sich heraus, daß die Tugend nichts anderes ist als eben diese Sensitivität" (McDowell (1979) 76d/332).

McDowell macht hier deutlich, dass sich der Grund für eine tugendhafte Handlung in der besonderen *Wahrnehmungsfähigkeit* des *phro-*

---

[110] Warum die Meinungen auch gerechtfertigt sind, wird in den folgenden Paragraphen 3 und 4 deutlich.

nimos, bzw. in den auf diesem Wege erworbenen Meinungen, erschöpft.[111]

Nun gibt es Situationen (tatsächlich sind fast alle Situationen von dieser Art), in denen es mehrere Handlungsmöglichkeiten gibt. Einige Züge der Situation sprechen beispielsweise für eine tugendhafte Handlung, einige für eine egoistische Handlung und einige für ein Verbrechen. Für das Verständnis von McDowells Überlegungen ist entscheiden, wie ein *phronimos* solche Situationen wahrnimmt. Sieht er die anderen Handlungsmöglichkeiten? Sieht er Gründe für ganz unterschiedliche Handlungen, tugendhafte und nicht tugendhafte? Erscheint ihm durch die besondere Wahrnehmung in jeder Situation der Grund, der für eine tugendhafte Handlung spricht, der *stärkste* zu sein? Nein, antwortet McDowell auf die Fragen. Die *phronesis* führe nicht dazu, moralische Gründe immer als die stärksten Gründe wahrzunehmen. Vielmehr nähme ein *phronimos* nur die Züge einer Situation, die für eine tugendhafte Handlung sprechen, nicht aber deren Stärke wahr. Die Forderung nach einer tugendhaften Handlung sei hervorstechend (*salient*).[112] Damit ist gemeint, dass andere handlungsrelevante Züge einer Situation, die sonst Gründe darstellen würden, durch die moralische Forderung stumm gemacht werden. Moralische Forderungen sollen verhindern, dass andere (widersprechende) Überlegungen Gründe sind. Ein *phronimos* wäge nicht ab, welcher Handlungsumstand handlungsrelevant sei. Er sähe die Situation auf derart besondere Weise, dass er *nur* zur tugendhaften

---

[111] Laut James Brown folgt aus der Identifikation von Wahrnehmungsfähigkeit und Tugendhaftigkeit, dass McDowell nicht von *der* richtigen Sicht der Dinge sprechen und daher auch nicht an der Objektivität moralischer Urteile und Werte festhalten kann (vgl. Brown (1982) 156).

[112] McDowell führt aus, dass die besondere Wahrnehmung aber nicht dazu führt, dass jeder moralische Grund, wie schwach auch immer, jeden Grund einer anderen Art, wie stark auch immer, stumm macht (vgl. McDowell (1978) 29). McDowell möchte Raum schaffen für die Existenz weniger dringlicher moralischer Gründe, über die sich auch ein *phronimos* aus nicht-moralischen Gründen hinwegsetzen kann. Ob es solche weniger dringlichen moralischen Gründe in einer Tugendethik überhaupt geben kann, muss hier offen bleiben, da diese Frage zu weit vom zentralen Thema dieses Kapitels wegführen würde.

Handlung einen Grund habe (vgl. McDowell (1979) 345f, 34f, (1978) 26 – 9, (1980) 372f).

Machen wir uns das an einem Beispiel verständlich. Angenommen, meine finanziellen Mittel sind sehr knapp. Ich erhalte regelmäßig kleine Bezüge aus einer Rentenkasse. Sollte ich eine neue Geldquelle auftun, so bin ich verpflichtet, dies der Kasse mitzuteilen, woraufhin sie dann ihre Zahlungen einstellen bzw. kürzen wird. Nun stirbt einer meiner Bekannten und hinterlässt mir eine kleinere Summe. Dies geschieht zu einer Zeit, in der ich mir den Kopf zerbreche, wie ich einige noch offen stehende Rechnungen begleichen soll. Der geerbte Betrag wäre gerade groß genug, um die Zahlungen zu tätigen. Wenn ich der Rentenkasse mitteilte, dass ich etwas geerbt habe, dann würde sie mir – zumindest vorübergehend – die Rente streichen bzw. kürzen. Der geerbte Betrag reicht aber nicht für die Begleichung der laufenden Kosten und Zahlung der offenen Rechnungen. Nach dieser langen Exposition komme ich nun zum entscheidenden Teil: Wie würde eine tugendhafte Person die gerade geschilderte Situation wahrnehmen? Eine tugendhafte Person würde selbstverständlich die Kasse von der Erbschaft unterrichten. Sie würde aber die Situation gar nicht als eine wahrnehmen, in der sie auch einen Grund haben könnte, die Erbschaft zu verschweigen, um die Schulden zu tilgen. Die tugendhafte Person hat also nicht einen schwachen Grund, die Erbschaft zu verschweigen, und einen stärkeren, dies nicht zu tun. Sie hat überhaupt *keinen* Grund, unehrlich zu sein.

Was für ein Bild praktischen Überlegens ergibt sich aus McDowells Ausführungen über die besondere (richtige) Sichtweise der *phronimoi* und der Weise, wie diese in praktische Überlegungen eingeht? Gesucht wird eine positive Charakterisierung der Rolle der besonderen Einsicht, der *phronesis*. McDowell wendet sich, wie gesagt, explizit gegen die Annahme, dass Prinzipien praktische Überlegungen leiten (vgl. McDowell (1979) §§ 4, 5, (1978) 18 – 23, (1980) 372f).[113] Welche Funktion sollen Prinzipien in praktischen Überlegungen haben? Eine Antwort auf diese Frage könnte verständlich machen, warum McDowell bestreitet, dass Prinzipien praktische Überlegungen

---

[113] Vgl. auch McDowell (1996) 101.

leiten. Prinzipien sollen einer Person, die sich in einer bestimmten Situation fragt, welches Verhalten tugendhaft ist, helfen, eine Antwort zu finden. Die Person soll ihre Überlegungen von den Prinzipien leiten lassen. Sie soll im Einklang mit ihnen ihre praktische Überlegung durchführen. So erkennt sie, zu welcher Handlung sie einen Grund hat oder welche Handlungsalternative sie vorziehen soll. Wird sie aufgefordert, ihre Entscheidung zu *rechtfertigen*, so braucht sie nur auf das leitende Prinzip zu verweisen.

Möchte man zu diesem Bild eine Alternative entwickeln, so könnte man entweder bestreiten, dass die Person überhaupt irgendwelche Gründe oder eine Rechtfertigung für ihre konkreten Entscheidungen hat oder bezweifeln, dass Handlungsentscheidungen sich nicht durch die Angabe von Prinzipien, sondern durch etwas anderes rechtfertigen lassen. In „Virtue, Reason, and Principle" verfolgt Wallace diese beiden Möglichkeiten. Er entwickelt McDowells Ansatz weiter zu einem *rationalen Intuitionismus*, nach dem eine tugendhafte Person ihre Entscheidungen nicht rechtfertigen kann (vgl. Wallace (1991) 485) und zu einem *Connaisseur-Modell*, nach dem eine tugendhafte Person ihre Entscheidungen durch ihre besondere Wahrnehmung der Situation rechtfertigen kann (vgl. Wallace (1991) 488f.). Auch wenn sich für beide Vorschläge Hinweise in McDowells Arbeiten finden lassen[114], so scheint mir doch klar, dass das Connaisseur-Modell eher in McDowells Sinn ist, und zwar aus zweierlei Gründen.[115] Erstens entwirft McDowell eine Auffassung moralischer Gründe. Das spricht deutlich gegen einen rationalen Intuitionismus, nach dem die Redeweise von Gründen wenig Sinn macht. Zweitens betont McDowell die Bedeutung moralischer Erziehung. Eine moralische Erziehung, so McDowells Idee in Anlehnung an aristotelische Vorstellungen, führt zur Ausbildung der besonderen *Wahrnehmungsfähigkeit* tugendhafter Personen. Dass die Wahrnehmungsfähigkeit *erlernt* werden kann,

---

[114] Vgl. für einen rationalen Intuitionismus: McDowell (1979) 333, 344, (1978) 26. Vgl. für ein Connaisseur-Modell: McDowell (1978) 21f, (1979) 342, (1995a) §4.
[115] Wallace kommt ebenfalls zu dem Ergebnis, dass eine Entwicklung in Richtung Connaisseur-Modell eher in McDowells Interesse zu sein scheint (vgl. Wallace (1991) 489).

143

spricht dagegen, sie als eine Form intuitiven Erfassens zu verstehen. Ich verfolge daher nicht eine Entwicklung in Richtung rationalem Intuitionismus, sondern konzentriere mich auf folgende Fragen: Wie lässt sich im Rahmen eines Connaisseur-Modells der Einfluss der besonderen Wahrnehmungsfähigkeit auf praktische Überlegungen verstehen? Wie kann im Rahmen dieses Modells verstanden werden, dass die Überlegungen durch besondere Einsicht gerechtfertigt sind?

Die Rolle der besonderen Wahrnehmungsfähigkeit ist im Rahmen eines Connaisseur-Modells darin zu sehen, dass sie die handelnde Person jeweils *erkennen* lässt, welche Gründe oder Rechtfertigungen sie für ihre Handlungen hat. *Rational* ist an der Wahrnehmungsfähigkeit, dass sie es der Person ermöglicht, in jeder Situation zu erkennen, zu welcher Handlung sie einen Grund hat, und womit sie ihre Handlung rechtfertigen kann. Praktische Überlegungen (und damit auch Handlungsgründe) sind nach dieser Vorstellung essentiell damit verbunden, wie ein *phronimos* die Handlungssituation wahrnimmt. Entwickelt man McDowells Ansatz in dieser Richtung weiter, dann erhält man ein Bild praktischen Schließens, das sich fundamental vom kantischen und humeschen unterscheidet (vgl. Wallace (1991) 490). Allgemeine Prinzipien legen nicht fest, wozu eine Person in einer Situation einen Grund hat. Normative Standards ergeben sich daher nicht aus Prinzipien. Die Sicht des *phronimos* legt fest, zu welchen Handlungen Personen in bestimmten Situationen einen Grund haben. Anders ausgedrückt, ergeben sich aus den Urteilen eines Connaisseurs die gültigen Standards zur Entscheidung normativer Fragen.

Wallace vergleicht die moralischen Urteile tugendhafter Personen mit den Urteilen über Weine, die Weinconnaisseure fällen (vgl. Wallace (1991) 488f). Genau so wie es keine Richtlinien dafür gibt, was einen guten Wein gut macht, gibt es keine Prinzipien dafür, welche Handlung in einer Situation die richtige ist. Ohne die besondere Wahrnehmung des *phronimos* könne weder erkannt noch nachvollzogen werden, welche Handlung in einer Situation tugendhaft sei (vgl. McDowell (1995a) 72 – 74, 80). Eine Entwicklung von McDowells Ansatz in Richtung eines Connaisseur-Modells macht auch verständlich, warum er seinen Ansatz im Hinblick auf die sokratische Frage

"Wie soll man leben?" als "von innen nach außen", und nicht wie bei humeschen oder kantischen Ansätzen als "von außen nach innen" bezeichnet (vgl. McDowell (1979) 331, 347). Was tugendhaft ist, richtet sich nach der Wahrnehmung des *phronimos*, also "von innen nach außen" und nicht danach, was ein unabhängiges Prinzip besagt, also nicht "von außen nach innen".

Eine Entwicklung in Richtung Connaisseur-Modell wird auch McDowells Betonung der ethischen Erziehung von Personen gerecht. Die Analogie zum Weinconnaisseur mag das verdeutlichen. Unter einem Weinconnaisseur versteht man eine Person, die sich gut mit Weinen auskennt. Ihre Kenntnis hat die Person in einer Reihe von Lernprozessen erworben. Wenn man ihr einen Wein zum Probieren gibt, so fällt sie ihr Urteil über den Wein "im Lichte" ihrer Erfahrungen. Ebenso wie man ein Weinconnaisseur werden kann, so könnte McDowell sagen, kann man auch ein Tugendconnaisseur, also ein *phronimos* werden. Im Lichte der Erfahrungen, des Wissens, das man während der aristotelischen Erziehung erworben hat, fällt man die Urteile darüber, was in einer bestimmten Situation zu tun ist.[116]

3. Kritik an der Tugendethik

Bisher habe ich mich einer Kritik an McDowells Tugendethik weitestgehend enthalten. Warum seine Tugendethik meiner Ansicht nach nicht überzeugen kann, möchte ich nun darlegen. Diese Kritik ist unabhängig davon, wie adäquat McDowells Konzeption praktischer Gründe ist. Vielmehr stützt sie sich auf Ansprüche, die eine aufgeklärte Gesellschaft an Moraltheorien hat.

Aristoteles nahm an, dass man sich nicht vornehmlich mit Ethik beschäftigt, um Wissen zu erlangen, sondern um richtig zu handeln. Das Ziel besteht darin, ein *phronimos* zu werden und nicht nur darin, zu wissen, was tugendhaft ist (vgl. Burnyeat (1980) 81). Das heißt, der Anspruch Aristoteles an eine Ethik bestand darin, dass sie lehren soll, tugendhaft zu werden. Seine Ausführungen über Erziehung sollen

---

[116] Eine hilfreiche Rekonstruktion der aristotelischen Vorstellung über Erziehung gibt Myles F. Burnyeat (1980).

einen Weg beschreiben, die richtige Sicht der Dinge zu erlangen, das heißt, tugendhaft zu werden. Hingegen geht es in modernen Moraltheorien gerade nicht um den Erwerb der richtigen Sicht der Dinge. Dazu gibt es auch in der aufgeklärten Gesellschaft, in der wir leben, im Unterschied zu der antiken, zu viele verschiedene Vorstellungen darüber, was tugendhaft und richtig ist.[117] In einer aufgeklärten Gesellschaft brauchen wir Rahmenbedingungen, die allen verständlich sind und die unser Zusammenleben regeln.[118] Diesem Anspruch wird meiner Ansicht nach McDowells Tugendethik nicht gerecht.

Die besondere Wahrnehmungsfähigkeit des *phronimos* garantiert, dass er Situationen in einer ausgezeichneten Weise wahrnimmt. Ihm können keine Fehler unterlaufen. Ferner führt die *phronesis* dazu, dass mit der Wahrnehmung, dass eine bestimmte Handlung in einer Situation richtig ist, auch die Motivation entsprechend der Wahrnehmung zu handeln einhergeht. Der Test dafür, dass jemand über die relevanten Auffassungen von Handlungssituationen verfügt, besteht darin, dass geschaut werden muss, ob diese Auffassungen auf angemessene Weise den *Willen* der Person beeinflussen (vgl. McDowell (1978) 23). Das bedeutet aber auch, dass ein *phronimos* zu sein es ausschließt, *willensschwach* zu sein (vgl. McDowell (1979) 334). Geht man aber davon aus, dass *realen* Personen zuweilen Fehler unterlaufen und sie zuweilen auch willensschwach sind, dann bedeutet das Gesagte, dass niemand ein *phronimos* sein kann. Wie bei Aristoteles ist die Konzeption des *phronimos* auch bei McDowell eine *Idealisierung*. Da moralische Gründe aber nur aus dieser idealisierten Perspektive erkennbar sind, können sie auch nur Gründe für idealisierte Personen sein.

So eine Tugendethik kann aber kaum den Ansprüchen genügen, die wir an eine Ethik stellen. Wir wollen eine Ethik für *reale* Perso-

---

[117] Wallace kritisiert an McDowells tugendethischem Ansatz ebenfalls, dass dieser den Ansprüchen moderner Moraltheorien nicht gerecht werden kann (vgl. Wallace (1991) 492). Sein Einwand läuft darauf hinaus, dass die Relevanz von Ethik, moralischen Diskursen und moralischen Gründen darin liegt, diejenigen, die nicht tugendhaft sind (oder unsicher sind, wie sie sich verhalten sollen), zu einem tugendhaften Handeln zu bringen.
[118] Vgl. zu so einem Ansatz Scanlon (1998) insb. Kapitel 3.

nen. Das heißt, eine Ethik für uns, mit all unseren Schwächen, die wir nun einmal haben. McDowells Idealisierungen aber führen dazu, dass seine Tugendethik keine Ethik für uns, sondern nur für die *phronimoi* ist. (Die scheinen aber eigentlich gar keine Ethik zu benötigen, da sie sich ja immer richtig und tugendhaft verhalten.) Wir nehmen Situationen anders wahr als die *phronimoi*. Wir wägen ab, welcher Zug einer Situation handlungsrelevant ist und welcher nicht. Eine Ethik soll uns beim Abwägen und Entscheiden dessen, was zu tun ist, welche Handlungen unter ethischen Gesichtspunkten gefordert sind, helfen. Aber die Ethik der *phronimoi* kann uns dabei nicht helfen. Selbst wenn die *phronesis* genuine moralische Gründe zugänglich macht, nützt uns das nicht. Es hilft nicht, weil es kein Kriterium oder Argument gibt, das auch uns diese Gründe zugänglich machen könnte. Was tugendhaft ist, kann allein durch die besondere Wahrnehmung erschlossen werden – über die wir nicht verfügen. Um es mit einer brillianten Formulierung von Williams zu sagen, die dieser aber nicht gegenüber McDowells Theorie, sondern gegenüber bestimmten utilitaristischen Theorien vorträgt: Das Schicksal von McDowells Theorie besteht darin, dass „sie sich selbst von der Bühne geleitet" (vgl. Williams (1973) 134).

Muss McDowells Theorie dieses Schicksal erleiden? Vielleicht bietet sich ein Ausweg an, wenn die Idealisierungen, die McDowell vornimmt, etwas abgeschwächt werden. McDowells Tugendethik könnte eine Ethik für reale Personen sein, wenn angenommen wird, dass zwar nur die *phronimoi* vollständig die Begründungen moralischer Forderungen verstehen, und eine perfekte oder ungetrübte Sicht auf moralische Gründe haben, reale Personen aber den *phronimoi* nahe kommen können. Durch moralische Erziehung könnte es dann auch realen Personen möglich sein, die Begründungen moralischer Forderungen zumindest bis zu einem gewissen Grad zu verstehen.

Mein Vorschlag lautet, dass reale Personen zwar nicht alle Elemente der Begründungen von moralischen Forderungen verstehen und daher auch nur sehen können, dass etwas für moralische Handlungen spricht, aber nicht, dass die Begründungen zwingend sind. Damit meine ich, sie können zwar sehen, dass etwas für ein moralisches

Handeln spricht, und dennoch meinen, dass sie aber Grund haben, unmoralisch zu handeln. Das heißt auch, dass bei ihnen mit der kognitiven Einsicht, etwas sei moralisch gut, nicht notwendigerweise die Motivation einhergeht, auch dieser Einsicht entsprechend zu handeln. Dadurch, dass Einsicht und Motivation auseinander fallen können, wird Willensschwäche möglich. Eine Person sieht, dass eine bestimmte Handlung moralisch geboten ist, aber sie ist nicht zu der Handlung motiviert.[119]

Dieser Rettungsversuch hat allerdings einen Haken und dieser lässt mich daran zweifeln, dass McDowell diesen Weg einschlagen sollte. McDowell betont, dass die Tugend als Einheit zu denken sei. Und das heißt, dass weder ein gradueller Erwerb tugendhaften Verhaltens möglich ist, noch dass Personen nur einige Tugenden haben können (vgl. dazu McDowell (1979) § 2). Wer tugendhaft ist, der ist in allen Hinsichten perfekt tugendhaft. Wenn McDowell nun zugeben würde, dass man etwas tugendhaft sein kann oder auch nur etwas tugendhaft in einer bestimmten Hinsicht, dann müsste er sich von seiner These trennen, dass die Tugend als Einheit zu denken sei. Aber wenn er das tun würde, so weiß ich nicht, ob man eigentlich noch von einer Tugendethik sprechen kann. Gut, mag man denken, was macht hier schon die Bezeichnung aus. Aber so einfach ist der Fall nicht. So betont auch McDowell,

„[...] im Hinblick auf das, was echte Tugend ausmacht, ist Idealisierung weder etwas, was man vermeiden sollte, noch etwas, wofür man sich entschuldigen müsse" (McDowell (1978) 153d/28).

Nicht verzichten kann McDowell meiner Ansicht nach auf die genannten Idealisierungen, weil die *phronesis* eine wichtige Rolle in praktischen Überlegungen spielt. Wenn er zugeben würde, dass es die *phronesis* in verschiedenen „Gütestufen" geben kann, dann hätte das

---

[119] Zu dieser Überlegung passen auch McDowells Ausführungen über Personen mit unbeherrschten (*incontinent*) und beherrschten (*continent*) Charakteren. Vgl. McDowell (1996), (1978) § 10.

wiederum Auswirkungen auf seine Konzeption praktischer Überlegungen. Problematisch ist an diesem modifizierten Verständnis der *phronesis*, dass die *phronesis* in McDowells Ansatz praktische Überlegungen leiten und rechtfertigen soll. Aber eine nicht voll ausgebildete *phronesis* kann zu fehlerhaften Ergebnissen führen. Mit fehlerhaften Ergebnissen lassen sich praktische Überlegungen nicht rechtfertigen.

Ich sehe keine Möglichkeit, McDowell aus dieser Misere herauszubringen, ohne ihn auf eine andere Auffassung praktischer Überlegungen festzulegen, nach der Prinzipien und nicht die *phronesis* praktische Überlegungen leiten und rechtfertigen (vgl. McDowell (1979) § 4). Aber diese Konsequenz würde McDowell auf keinen Fall akzeptieren wollen. Das macht seine Kritik an humeschen und kantischen Konzeptionen praktischer Überlegungen und Gründe deutlich. Daher komme ich zu dem Schluss, dass McDowells Tugendethik wohl doch das Schicksal ereilt, sich selbst von der Bühne zu geleiten. Auch wenn der tugendethische Ansatz McDowells nicht überzeugen kann, folgt daraus allein aber nicht, dass ebenfalls seine Konzeption praktischer Gründe abzulehnen ist. Und diese möchte ich nun genauer in den folgenden Paragraphen betrachten.

4. McDowells Konzeption praktischer Gründe

Zwei Fragen prägen die folgenden Ausführungen. Lässt sich mit McDowells Konzeption praktischer Überlegungen und den aristotelischen Vorstellungen über moralische Erziehung für die Existenz externer Gründe argumentieren? Sind moralische Gründe externe Gründe?

McDowell wirft Williams vor, dass es ihm misslungen sei, zu zeigen, dass es keine externen Gründe gibt. Und das liegt laut McDowell daran, dass Williams Vertreter einer anti-humeschen Konzeption auf eine Annahme verpflichtet, die zumindest Aristoteliker nicht machen müssen. Sie müssen nicht annehmen, dass es reines praktisches Schließen gibt. Die Aussage „eine Person hat einen externen Grund für eine Handlung" besagt, so McDowell, dass einige Überlegungen einen Grund zum Handeln für die Person bilden. Dass die Person nicht motiviert ist, zu handeln, liegt daran, dass sie diesen Überlegungen nicht glaubt, also nicht glaubt, dass diese für sie ein Grund zum Handeln sind. Wenn die Person die Meinung erwerben würde, dass sie ein Grund zum Handeln sind, dann würde sie damit auch die Motivation zum Handeln erwerben. Wenn sie motiviert ist, zu handeln, dann kann über die Person auch eine wahre interne Grundaussage gemacht werden. Dass dann über die Person eine wahre interne Grundaussage gemacht werden kann, heißt nicht zwangsläufig, dass die externe Grundaussage falsch war. Sie war dann wahr, wenn sinnvoll gesagt werden kann, dass die Person einen Grund zum Handeln hat, *bevor* sie die Motivation zum Handeln erwirbt. Wie aber kann eine Person die Meinung (und damit die Motivation) erwerben, dass sie einen Grund für eine bestimmte Handlung hat?

Die Beantwortung dieser Frage ist entscheidend für den Disput zwischen Williams und McDowell. Williams räumt zwar ein, dass eine Person durch überzeugende Rhetorik oder Inspiration dazu kommen kann, zu glauben, dass sie einen Grund für eine bestimmte Handlung hat und dann auch zu dieser Handlung motiviert wäre, fährt aber fort, dass diese Arten des Meinungs- bzw. Wunscherwerbs keine sind, die Vertreter anti-humescher Konzeptionen befriedigen können. Vielmehr schwebt Anhängern dieser Konzeptionen vor,

„daß der Handelnde die Motivation erwerben sollte, *weil* er dazu gelang, den Begründungssatz zu glauben, und daß er darüber hinaus letzteres deshalb tun sollte, weil er die Sache nun im richtigen Licht sieht" (Williams (1980) 119d/108 f).

Damit verpflichtet Williams Vertreter anti-humescher Konzeptionen auf zwei Annahmen. Sie müssen zum einen annehmen, dass die Handelnde die Motivation erlangt, weil sie glaubt, dass sie einen Grund für die Handlung hat. Zum anderen müssen sie annehmen, dass die handelnde Person glaubt, dass sie einen Grund zum Handeln hat, weil sie nun die Dinge richtig sieht. Um diese beiden Annahmen zu erfüllen, ist es notwendig anzugeben unter welchen Bedingungen eine Person auf angemessene Weise (also nicht durch Überreden, sondern durch richtige Überlegungen) die Motivation zur Handlung erwirbt (vgl. Williams (1980) 109). Die Folge davon ist, dass diejenigen, die keinen Humeanismus vertreten wollen, eine positive Antwort auf die humesche Frage finden müssen: Kann eine Überlegung *allein* zu einer Handlung motivieren? Hierbei liegt besonderes Gewicht auf dem Wort *allein*.

Williams sieht nur *eine* Möglichkeit für Anhänger anti-humescher Konzeptionen: Sie müssen annehmen, dass es eine Art des korrekten praktischen Überlegens gibt, durch die Motivation entstehen kann und die nicht durch vorhandene Wünsche bestimmt oder geleitet ist. Aber, so Williams, diese Art des praktischen Überlegens gibt es nicht (vgl. Williams (1980) 109). Ein Vertreter einer aristotelischen Konzeption, so behauptet McDowell, kann die beiden Annahmen auf die Williams ihn festlegt, erfüllen, auch wenn es kein reines praktisches Überlegen gibt. Wie eine Person zu der richtigen Sicht kommt, lässt Williams' Formulierung offen und ist nicht, wie Williams meint, auf rationale Prozesse, wie beispielsweise korrekte Überlegungen beschränkt (vgl. McDowell (1995a) §4).

Wie kann eine Person dazu kommen, zu glauben, dass sie einen Grund für eine bestimmte Handlung hat? Wie kann sie auf *nicht* rationale Weise dazu kommen, die Dinge richtig zu sehen? Durch Konversion (*conversion*), so lautet McDowells Antwort. Konversion involviert laut McDowell eine drastische Veränderung der Zusammensetzung von Motivationsprofilen. Aber nicht durch praktisches Schließen hat sich das Motivationsprofil verändert, sondern durch Erlebnisse und Erfahrungen, die eine Person aufgrund ihrer neuen (richtigen) Sicht der Dinge macht. Man könnte auch sagen, dass die Person eine neue Weltanschauung hat. Dadurch, dass sich ihre Sicht der Dinge (ihre Weltanschauung) verändert hat, erfährt und erlebt sie Situationen anders. Daher führt diese neue Sicht der Dinge auch zu relevanten Veränderungen im Motivationsprofil (vgl. McDowell (1995a) 74).

Durch Konversion wird eine Person daher nicht rationaler, sondern, um es mit McDowell zu sagen, *sensibler* (vgl. McDowell

151

(1995a) 81).[120] Die Wandlung (*transition*) von „nicht durch einen externen Grund motiviert zu sein", zu „durch ihn motiviert zu sein", kommt dadurch zustande, dass die Person durch einen *nicht-rationalen* Prozess dazu gebracht wird, richtig zu überlegen.[121] Die Bekehrung des Saulus ist ein Beispiel für Konversion, die durch eine religiöse Eingebung ausgelöst ist.[122] Der Christenverfolger Saulus wurde durch eine göttliche Erscheinung zum Verfechter der christlichen Religion. Die Person Saulus hat sich so stark verändert, dass man den Eindruck gewinnt, es stehe ein anderer Mensch vor einem: Aus Saulus wurde Paulus.

Eine nicht tugendhafte Person braucht keine überzeugenden Argumente, um zu der richtigen Sicht der Dinge zu gelangen, sondern eine moralische Erziehung.[123] Darauf läuft McDowells Antwort auf

---

[120] In einem bestimmten Sinn kann die Redeweise davon, dass die Person rationaler geworden ist, auch nach McDowell in diesem Zusammenhang adäquat sein. Sie ist adäquat, wenn damit *nur* gesagt wird, dass die Person nun die Dinge *richtig sieht*, da sie glaubt, einen Grund zum Handeln zu haben. Das „nur" macht darauf aufmerksam, dass die Redeweise von „die Person ist rationaler geworden" nicht besagt, dass die Person zuvor irrational war, als sie nicht sah, dass es Gründe für ihr Handeln gibt (vgl. McDowell (1995a) 78).
[121] So auch Carlson (1985) 415.
[122] Vgl. „Die Bekehrung des Saulus" in: *Neues Testament*, Apostelgeschichte des Lukas 9.
[123] McDowell interpretiert das *ergon* Argument von Aristoteles so, dass es dafür spricht, dass nicht tugendhafte Personen weder irrational sind, noch rationaler Argumente bedürfen, um zu sehen, dass sie Grund haben, tugendhaft zu handeln (vgl. McDowell (1980) insb. §§ 10 – 14). Im *ergon* Argument geht es (grob gesagt) darum, worin die besondere Leistung oder Funktion (*ergon*) des Menschen besteht. Das Ziel (*telos*) des Menschen ist die Eudämonia. Was aber ist Eudämonia? Im Zusammenhang mit dieser Frage ist das *ergon* Argument zu sehen. McDowell führt aus, dass Aristoteles „die These, das *ergon* des Menschen bestehe in der Tätigkeit des rationalen Seelenteils, sowie die begrifflichen Zusammenhänge zwischen '*ergon*', 'Tüchtigkeit' und 'Tätigkeit', um zu der Schlussfolgerung zu gelangen, die *eudaimonia* – das für den Menschen Gute – sei das Tätigsein der Ratio nach Maßgabe der Tüchtigkeit. Normalerweise wird diese Stelle als (vermeintliches) Argument für die von Aristoteles selbst vertretene inhaltliche Auffassung des Wesens der *eudaimonia* gedeutet" (ibid. 119d/366). McDowell schlägt eine andere Interpretation des *ergon* Arguments vor. Die Pointe des Arguments besteht dann nicht darin, „Aristoteles' eigene inhaltliche Auffassung zu begründen, sondern es dürfte darum gehen, dem Leser

Williams' Frage hinaus, wie ohne die Existenz reinen praktischen Schließens angenommen werden könne, dass nicht tugendhafte Personen zu der richtigen Sicht der Dinge gelangen können. Damit ergibt sich folgendes aristotelische Verständnis externer Gründe: „Eine Person hat einen externen Grund für eine bestimmte Handlung" bedeutet, dass die Person nicht durch praktische Überlegungen, sondern durch einen nicht rationalen Prozess wie Erziehung oder Konversion zu der Einsicht gelangen kann, dass sie entsprechend handeln sollte (vgl. McDowell (1995a) 74ff).

Ist diese Interpretation von Aussagen der Form „eine Person hat einen externen Grund für eine bestimmte Handlung" sinnvoll? Hat eine Person, wenn sie keine moralische Erziehung genossen hat und – wie McDowell es ausdrückt – durch das soziale Netz gefallen ist (vgl. McDowell (1995a) 73), einen Grund für eine bestimmte Handlung, wenn sie einen hätte, wäre sie nicht durch das soziale Netz gefallen? Wollen wir sagen, dass jemand, der vielleicht nie die Chance bekommt, angemessen erzogen zu werden, sich so verhalten sollte (was heißt, einen Grund hat, sich so zu verhalten), als wäre er gut aufgewachsen oder umerzogen worden? Ich werde im Folgenden ein Argument Williams' gegen McDowells Konzeption praktischer Gründe darlegen. Meiner Ansicht ist Williams' Argument aber nicht überzeugend. Dennoch weisen einige Kritikpunkte, die er aufwirft, in die richtige Richtung. Sie machen darauf aufmerksam, dass McDowells Konzeption praktischer Gründe gegen die Zugänglichkeitsbedingung verstößt. Ich komme auf diese Kritik im Anschluss an die Auseinandersetzung mit Williams' Argument zurück.

Hilfe zu leisten und die besondere Art von Gründen verständlich zu machen, deren Eingrenzung [...] der Begriff der *eudaimonia* dient" (ibid.). Nach dieser Interpretation ist die Pointe des *ergon* Arguments gerade nicht, auf rationale Argumente zu verweisen, die die nicht tugendhafte Personen „bekehren" können. Vgl. zum *ergon* Argument auch Aristoteles, *Nikomachische Ethik*, Buch 1, 1097b 22 – 1098a 20.

5. Williams' Argument gegen eine aristotelische Konzeption

Gegen McDowell trägt Williams vor, dass die aristotelische Konzeption praktischer Gründe ohne die Annahme, es gäbe reines praktisches Schließen, nicht der Beziehung, die zwischen den beiden folgenden Aussagen besteht, gerecht werden könnte:

(R) Eine Person A hat einen Grund zu φ-en (vgl. Williams (1995b) 187).
(D) Würde A ideal rational überlegen, so wäre sie motiviert zu φ-en (vgl. ibid.).

Diese enge Verbindung, so führt Williams aus, kann nur verständlich gemacht werden, wenn Grundaussagen immer Aussagen über die Person sind, der der Grund zugeschrieben wird.[124] Laut Williams aber interpretiert McDowell (D) in einer Weise, die keine enge Verbindung zu (R) zulässt. Das aristotelische Verständnis von (D) führe daher entweder zu falschen Interpretationen von (R) oder gebe gar keine Auskunft über den Gehalt von (R). Die aristotelische Konzeption sei daher abzulehnen, da der Gehalt aristotelisch interpretierter Grundaussagen entweder falsch oder unklar ist.

Ideal rational überlegen Personen, die über die *phronesis* verfügen und daher in jeder Situation wahrnehmen, welche Handlung die richtige ist. Ideal rational überlegt daher die Person aus dem oben gegebenen Beispiel, die nicht die Erbschaft an der Rentenkasse vorbei führen möchte, um mit der Summe ihre Schulden zu begleichen. Genauer gesagt, überlegt sie ideal rational, wenn ihr noch nicht einmal in den Sinn kommt, die Erbschaft zu verschweigen und zur Begleichung der Schulden zu verwenden. Der Gehalt von Grundaussagen, der sich aus (D) ergibt, wäre falsch, wenn eine nicht ideal rationale Person keinen Grund hätte, die Erbschaft zu melden, sondern sie vielmehr zur

---

[124] Ich habe bereits im 1. Kapitel dafür argumentiert, dass erstens auch antihumesche Konzeptionen diese Bedingung erfüllen können und, dass zweitens Williams' humesche Konzeption nur nach Revision in zentralen Punkten diese Bedingung erfüllt. Entscheidend für ihre Erfüllung ist meiner Ansicht nach, dass der Zugänglichkeitsbedingung Rechnung getragen wird.

Begleichung ihrer Schulden verwenden sollte. Unklar wäre der Gehalt von Grundaussagen, wenn sich daraus, dass eine ideal rationale Person einen Grund hat, die Erbschaft zu melden, nichts darüber entnehmen lässt, ob eine nicht ideal rationale Person einen Grund hat, die Rentenkasse von der Erbschaft in Kenntnis zu setzen. Schauen wir uns das Argument genauer an (vgl. Williams (1995b) 186 – 194).

Im ersten Teil führt Williams vor, wie Aristoteliker (D) interpretieren. Im zweiten Teil argumentiert er dafür, dass dieses Verständnis von (D) dazu führt, dass der Gehalt der Grundaussagen entweder falsch oder unklar ist.

Erster Teil
Williams führt aus, dass (R) seinen Gehalt von (D) bekommt. Humeaner und Aristoteliker verstehen (D) und damit dann auch (R) sehr unterschiedlich, da sie jeweils etwas anderes mit „ideal rational überlegen" meinen. Nach humeschen Ansätzen überlegt eine Person ideal rational, wenn eine Überlegung von einem Wunsch ausgeht, der von keiner falschen Meinung abhängt, in die Überlegung alle relevanten wahren Meinungen und keine falschen Meinungen eingehen und die Folgerungsschritte der Überlegung richtig sind. Anders gesagt, überlegt eine Person ideal rational, wenn sie durch eine triftige Gedankenkette, ausgehend von einem ihrer Wünsche, zu der Konklusion gelangt, sie solle in bestimmter Weise handeln.

Vertretern aristotelischer Konzeptionen zufolge überlegt eine Person ideal rational, wenn sie, wäre sie ein *phronimos*, motiviert wäre, in den Handlungsumständen, in denen sie sich befindet, in bestimmter Weise zu handeln. (D) bekommt seinen Gehalt von der folgenden Aussage:

(C) Wenn A eine ideal rationale Person wäre, wäre A motiviert in diesen Handlungsumständen zu φ-en (vgl. Williams (1995b) 189).

In (C) ist nicht mehr von den Wünschen und Überlegungen der Person A die Rede. Wozu die Person einen Grund hat, richtet sich nach den

Wünschen, die eine ideal rationale Person hätte und nach den Überlegungen, die diese durchführen würde. Daher, so Williams, besagt (C) eigentlich nichts anderes als die folgende Aussage (G) angewendet auf die Person A:

(G) Wenn X eine ideal rationale Person wäre, dann wäre X in diesen Handlungsumständen motiviert zu φ-en (vgl. Williams (1995b) 189).

Und diese Interpretation von (D), so soll nun der zweite Teil des Arguments zeigen, führt dazu, dass der Gehalt aristotelisch interpretierter Grundaussagen entweder falsch oder unklar ist. Nach der aristotelischen Konzeption überlegt eine Person ideal rational, wenn sie wie ein *phronimos* überlegt. Die Konzeption einer ideal rationalen Person wird im Sinne der aristotelischen Konzeption eines *phronimos* verstanden.[125] Ein *phronimos* zeichnet sich aber nicht nur dadurch aus, dass er besonders gut überlegen kann, sondern auch dadurch, dass er tugendhaft ist. Er besitzt also auch besonders ausgezeichnete Charaktereigenschaften. Den zweiten Teil seines Arguments stützt Williams auf diesen Aspekt der aristotelischen Konzeption. Das Argument sieht wie folgt aus:

(Erster Teil)
Wenn sich der Gehalt von
(R) „Eine Person A hat einen Grund zu φ-en"
aus
(C) „Wenn A eine ideal rationale Person wäre, wäre A in diesen Handlungsumständen motiviert zu φ-en"
und sich dieser wiederum aus
(G) „Eine ideal rationale Person (d.i. ein *phronimos*) wäre in diesen Handlungsumständen motiviert zu φ-en"
ergibt, dann folgt:

---

[125] Vgl. beispielsweise Aristoteles, *Nikomachische Ethik*, 1094b 27ff, 1143b 11ff.

(Zweiter Teil)
(1) Wozu A einen Grund in diesen Handlungsumständen hat, ergibt sich daraus, wozu ein *phronimos* in diesen Handlungsumständen Grund hat (vgl. Williams (1995b) 190).
(2) Als erwachsene und vernünftige Person sollte A aber in ihre Überlegungen mit einbeziehen, in welchen relevanten Hinsichten sie gerade kein *phronimos* ist, sich von einem *phronimos* also unterscheidet (vgl. ibid.).
(3) *Phronimos'* Gründe sind nur A's Gründe, wenn A selbst ein *phronimos* ist.
(4) Dann sind es aber interne Gründe.
(5) Wenn A kein *phronimos* ist, dann bestimmen *phronimos'* Gründe nicht, wozu A einen Grund hat (vgl. ibid.).
(6) Also ist (1) falsch.
(7) Der Gehalt von (R) kann sich also nicht über (C) aus (G) ergeben.
(8) Die aristotelische Konzeption praktischer Gründe ist falsch.

Im zweiten Teil des Arguments gegen die aristotelische Konzeption beruft sich Williams vornehmlich auf (2), also darauf, dass eine Person in ihre Überlegungen mit einbeziehen sollte, in welchen relevanten Hinsichten sie gerade kein *phronimos* ist. Dabei sind andere Strategien nahe liegender. Wir könnten einen Vertreter eines aristotelischen Ansatzes fragen, woher die Person wissen kann, zu welchen Handlungen ein *phronimos* in ihren Handlungsumständen motiviert wäre. Und wir könnten fortfahren und ihn fragen, ob die Person, selbst wenn sie wüsste, wozu ein *phronimos* an ihrer Stelle motiviert wäre, nicht das, wozu ein *phronimos* motiviert wäre, schlecht finden könnte. Diese Einwände nennt Williams zwar, er verfolgt sie aber nicht (vgl. Williams (1995b) 189). Ich greife die Einwände in den folgenden Paragraphen wieder auf, da sich mit ihnen zeigen lässt, inwieweit der aristotelische Ansatz gegen die Zugänglichkeit praktischer Gründe verstößt.

Williams verfolgt die Einwände nicht, da er seine Kritik an der aristotelischen Konzeption für fundamentaler hält. Es wäre nicht *rational* von einer Person, so Williams, sich nach den Gründen des *phronimos* zu richten. Das heißt, dass das aristotelische Verständnis von (D) zur *falschen* Interpretation von Grundaussagen (R) führt. *Phronimos'* Gründe können nicht die Gründe einer nicht ideal rationalen Person sein, weil es weder wünschenswert noch vernünftig wäre, wenn eine nicht ideal rationale Person auf Basis dieser Gründe handelte. Sofern die Person überhaupt rational ist, sollte sie in ihre Überlegungen mit einbeziehen, dass – und in welcher Weise – sie sich von einer ideal rationalen Person unterscheidet.

Williams erläutert diese Überlegungen auf folgende Weise (vgl. Williams (1995b) 190): Ein *phronimos* zeichnet sich u.a. dadurch aus, dass er besonnen ist. Wenn ich nun aber von mir weiß, dass ich ein leicht aufbrausender Mensch bin und auch noch dazu neige, schnell die Kontrolle zu verlieren, dann habe ich gute Gründe, bestimmte Handlungen zu unterlassen, die andere besonnene Menschen ohne Risiko tun können. Machen wir uns das an einem etwas konkreteren Beispiel verständlich.[126] Ich habe soeben ein Squashspiel verloren. Die Niederlage war so demütigend, dass ich außer mir bin vor Wut und Frustration. Ich bin erfüllt von dem Wunsch, meinem Gegner mit dem Schläger sein Gesicht zu zerschlagen. Wenn ich eine ideal rationale Person wäre, so dürfen wir hier annehmen, dann hätte ich diesen Wunsch ganz sicher nicht. Mein Wunsch, das Gesicht meines Gegners zu zerschlagen, ist das Produkt meines Ärgers und meiner Frustration. Wenn ich ideal rational wäre, würde ich nicht so außer mir vor Ärger sein und nicht wünschen, meinen Gegner zu schlagen. Wenn ich ideal rational wäre, dann würde ich wünschen, ein fairer Verlierer zu sein und zu meinem Gegner zu gehen, um ihm zum Sieg zu gratulieren.

Nach der aristotelischen Lesart von (R) müssen wir sagen, dass ich, so außer mir vor Ärger wie ich bin, einen Grund habe, zu meinem

---

[126] Das Beispiel stammt ursprünglich von Gary Watson (1975). Smith argumentiert mit Hilfe dieses Beispiels dafür, dass „ideal rational sein" nicht nur bedeutet, triftige Gedankenketten zu haben, sondern zusätzlich, durch keinerlei Emotionen beim praktischen Überlegen behindert zu werden. Vgl. Smith (1995) 111.

Gegner zu gehen, um ihm die Hand zu schütteln. Aber genau das von mir zu fordern, kann nicht vernünftig sein. Es würde mich in Gefahr bringen, etwas wirklich Unbedachtes zu tun, nämlich meinen Gegner zu schlagen. In meinem Zustand habe ich vielmehr Grund, die Zähne zusammenzubeißen, den Gegner nicht zu beschimpfen und schleunigst die Szene zu verlassen, bevor ich endgültig die Kontrolle über mich verliere. Wohl bemerkt ich, die nicht ideal rationale Person, habe Grund zu diesem Verhalten. Ein *phronimos* hingegen hat in so einer Situation Gründe für ganz andere Handlungen. Da sich ein *phronimos* nicht in einem Zustand des maßlosen Ärgers befinden kann, sollte er auch nicht sicherheitshalber, bevor Schlimmeres geschieht, die Szene verlassen. Ein *phronimos* hat Grund, dem Gegner auch nach dieser Niederlage die Hand zu schütteln.

Wie könnte ein Vertreter einer aristotelischen Konzeption auf diesen Einwand reagieren? Lässt sich eine plausible Interpretation von (R) auf der Basis von (C) und (G) finden? Er könnte beispielsweise versuchen, die relevanten Abweichungen vom motivationalen Zustand der Person und ihre charakterlichen Unzulänglichkeiten bei der Grundzuschreibung dadurch zu berücksichtigen, dass sie mit zu den Handlungsumständen gezählt werden (vgl. Williams (1995b) 190). Aber dagegen wendet Williams ein, dass dann der Gehalt von (R) sich nicht aus (C) und (G) ergeben könne und daher der Gehalt von (R) unklar sei. Wird beispielsweise mein maßloser Ärger über die demütigende Niederlage mit zu den Handlungsumständen gezählt, dann kann (G) nicht angewendet werden. Ein *phronimos* wird sich niemals in solchen Handlungsumständen befinden. Ein *phronimos* kann sich nicht in Situationen befinden, in denen er außer sich vor Ärger über ein verlorenes Spiel ist. (C) und (G) könnten dann keinerlei Auskunft darüber geben, wozu jemand, der sich in relevanten Hinsichten von einem *phronimos* unterscheidet, einen Grund hat. Williams sieht nur einen Ausweg für die aristotelische Konzeption. Die Aussage (C) müsse nicht im Sinne von (G) verstanden werden, sondern stärker die tatsächliche Person berücksichtigen. Aber, so fragt sich Williams, wie kann das geschehen, ohne beim Humeanismus zu landen (vgl. Williams (1995b) 190f)?

Entgegen Williams glaube ich aber nicht, dass man zwangsläufig beim Humeanismus landen muss. Ein Vertreter eines aristotelischen Ansatzes könnte doch sagen, wozu eine Person in einer bestimmten Situation einen Grund hat, richte sich nicht danach, wozu der *phronimos* in dieser Situation einen Grund hätte, sondern danach, wozu der *phronimos* der Person in ihrer Situation *raten* würde. Wenn wir den *phronimos* als einen idealen Ratgeber auffassen, dann sind die von Williams genannten Schwierigkeiten ausgeräumt. Ein idealer Ratgeber sollte gerade bei seinem Rat die Unzulänglichkeiten oder, positiv formuliert, die Eigenarten der Person berücksichtigen, der der Ratschlag gilt. Um einen guten Rat zu geben, muss man sich nicht in der Handlungssituation der Person befinden, der man den Rat gibt. Es reicht aus, sich in sie versetzen zu können.[127] (R) würde also seinen Gehalt durch (I) bekommen.

(I) Eine ideal rationale Person würde A in ihrer Handlungssituation raten, zu ϕ-en.

Wenn (D) im Sinne von (I) verstanden wird, dann wird der aristotelische Ansatz auch der Forderung gerecht, dass Grundaussagen immer Aussagen über die Person sind, der der Grund zugeschrieben wird. Daher ist es Williams nicht gelungen, mit seinem Argument die aristotelische Konzeption zu widerlegen.

Im Folgenden werde ich darlegen, dass aber die aristotelische Interpretation von (I) letztlich dazu führt, dass es dieser Konzeption zufolge Gründe geben kann, die unzugänglich sind. Um diese These zu erläutern, ist es notwendig, sich genauer damit zu befassen, wie Vertreter einer aristotelischen Konzeption versuchen, die normative und die motivierende Dimension praktischer Gründe zu erklären.

6. Normativität und motivierende Kraft

Vor dem Hintergrund seiner aristotelischen Konzeption praktischer Gründe behauptet McDowell, dass jeder einen Grund hat, 12-Ton-

---

[127] Vgl. dazu auch Smith (1995) 110 – 112.

Musik zu hören.[128] Wenn McDowell Recht hat, dann habe auch ich einen Grund, 12-Ton-Musik zu hören, obwohl ich diese Art von Musik nicht mag. Ich habe keinerlei Ahnung von Musiktheorie und -geschichte. Mir erscheint 12-Ton-Musik nur unharmonisch und ihren künstlerischen Wert kann ich nicht erkennen. McDowells Begründung dafür, auch so jemandem wie mir einen Grund zuzuschreiben, diese Musik zu hören, ist, dass es wertvoll ist, diese Musik zu hören. Daraus, dass das Hören wertvoll ist, schließt McDowell, dass es auch gut für mich wäre, 12-Ton-Musik zu hören. Damit folgt McDowell aristotelischen Vorstellungen über praktische Gründe. Die normative und die motivierenden Dimension praktischer Gründe erklärt McDowell durch einen Zusammenhang, den es laut aristotelischen Vorstellungen zwischen Handlungen, zu denen eine Person einen Grund hat, und Handlungen, die gut für die Person sind, gibt. Um zu verstehen, warum dieser Zusammenhang allein nicht die normative und die motivierende Dimension praktischer Gründe erklären kann, ist es notwendig, sich noch einmal McDowells Vorstellung praktischer Gründe anzusehen (vgl. Endres (2003b)).

Laut McDowell kann man durch Überlegungen Werte erkennen bzw. wahrnehmen, die unabhängig von der Wahrnehmung und den Interessen von Personen sind.[129] Die Normativität praktischer Gründe erklärt McDowell dadurch, dass Gründe durch Werte konstituiert sind. Dass Gründe eine motivierende Dimension haben, begründet er damit, dass Personen, die ideal vernünftig überlegen, in praktischen Überlegungen erkennen können, dass es gut für sie ist, den Werten entsprechend zu handeln, auf denen die erkannten Gründe basieren. Im Hintergrund steht dabei die aristotelische Annahme, dass ein guter Mensch ein Mensch ist, der sein *ergon* (eigentümliche Leistung, Funktion) gut ausübt.[130]

Gründe, so McDowell, sind nicht relativ zu den motivierenden Einstellungen von Personen, weil sie durch Werte konstituiert sind,

---

[128] Vgl. McDowell (1995a) 78.
[129] Vgl. McDowell (1994) 79, (1995b) 178 und (1995a) 81.
[130] Aristoteles, *Nikomachische Ethik*, Buch I, 1098a 7 – 16. Von Interesse ist in diesem Zusammenhang der gesamte 7. Abschnitt des I. Buches, in dem Aristoteles das *ergon*-Argument darstellt.

die unabhängig von den mentalen Einstellungen von Personen begründet sind. Daher nimmt er an, dass es auch für mich besser wäre, wenn ich 12-Ton-Musik hören würde. Mit diesem aristotelischen Verständnis praktischer Gründe legt sich McDowell darauf fest, dass es vorkommen kann, dass Personen Gründe haben, die ihnen unzugänglich sind. Unzugängliche Gründe aber können nicht zu Handlungen motivieren und können auch keine Handlungen rechtfertigen (vgl. Kap. I, §7).

Mit Hilfe des folgenden Beispiels möchte ich zeigen, dass McDowell aber eigentlich meinen muss, dass nur moralische Gründe externe Gründe sind. Für diese Interpretation McDowells spricht auch seine Annahme, dass moralische Forderungen kategorisch sind. Er muss annehmen, dass sich moralische Gründe gegenüber anderen Gründen auszeichnen und dass das, was sie auszeichnet, rechtfertigt zu sagen, dass jeder zumindest externe Gründe hat, moralisch oder tugendhaft zu handeln. Meiner Ansicht nach nimmt McDowell an, die Zuschreibung externer Gründe lasse sich dadurch rechtfertigen, dass es moralische Werte gibt und moralische Forderungen kategorisch sind.

McDowell hat zur Illustration seiner Konzeption praktischer Gründe ein Beispiel gewählt, in dem es nicht um moralische Gründe geht, sondern darum, welche Musik eine Person hören soll. Die Annahme, dass jeder einen Grund hat, 12-Ton-Musik zu hören, ist aber kontroverser als die Annahme, dass jeder einen Grund hat, seine Versprechen zu halten. Das liegt daran, dass sich moralische Gründe von anderen Handlungsgründen grundlegend zu unterscheiden scheinen. Deutlich wird das in der Begründung dafür, warum jemand etwas Bestimmtes tun soll. Warum soll ich Musik hören? In der Begründung wird im Allgemeinen angeführt, dass das Hören der Musik in irgendeiner Weise in meinem Interesse ist, weil es mir beispielsweise Genuss verschafft, gefällt, oder ich mich dabei entspannen kann. Ist das Hören der Musik aber nicht im Interesse einer Person, findet sie also daran beispielsweise keinerlei Gefallen, so sehe ich keine Möglichkeit, zu begründen, dass die Person einen Grund hat, 12-Ton Musik zu hören. Hingegen ist es für die Begründung dafür, warum eine Person ihre Versprechen halten soll nicht relevant, ob das Halten der Versprechen in ihrem Interesse ist. Warum soll ich meine Versprechen halten? Hier kann die Antwort nur lauten: weil dieses Verhalten das richtige ist (und nicht, weil Versprechen zu halten, mir Genuss verschafft). Welches Verhalten das richtige ist, scheint nicht davon abzuhängen, wie eine Person aufgewachsen ist. Hingegen hängt das, was einer Person Genuss verschafft oder in anderer Weise in ihrem Interesse ist, sehr wohl davon ab, welche Erfahrungen sie bisher gemacht hat. Die Frage ist daher, ob moralische Gründe einen Sonderfall darstellen, der es rechtfertigt, jeder Person, ganz gleich wie sie aufgewachsen ist und erzogen wurde, einen Grund zuzuschreiben, moralisch zu handeln? Anders gefragt: Kann sinnvoll von einer Person gesagt werden, dass sie einen Grund hat moralisch zu handeln, obwohl ihr der Grund nicht zugänglich ist?

7. Sind moralische Gründe ein Sonderfall?

Moralische Gründe können auch laut McDowell nur diejenigen zum Handeln motivieren, die im Besitz der *phronesis* sind. In der Tradition Aristoteles stehend, nimmt McDowell an, dass ausschließlich die *phronimoi* über die *phronesis* verfügen. Das heißt aber, dass nicht tugendhafte Personen es nicht erkennen können, wann eine moralische Handlung gefordert ist.[131] Nicht tugendhafte Personen können weder moralische Gründe erkennen, noch auf der Basis dieser Gründe handeln. Wenn aber moralische Gründe im Leben von nicht tugendhaften Personen keine Rolle spielen, so fragt man sich (und würde auch gerne McDowell fragen), was damit gemeint ist, dass nicht tugendhafte Personen diese Gründe *haben*? Die Antwort ist insbesondere

---

[131] Wallace kritisiert an McDowells Ansatz, dass dieser *esoterisch* sei: Zu welcher Handlung ein Grund besteht, richtet sich ganz nach der Sichtweise der tugendhaften Person (vgl. Wallace (1991) 492 Fn. 46). Meine Kritik betrifft einen verwandten Aspekt: Dass die Gründe nur aus der Sicht der tugendhaften Person erkennbar sind, kritisiere ich nicht deshalb, weil so ein Verständnis praktischer Gründe nur einem elitären oder tugendhaften Kreis einsichtig ist, sondern weil es auch Gründe für Personen sein sollen, denen die Gründe nicht zugänglich sind.

deshalb spannend, weil auch laut McDowell Anhänger von Theorien praktischer Gründe, die nicht tugendhaften Personen keine Gründe zuschreiben würden, einiges zu ihnen sagen könnten. Sie könnten sagen, dass die nicht tugendhaften Personen ungerecht, brutal, egoistisch und unanständig seien, und die nicht tugendhaften Personen sehr viel netter wären, wenn sie andere Motive hätten.[132] Was kann McDowell dem noch hinzufügen? Was besagt es, dass eine nicht tugendhafte Person einen Grund hat, tugendhaft zu sein, das nicht bereits in der Liste aufgeführt ist?

Von McDowell hören wir zweierlei. Zum einen zeige das Motivationsprofil von nicht tugendhaften Personen, dass sie nicht in der *richtigen* Weise aufgewachsen sind.[133] Zum anderen habe ein *phronimos* einen *genuinen* Grund, tugendhaft zu sein.[134] Ein Anhänger einer humeschen Theorie praktischer Gründe könnte die Liste um zwei ähnliche Punkte erweitern: Zum einen zeige das Motivationsprofil, dass die nicht tugendhafte Person *anders* aufgewachsen ist. Zum anderen habe eine tugendhafte Person einen Grund, tugendhaft zu handeln.

In der Antwort McDowells wird eine realistische und objektivistische Position ausgedrückt und in der des Humeaners eine relativistische.[135] Dass man moralischer Realist, Objektivist oder Relativist ist, sagt aber – wie ich hier nur behaupte und im 6. Kapitel (§ 3) genauer ausführen werde – nichts darüber aus, welche Konzeption praktischer Gründe man vertreten wird. Um zu zeigen, dass jeder (also auch nicht tugendhafte Personen) einen Grund hat, moralisch zu sein, bedarf es zusätzlicher Argumente, die McDowell uns schuldig bleibt. Aus seinen realistischen und objektivistischen Annahmen allein ergibt

---

[132] Vgl. McDowell (1995a) 75. McDowell denkt hierbei insbesondere an Anhänger humescher Theorien praktischer Gründe wie beispielsweise Bernard Williams. Siehe auch Williams (1989a) 39.
[133] Vgl. McDowell (1995a) 75.
[134] Vgl. McDowell (1995a) 80f.
[135] Ob mit realistisch und objektivistisch ein Gegensatz zu relativistisch beschrieben wird, möchte ich hier offen lassen, da sich zu viele verschiedene Positionen hinter diesen Begriffen verbergen. Vgl. dazu Williams (1985a) insb. Kapitel 8 und 9.

sich nur, dass jeder erkennen würde, wenn er in der richtigen Weise aufgewachsen wäre, dass moralische Forderungen begründet sind und tugendhafte Handlungen einen Wert haben. Jeder wäre dann im Besitz der *phronesis* und würde erkennen, dass es Gründe für tugendhafte Handlungen gibt. Das bedeutet aber entgegen McDowells Ausführungen, dass nicht jeder diese Gründe hat sondern nur, dass jeder diese Gründe *hätte*, wäre er in der richtigen Weise aufgewachsen.

McDowell – und sicher nicht nur er – würde mir wahrscheinlich entgegnen, dass sich unmittelbar daraus, dass moralische Werte objektiv bestehen, moralische Urteile richtig und falsch sein können, ergibt, dass jeder, ganz gleich ob er oder sie das selber erkennen kann, einen Grund hat, moralisch zu sein.[136] McDowell würde auf der Basis des folgenden Arguments für seine Konzeption praktischer Gründe argumentieren.

(1) In der Handlungssituation H ist es richtig zu ϕ-en. =>
(2) Es gibt in H einen Grund zu ϕ-en. =>
(3) Jeder, der sich in H befindet, hat einen Grund zu ϕ-en.

Laut McDowell kann (2) aus (1) gefolgert werden und ist, richtig verstanden, nur eine elliptische Formulierung von (3). Dafür dass dieses Argument zumindest für moralische Gründe gültig ist, würde McDowell wohl auf die beiden folgenden Annahmen verweisen (vgl. §1):

(a) Moralische Forderungen sind kategorisch.
(b) Es gibt moralische Werte.

Dass moralische Forderungen kategorisch sind, besagt laut McDowell, dass sie begründet sind und es vernünftig ist, sich nach ihnen zu richten, ganz gleich welche eigenen Interessen man hat. McDowell könnte fortfahren, dass ebenso wie Forderungen begründet sein können ganz gleich, ob Personen diese Begründung verstehen können, auch Werte bestehen können, obwohl sie nicht erkannt werden können. Aus der

---

[136] Vgl. McDowell (1994) Kapitel 4, §7; Parfit (1997) 107; und Scanlon (1998) insb. Kapitel 4.

Sicht einer ideal tugendhaften Person sind sowohl die Begründungen verständlich als auch die Werte erkennbar. Ja, soweit könnte ich McDowell noch zustimmen. (Das heißt aber nicht, dass ich seine objektivistischen und realistischen Annahmen tatsächlich teile.) Daraus, dass einige Personen moralische Begründungen nicht verstehen und moralische Werte nicht erkennen können, lässt sich nicht schließen, dass die Begründungen nicht adäquat sind oder es keine moralischen Werte gibt. Ich widerspreche aber McDowell, dass daraus, dass Werte und Begründungen unabhängig davon bestehen oder gültig sein können, ob eine Person sie erkennen und verstehen kann, folgt, dass die Person einen Grund hat, moralisch zu handeln. Daher glaube ich auch nicht, dass (2) eine elliptische Formulierung von (3) ist.

Meiner Ansicht nach verweisen die beiden Annahmen, die McDowell heranziehen würde, in eine andere Richtung. Sie machen nicht auf den Zusammenhang von (2) und (3) aufmerksam, sondern verweisen auf (1). Mit Hilfe dieser Annahmen, nach denen (a) moralische Forderungen kategorisch sind und (b) es moralische Werte gibt, kann dafür argumentiert werden, dass es in einer Handlungssituation richtig ist, in einer bestimmten Weise zu handeln. (Das ist Prämisse (1) des Arguments.) Um die Beziehung zwischen der Richtigkeit einer bestimmten Handlung und dem Haben eines Grundes zu betonen, könnte man Aussagen der Form (2) des Arguments verwenden: Es gibt in Handlungssituation H einen Grund, zu ϕ-en. Richtig verstanden ist (2) aber keine Aussage über Gründe, sondern über die Richtigkeit bestimmter Handlungen. Aber es kann mithilfe der beiden Annahmen nicht für die Konklusion (3), dass jede Person, die sich in H befindet, einen Grund hat, zu ϕ-en, argumentiert werden, da sich diese Annahmen nicht auf bestimmte Personen beziehen.

Man kann sich fragen, worin der Witz einer elliptischen Formulierung von (1), die aussieht wie eine Grundaussage, liegen soll. Neben dem Nachteil, den ich nicht leugne, dass Aussagen der Form (2) leicht mit genuinen Grundaussagen verwechselt werden können, sehe ich zumindest den folgenden Vorteil: Fragen darüber, ob beispielsweise Rechte, Pflichten oder moralische Normen Gründe für Handlungen geben, lassen sich unabhängig von der Frage behandeln, ob die

Einsicht Menschen zu Handlungen motivieren kann, beispielsweise die Einsicht, dass jemand ein Recht auf etwas habe, dass die Pflicht zu etwas bestände oder, dass eine moralische Norm zu bestimmten Handlungen rate. Anders gesagt kann die Frage, ob Rechte, Pflichten usw. Gründe für Handlungen geben können, unabhängig davon diskutiert werden, welche Theorie der Handlungsmotivation man vertreten möchte.

8. Resümee

In diesem Kapitel habe ich McDowells aristotelische Konzeption praktischer Gründe vorgestellt. Laut McDowell sind praktische Überlegungen nicht von Prinzipien geleitet. Vielmehr soll die besondere Sicht der *phronimoi*, die *phronesis*, die praktischen Überlegungen leiten. Ich habe dafür argumentiert, dass diese Vorstellung nicht nur problematisch ist, sondern auch verhindert, Menschen, die nicht über die *phronesis* verfügen, Gründe für tugendhafte Handlungen zuzuschreiben. Da moralische Gründe den nicht tugendhaften Personen unzugänglich sind, gilt nicht, dass jeder zumindest einen externen Grund hat, tugendhaft zu handeln.

Im Unterschied zu Williams' humescher Konzeption, lässt sich McDowells Ansatz nicht in einer Weise modifizieren, die dazu führt, dass er der Zugänglichkeit von Gründen Rechnung tragen kann. Das liegt unter anderem daran, dass McDowell von einer Beziehung zwischen Werten und Gründen ausgeht, die meiner Ansicht nach nicht besteht. Es lässt sich aufgrund bestimmter Annahmen über den ontologischen Status moralischer Werte und über die Objektivität moralischer Urteile auch nicht für eine bestimmte Konzeption praktischer Gründe argumentieren. Ich habe daher dafür plädiert, Fragen nach der Richtigkeit moralischer Urteile oder dem ontologischen Status moralischer Werte strikt von Fragen darüber, zu welchen Handlungen eine Person einen Grund hat, zu trennen.

Im folgenden Kapitel werde ich nun die letzte der zu diskutierenden Theorien vorstellen. Die Auseinandersetzung mit Korsgaards kantischer Konzeption praktischer Gründe geschieht vor dem Hintergrund der Frage, ob sie eine adäquate Interpretation praktischer Gründe sein kann. Insbesondere konzentriere ich mich wiederum darauf, ob es gelingt, der normativen und der motivierenden Dimension von Gründen gerecht zu werden, und ob dieser Ansatz der Zugänglichkeit von Gründen Rechnung trägt.

V. Kapitel: Eine kantische Theorie praktischer Gründe

Nachdem ich eine humesche und eine aristotelische Konzeption praktischer Gründe vorgestellt habe, wende ich mich nun dem dritten bedeutenden Ansatz zu: der kantischen Konzeption praktischer Gründe. Insbesondere die Arbeiten Christine Korsgaards spielen in der Debatte um eine adäquate Theorie praktischer Gründe eine wichtige Rolle. Korsgaard hat eine Vielzahl von Argumenten gegen die von Williams favorisierte humesche Konzeption praktischer Gründe vorgebracht.[137]

Ich beginne meine Ausführungen mit der Darstellung von Korsgaards Versuch der Begründung von Moral. Was Korsgaards Konzeption praktischer Gründe auszeichnet wird deutlich, wenn man sich genauer die Rolle ansieht, die praktische Gründe in Korsgaards Versuch der Begründung von Moral spielen sollen. Für Korsgaards kantische Konzeption ist die folgende Annahme zentral: Personen haben einen freien Willen, der sich selber Gesetze gibt. Neben einigen Unstimmigkeiten, die es meiner Ansicht nach in Korsgaards Ausführungen zur Moralbegründung gibt, stelle ich die Vorzüge und Nachteile ihrer Konzeption praktischer Gründe vor. Problematisch ist zum einen die Willenskonzeption, die Korsgaard vertritt, und zum anderen ihre Annahme, dass unmoralisches Handeln immer irrationales Handeln sei. Mithilfe der Zugänglichkeitsbedingung lässt sich zudem zeigen, dass Korsgaards Annahme, es lasse sich über die Vernünftigkeit moralischer Forderungen dafür argumentieren, dass jeder – sofern er rational sei – einen Grund habe, moralisch zu sein, falsch ist. Warum kein Zusammenhang zwischen der Vernünftigkeit von Forderungen und der Zuschreibung von Gründen besteht, das werde ich darlegen. Dabei wird wiederum deutlich werden, weshalb viele der Argumente, die in der Debatte um eine adäquate Konzeption praktischer Gründe von den Teilnehmern ausgetauscht werden, ihr Ziel verfehlen und

---

[137] Korsgaard (1986b), (1993), (1996b), (1996c) insb. Kapitel 3 und 4, (1997) und (1999).

weder dazu taugen, die eigene Position zu stützen, noch die konkurrierenden zu widerlegen.

1. Korsgaards Konzeption praktischer Gründe

Korsgaard entwickelt einen eigenen Ansatz praktischer Gründe und praktischer Rationalität. Im Unterschied zu einer humeschen Vorstellung des menschlichen Geistes, derzufolge dieser aus zwei Teilen besteht, einem motivierenden und einen kognitiven, nimmt Korsgaard in Anlehnung an Kant an, dass der menschliche Geist neben diesen beiden Teilen einen weiteren aufweist, den sie Willen nennt.[138] Was sie damit genau meint, und wodurch sich ihre Konzeption praktischer Gründe auszeichnet, wird deutlich bei ihrem Versuch, die Normativität moralischen Handelns zu begründen (vgl. Korsgaard (1996c)). Im Rahmen der Begründung von Normativität – und das beinhaltet für Korsgaard die Begründung der Existenz moralischer Forderungen und Verpflichtungen – führt sie aus, was praktische Gründe sind, woher ihre Normativität kommt und warum sie weder personen- noch wunschrelativ sind.

Im Unterschied zu Vertretern einer aristotelischen Konzeption praktischer Gründe geht Korsgaard aber nicht davon aus, dass Werte unabhängig von Personen bestehen. Dennoch glaubt sie an die Verbindlichkeit moralischer Forderungen. Ihre Kernthese besagt, dass aus der Natur des Menschen, genauer gesagt, durch die Reflexivität des menschlichen Geistes, die Existenz von Gründen sowohl notwendig wird als auch folgt (vgl. Korsgaard (1996c) 93). Diese These möchte ich nun genauer betrachten.

Ich werde zunächst kurz Korsgaards Position darstellen. Im Anschluss wende ich mich der mir zentral erscheinenden These ihres Ansatzes zu. Im Anschluß diskutiere ich ausführlich Korsgaards Konzeption des Willens, die im Zusammenhang mit ihrer Konzeption praktischer Gründe zu sehen ist.

---

[138] Besonders detailliert argumentiert Korsgaard für diese Konzeption des Geistes in: Korsgaard (1999).

2. Die Moral ist in menschlichen Handlungen begründet

Korsgaard beginnt ihr Argument mit der Beobachtung, dass der menschliche Geist selbstbewusst ist. Mit „selbstbewusst" meint sie, dass der menschliche Geist im folgenden Sinn *reflexiv* ist: Wenn ich einen bestimmten Wunsch habe, so kann ich von diesem Abstand nehmen und überlegen, ob und gegebenenfalls wie ich angesichts dieses Wunsches handeln soll. Durch die Reflexivität entsteht das Problem der Normativität.[139] Soll ich meine Wünsche befriedigen? Geben sie mir einen Grund zum Handeln? Durch die reflexive Struktur des Geistes wird eine Person ständig vor Entscheidungen gestellt. Um aber entscheiden zu können, was zu tun ist, bedarf es einer Entscheidungshilfe, nämlich praktischer Gründe. Der Begriff des Grundes bezeichnet laut Korsgaard aber nicht bestimmte Eigenschaften von Dingen oder Handlungen, und er nimmt auch nicht Bezug auf Tatsachen, sondern

„[t]he normative word 'reason' refers to a kind of reflective success" (Korsgaard (1996c) 93).

Korsgaard nimmt an, dass wir in der Lage sind, unseren Wünschen entgegen zu handeln, wenn wir durch Überlegungen zu der Ansicht gelangen, dass wir Grund zu einer bestimmten Handlung haben. Wonach aber richtet sich so eine Überlegung? Laut Korsgaard nicht nach Eigenschaften von Dingen oder Handlungen. Ihre verblüffende Antwort lautet vielmehr, dass Personen im Lichte einer Vorstellung ihrer praktischen Identität überlegen (vgl. Korsgaard (1996c) 100 – 102). Eine Person überlegt als Person, die eine bestimmte Identität hat, was sie tun soll. Gründe sollen aus der praktischen Identität einer Person entstehen. Erklärend fügt Korsgaard hinzu, dass aber nur eine Person, die ein (bestimmtes) normatives Verständnis von sich selbst hat,

---

[139] Korsgaard nimmt an, dass die Reflexivität des Geistes nicht nur dazu führt, dass wir von unseren Wünschen Abstand, sondern von allen mentalen Einstellungen, also auch beispielsweise von unseren Überzeugungen, reflexiv Abstand nehmen können. Exemplarisch werde ich aber im Folgenden immer nur eine Sorte mentaler Einstellungen herausgreifen: die Wünsche.

Gründe für Handlungen hat. Aus dem normativen Selbstverständnis heraus, aus der praktischen Identität, ergäben sich Gründe. Eine Person verstehe und achte sich beispielsweise als Angehörige einer bestimmten Religion, einer bestimmten Gemeinschaft, als Ausübende eines bestimmten Berufs usw. Diese praktischen Identitäten gäben ihr Gründe für Handlungen. Eine Ärztin habe Grund, ihre Patienten zu heilen. Ein Vater habe Grund, sich um seine Kinder zu kümmern.

Korsgaard betont, dass die Gründe aber nicht dadurch entstehen, dass eine Person *über* ihre praktische Identität nachdenkt, sondern dadurch entstehen, dass die Person *als* jemand mit einer bestimmten praktischen Identität überlegt, also beispielsweise als Tochter, Geliebte, Ärztin, Professorin oder Bundeskanzlerin. Entständen Gründe dadurch, dass Personen *über* ihre Identität nachdenken, dann müsste sich Korsgaard folgenden Vorwurf von Williams gefallen lassen, den dieser gegen kantische Konzeptionen praktischer Gründe vorbringt: „Diese Konstruktion versieht den Handelnden jedoch mit einem Gedanken zu viel" (Williams (1976) 27d/18). Einen Gedanken zu viel hätte eine Person, die als Grund für einen Besuch bei ihrer kranken Mutter angibt: Meine Mutter ist krank und *es gehört zum Tochtersein dazu, seine kranke Mutter zu pflegen* . Überlegt die Person hingegen als Tochter, was sie tun soll, geht in ihre Überlegungen nicht ein, dass ihr Tochtersein ihr diesen Grund gibt. Dennoch sind ihre Überlegungen davon geprägt, dass sie eine Tochter ist. Sie überlegt ja *als* Tochter. Aus der Normativität der Selbstbilder ergibt sich laut Korsgaard die Normativität von Gründen, sowie das Geboten- und Verbotensein bestimmter Handlungen.

Bevor ich den weiteren Verlauf ihrer Ausführungen darstelle, möchte ich das, was wir bisher erfahren haben, zusammenfassen:

1. Wir sind reflexive Wesen (vgl. Korsgaard (1996c) § 3.2.1).
2. Reflexive Wesen brauchen Gründe für ihre Handlungen, da sie fragen können, ob ihre Handlungen begründet sind (vgl. ibid.).

3. Ohne eine normative Konzeption unserer Identität können wir keine Gründe für Handlungen haben (vgl. Korsgaard (1996c) § 3.4.7).
=>
4. Wir müssen eine normative Konzeption unserer praktischen Identität haben, um handeln zu können (vgl. Korsgaard (1996c) § 3.4.9).
5. Wir handeln (vgl. Korsgaard (1996c) § 3.4.10).
=>
6. Wir haben eine normative Konzeption unserer praktischen Identität und wir haben Gründe (vgl. ibid.).

Eine normative Konzeption unserer Identität zu haben, bedeutet Korsgaard zufolge, dass wir uns selber ein Gesetz geben. Genauer gesagt, nimmt sie an, dass der Wille sich selbst ein Gesetz gibt, indem sich die Person als eine so-und-so Handelnde versteht, und sich mit einer bestimmten Rolle identifiziert. (Was damit gemeint ist, dass sich der Wille ein Gesetz gibt, erläutere ich in diesem Kapitel in den Paragraphen 7 und 8.)

Bis hierhin hat Korsgaard lediglich ausgeführt, dass Personen *irgendeine* praktische Identität annehmen und, dass sich der Wille irgendein Gesetz gibt. Es ist noch nicht dafür argumentiert worden, dass sich der Wille ein *moralisches* Gesetz gibt. Ebenfalls hat sie noch nicht dargelegt, warum sich Personen als moralisch Handelnde begreifen müssen. Die Quintessenz der bisherigen Argumentation lautet: Was wir glauben, das wir tun sollen, richtet sich nach dem eigenen Selbstbild. Bisher ist also vollkommen unbeachtet geblieben, was man sein *soll* und welche praktische Identität man haben soll. Aus dem bisher Gesagten folgt, dass ein brutaler Mensch keinen Grund hat, die Rechte, Gefühle oder körperliche Unversehrtheit anderer zu achten. So eine Konzeption praktischer Gründe ist aber kaum überzeugend und, das macht der Fortgang ihrer Ausführungen deutlich, ist natürlich auch keine, die Korsgaard vertreten möchte.

Im verbleibenden Teil ihres Arguments versucht Korsgaard zu zeigen, dass sich der Wille einer *rationalen* Person das richtige Gesetz gibt und zwar das moralische Gesetz. Da sich rationale Personen das moralische Gesetz geben, haben sie auch eine moralische Identität. Das Argument läuft darauf hinaus, dass es nicht rational ist, sich als brutale Person wertvoll zu finden. Es ist nicht rational, da es der Beurteilung der eigenen Menschlichkeit (*humanity*) als wertvoll widerspricht. Wir müssen aber laut Korsgaard unsere Menschlichkeit wertvoll finden, damit wir als Person existieren und handeln können. Wenn ich mich frage, warum eine bestimmte Handlung für mich normativ bindend sein sollte, und herausbekomme, dass eine Handlung durch meine praktische Identität geboten ist und ich diese praktische Identität akzeptiere, so gibt mir das Grund für die Handlung. Aber, so fährt Korsgaard fort,

„[...] *this* reason for conforming to your particular identities is not a reason that *springs from* one of those particular practical identities. It is a reason that springs from your humanity itself, from your identity simply as *a human being*, a reflective animal who needs reasons to act and live. And so it is a reason you have only if you treat your humanity as a practical, normative, form of identity, that is, if you value yourself as a human being.
But to value yourself just as a human being is to have moral identity, as the Enlightenment understood it. So this puts you in moral territory. Or at least, it does so if valuing humanity in your own person requires valuing it in the persons of others" (Korsgaard (1996c) 121).

Korsgaard nimmt also an, dass das Beurteilen der eigenen Menschlichkeit als wertvoll, hinter allen anderen (kontingenten) praktischen Identitäten steht und selbst nicht kontingent ist. Es sei vielmehr notwendig, um als Person zu existieren (vgl. Korsgaard (1996c) 122). Korsgaard behauptet, dass es zwar kontingent ist, welche Identität man tatsächlich hat, aber nicht, ob man überhaupt eine hat (Korsgaard (1996c) 120 – 121). Wenn eine Person keine praktische Identität hat, so hört sie auf, als Person zu existieren. Sie kann nicht als Person existieren, weil sie Gründe zum Handeln braucht und diese erst durch ihre praktische Identität entstehen.

Korsgaard nimmt an, dass eine Person über die kritische Auseinandersetzung mit ihrer eigenen praktischen Identität und dem Hinterfragen der aus der Identität entspringenden Werte und Verpflichtungen zu der Erkenntnis gelangt, dass es wertvoll ist, irgendeine praktische Identität zu haben, weil Personen einfach eine praktische Identität brauchen. Das Beurteilen der eigenen Menschlichkeit als wertvoll umfasst laut Korsgaard das Beurteilen der Menschlichkeit anderer Personen als wertvoll. Wer seine Menschlichkeit wertschätzt, soll sich damit in gewisser Weise auch mit allen anderen Personen identifizieren (vgl. Korsgaard (1996c) 119). Korsgaard nimmt an, dass eine Person am Ende des Reflexionsprozesses aufhört, nur über sich selbst nachzudenken und in Beziehung mit anderen Personen tritt, indem sie sie in ihre Überlegungen mit einschließt. Das wiederum bedeutet, dass jede praktische Identität, die unverträglich ist mit der moralischen Identität, *reflexiv instabil* ist (vgl. Korsgaard (1996c) 256f). Wer konsequent überlegt, der kommt zu der Erkenntnis, dass er seine eigene Menschlichkeit und damit auch die Menschlichkeit anderer wertvoll finden muss.

Bevor ich diese Ausführungen zu erklären versuche, möchte ich kurz noch angeben, wie die weiteren Schritte im Argument aussehen:

6. Wir haben eine normative Konzeption unserer praktischen Identität und wir haben Gründe (vgl. Korsgaard (1996c) § 3.4.10).
7. Personen sehen sich als wertvoll an (vgl. Korsgaard (1996c) § 3.4.7).
8. Personen beurteilen ihre Menschlichkeit als wertvoll (vgl. ibid.).
9. Personen müssen die Menschlichkeit anderer Personen ebenfalls als wertvoll beurteilen (vgl. Korsgaard (1996c) § 3.5.1).[140]

---

[140] Das „Vorbild" für die Schritte (7) bis (9) im Argument ist eine Überlegung Kants, die Korsgaard an anderer Stelle diskutiert. Vgl. Korsgaard (1986a) und Kant (1785) 426 ff.

10. Personen sind wertvoll (vgl. ibid.).
11. Moralische Verpflichtungen und Forderungen sind etabliert: Sie sind fundiert in der Natur menschlicher Handlungen (*human agency*) (vgl. Korsgaard (1996c) § 3.6.1).[141]

Korsgaard beschreibt in ihrem Argument einen Zusammenhang der zwischen Reflexivität, praktischer Identität, der Beurteilung der Menschlichkeit als wertvoll und praktischen Gründen besteht. Im Folgenden werde ich versuchen, die beschriebenen Zusammenhänge anhand eines Beispiels genauer zu erklären.

Da ich reflexiv bin, kann ich von all meinen Wünschen und Überzeugungen Abstand nehmen. Ich kann mich fragen, warum irgendetwas für mich normativ bindend sein soll. Angenommen, ich soll meine gebrechliche Mutter aus dem Krankenhaus abholen. Warum sollte es für mich normativ bindend sein, das zu tun? Eine mögliche Antwort darauf lautet: Weil es zum Tochtersein dazu gehört, sich um seine Eltern zu kümmern. Wenn ich reflexiv gutheiße (*reflectively endorse*), meine Mutter abzuholen, dann billige ich auch ein generelles Prinzip, das meine Handlung befürwortet (*support*). Das von mir genannte generelle Prinzip, das meine Handlung befürwortet, ist Teil von – oder begründet in – einer Konzeption meiner praktischen Identität, die ich gutheiße. Wenn ich auf so ein generelles Prinzip verweise, zeigt sich darin laut Korsgaard meine praktische Identität: Ich finde mich als Tochter wertvoll. Nun braucht das Hinterfragen nicht an dieser Stelle aufzuhören. Ich kann mich fragen, warum die Anforderungen, die an die Tochterrolle gestellt werden, für mich normativ bindend sein sollen.

Wenn ich Korsgaard richtig verstehe, ändert sich in dieser Reflexionsphase die Art der Begründung dafür, dass etwas normativ bindend ist. War die Begründung in den vorangegangenen Phasen konkret, warum etwas normativ bindend ist (beispielsweise war die Begründung dafür, warum ich meine Mutter abholen sollte, dass ich eine Tochter bin und es zum Tochtersein dazu gehört, sich um seine Mutter

---

[141] Eine ähnliche Rekonstruktion von Korsgaards Argument gibt Cohen (1996) 185.

zu kümmern), so wird die Begründung nun abstrakt. Es gibt laut Korsgaard nicht etwas, was mit meinem Tochtersein verbunden ist und es notwendig macht, dass die Erfüllung der Tochterrolle für mich bindend ist, sondern etwas an meiner *Menschlichkeit* macht dies notwendig. Beim Nachdenken darüber, warum die Anforderungen der Tochterrolle für mich bindend sein sollen, wird mir klar, dass ich mich nicht mit der Tochterrolle identifizieren muss, aber sehr wohl mit irgendeiner Rolle. Ich brauche irgendeine praktische Identität, um Gründe für meine Handlungen zu bekommen.

Setze ich diese abstrakte Überlegung fort, so werde ich laut Korsgaard entdecken, dass ich Gründe brauche, um überhaupt als Person existieren zu können. Ohne Gründe würde ich so etwas wie einen praktischen Selbstmord begehen (vgl. (1996c) 160 – 164). Korsgaard meint damit nicht, dass die Person ihre physische Existenz beendet, sondern dass sie aufhört als Person zu existieren. Daher nimmt sie auch an, dass ich mich, indem ich mich mit einer kontingenten praktischen Identität wie z. B. dem Tochtersein identifiziere, gegen einen praktischen Selbstmord entscheide. In dieser Entscheidung wiederum zeigt sich, dass ich mich mit meinem Personsein identifiziere, oder wie es Korsgaard ausdrückt: Ich beurteile meine eigene Menschlichkeit als wertvoll. Das bedeutet, dass ich mich als Person, die Gründe und damit praktische Identitäten braucht, wertvoll finde. Das Ende so eines Reflexionsprozesses zeigt einem also nur, dass man irgendwelche praktischen Identitäten braucht, aber keine bestimmten. Man muss sich mit irgendetwas identifizieren, mit irgendeiner Rolle, aber mit keiner bestimmten.

3. Kritik an Korsgaards Versuch der Begründung von Moral

Nach dieser knappen Rekonstruktion von Korsgaards Argument wende ich mich nun der zentralen These in Korsgaards Versuch der Moralbegründung zu.[142] Der entscheidende Schritt in ihrem Argument ist meiner Ansicht nach der, von der Beurteilung der eigenen Mensch-

---

[142] Auch an den anderen Schritten in Korsgaards Argument wurde Kritik geübt. Vgl. beispielsweise Cohen (1996) und Raymond Geuss (1996).

lichkeit als wertvoll, hin zur Beurteilung der Menschlichkeit anderer Personen als wertvoll. Diesen Schritt rechtfertigt Korsgaard mit der These, dass Gründe nicht *privat*, sondern *essentiell öffentlich* seien. Was sie damit meint und warum mich diese Öffentlichkeit von Gründen nicht überzeugt, führe ich im folgenden Paragraphen aus.

Ist mein Einwand richtig, dann hat er für Korsgaards Argument die Konsequenz, dass zumindest unbegründet ist, dass das Beurteilen der eigenen Menschlichkeit als wertvoll das Beurteilen der Menschlichkeit anderer als wertvoll umfasst. Wenn es aber für den von Korsgaard angenommene Zusammenhang, zwischen der positiven Beurteilung der eigenen Menschlichkeit und der der Menschlichkeit anderer, keine Argumente gibt, dann hat das, wie ich zeigen werde, folgende fatale Konsequenz für ihr Projekt: Korsgaard kann nicht (zumindest nicht ohne eine weitere Begründung zu geben) an der Konklusion ihres Arguments festhalten, dass *moralische* Verpflichtungen und Forderungen in der Natur menschlicher Handlungen begründet sind. Im Anschluss an meine Kritik werde ich ein alternatives Argument entwickeln, das die argumentative Lücke zwischen der Beurteilung der eigenen Menschlichkeit als wertvoll und der positiven Beurteilung der Menschlichkeit anderer überbrücken kann.

4. Sind Gründe essentiell öffentlich?

Korsgaard argumentiert dafür, dass Gründe öffentlich und nicht privat sind. Ausgedrückt in der Terminologie, die ich in dieser Arbeit verwende, heißt das, dass sie dafür argumentiert, dass Gründe nicht personen- oder wunschrelativ sind. Die Öffentlichkeitsthese ist für Korsgaards Projekt der Begründung von Moral bedeutend, weil eine ihrer Kernthesen auf dieser Annahme basiert. Wer anerkennt, dass er seine eigene Menschlichkeit wertvoll finden muss, muss dieser These zufolge auch anerkennen, dass er die Menschlichkeit anderer wertvoll finden muss. Dass viele diesen Zusammenhang bestreiten, liegt an einem weit verbreiteten, aber laut Korsgaard falschen Bild über Gründe. Danach werden Gründe irrtümlich als privat und nicht als öffentlich angesehen.

Die Öffentlichkeitsthese ist noch aus einem weiteren Grund wichtig in der Debatte um eine adäquate Konzeption praktischer Gründe. Mit ihr bestreitet Korsgaard auch die Richtigkeit humescher Ansätze, nach denen alle Gründe, also auch moralische, relativ zu Motivationsprofilen sein sollen (vgl. Korsgaard (1993) 303, Fn. 6). Gegen die Öffentlichkeitsthese zu argumentieren ist daher zugleich auch ein Versuch, ein Argument gegen internalistische Konzeptionen praktischer Gründe zu entkräften.

Warum meint Korsgaard, dass Gründe öffentlich und nicht privat seien? Ihre Begründung für die Öffentlichkeit von Gründen ist nicht realistisch. Gründe sollen nicht deshalb öffentlich sein, weil sie sich auf eine objektive Eigenschaft von etwas in der Welt beziehen, beispielsweise auf objektive Werte. Vielmehr spreche für die Öffentlichkeit von Gründen, so Korsgaard, dass wir Gründe *austauschen* und mit anderen Personen teilen. Wenn wir beispielsweise miteinander argumentieren oder zu einer Einigung über ein Problem gelangen wollen, dann geben wir (nennen wir) Gründe, die für bestimmte Handlungen sprechen, und versuchen so andere Personen zu überzeugen. Wir geben Gründe an, um unsere Handlungen zu rechtfertigen. Das sei unsere *soziale Natur* (vgl. Korsgaard (1996c) 135).

Die Vorstellung, Gründe seien privat, hängt laut Korsgaard mit der falschen Annahme zusammen, dass Überlegungen privat sind. Überlegungen seien das aber keinesfalls. Das zeige sich schon darin, dass andere Personen meine Überlegungen beeinflussen können, indem sie mir Gründe nennen. Korsgaard stellt sich das so vor: Wenn ich beispielsweise überlege, ob ich zur Geburtstagsfeier meiner Schwester gehen soll und zufällig eine gute Freundin meiner Schwester treffe, die mir sagt, dass meine Schwester sich sehr auf mein Kommen freut, so greift die Freundin meiner Schwester in meine Überlegungen ein. Sie nennt mir einen Grund, weshalb ich zur Feier gehen soll: Meine Schwester freut sich auf mein Kommen. Ich kann laut Korsgaard bei meinen weiteren Überlegungen diesen Grund nicht ignorieren. Wenn ich verstehe, was die Freundin sagt, werde ich in meine Überlegung mit einbeziehen, dass meine Schwester sich auf mein Kommen freut. Das heißt natürlich nicht, dass ich jetzt verpflichtet bin, bei der Geburtstagsfeier zu erscheinen. Es bedeutet aber, führt Korsgaard aus, dass ich nicht so weiter überlegen kann wie vorher, weil ich in meine Überlegungen das, was die Freundin zu mir gesagt hat, mit einbeziehe (vgl. Korsgaard (1996c) 140 – 142).

Was für Argumente hat Korsgaard für die These, dass wir die Meinungen oder Äußerungen anderer mit in unsere Überlegungen einbeziehen müssen? Eine mögliche Erklärung könnte Bezug nehmen auf die Psychologie des Menschen. Korsgaard könnte beispielsweise behaupten, dass wir soziale Wesen sind, die nicht anders können, als die Äußerungen anderer mit in unsere Überlegungen einzubeziehen. Korsgaard schlägt aber einen anderen Weg ein. Über eine Analogie zur Sprache möchte sie ihre These plausibel machen: So wie die Bedeutung von Worten nicht privat sein kann, können auch Gründe nicht privat sein. Korsgaard sieht hier eine Parallele zu Wittgensteins Privatsprachenargument.[143] Um ehrlich zu sein, ich verstehe nicht, inwieweit der Verweis auf das Privatsprachenargument hilfreich sein kann. Wittgenstein wollte doch zeigen, dass die Privatheit von Sprache nicht möglich ist, und dass die Bedeutung eines Begriffs mitteilbar sein muss.[144] Die Privatheit von Gründen besagt aber nicht, dass nicht mitgeteilt werden kann, was einen Grund ausmacht oder worin eine Person einen Grund für eine Handlung sieht, sondern dass Gründe personen- oder wunschrelativ sind. „Privat" bedeutet im Zusammenhang mit Gründen nicht wie im Privatsprachenargument, nicht mitteilbar.

An dieser Stelle zeigt sich meines Erachtens, dass Korsgaard ihrer eigenen Terminologie zum Opfer fällt. Indem sie von Privatheit und Öffentlichkeit spricht, und nicht von Wunsch- oder Personenrelativität und Universalität, legt sie nahe, dass wir es mit einem Unterschied zwischen *esoterischen* und *transparenten* Gründen zu tun hätten. Dabei besagt die These, dass Gründe wunschrelativ sind, weder dass anderen nicht mitgeteilt werden kann, was meine Gründe sind, noch dass andere nicht nachvollziehen können, was meine Gründe

---

[143] Mit Hilfe von Wittgensteins Privatsprachenargument argumentiert Korsgaard an anderer Stelle auch dafür, dass das instrumentelle Prinzip einer normativen Begründung bedürfe (vgl. Korsgaard (1997) 246, Fn. 63).
[144] Vgl. Ludwig Wittgenstein (1984) §§ 243 – 275.

sind bzw. mir nicht zustimmen können, dass das meine Gründe sind. Die These besagt nur, dass das Vorhandensein eines Grundes von der Anwesenheit eines passenden Wunsches abhängt. Diese These kann aber nicht durch den Verweis auf das Privatsprachenargument widerlegt werden.[145] Mich überzeugt daher Korsgaards Annahme nicht, dass Gründe essentiell öffentlich sind. Über eine Analogie zum Privatsprachenargument lässt sich daher auch nicht gegen humesche Konzeptionen praktischer Gründe argumentieren.

Wenn Gründe aber nicht essentiell öffentlich sind, dann besteht in Korsgaards Versuch der Moralbegründung zumindest eine argumentative Lücke zwischen der Beurteilung der eigenen Menschlichkeit als wertvoll und der Beurteilung der Menschlichkeit anderer als wertvoll. Daher kann aus der Notwendigkeit, die eigene Menschlichkeit wertvoll zu finden, nicht geschlossen werden, dass auch die Menschlichkeit anderer wertvoll gefunden werden muss. Raymond Geuss formuliert dies so:

„I may well come to see *my* mere humanity as a source of value for *me*, your mere humanity as a source of value for *you*; how does it follow from that that *your* humanity must be a source of value for *me*?" (Geuss (1996) 197).

Das bedeutet, dass Korsgaards Argument spätestens an der Stelle endet, an der das positive Beurteilen der eigenen Menschlichkeit als notwendig erwiesen wird. Aus dieser Beurteilung folgen die weiteren Schritte nicht, und schon gar nicht die Existenz moralischer Werte oder Verpflichtungen.[146] Mit dem ersten Teil ihres Arguments, sofern er denn schlüssig und überzeugend ist, kann nur die Existenz gewisser praktischer Gründe, aber nicht die moralischer Gründe begründet

---

[145] Auch Nagel macht, wenn auch in einem anderen Zusammenhang, darauf aufmerksam, dass die Personenrelativität von Gründen nicht gegen die Mitteilbarkeit von Gründen spricht: „The Innovation of Wittgenstein doesn't help, because egoism doesn't violate publicity" (Nagel (1996) 208).
[146] Williams weist ebenfalls darauf hin, dass Korsgaard Argumente fehlen, die plausibel machen, dass Personen verpflichtet sind, sich moralisch zu verhalten (vgl. Williams (1996) 216).

werden. Mit dem ersten Teil des Arguments kann unter dem genannten Vorbehalt die Existenz solcher Gründe etabliert werden, die mit der Beurteilung der eigenen Menschlichkeit als wertvoll und den anderen kontingenten praktischen Identitäten einhergehen. Das bedeutet aber, dass Korsgaard mit diesem Teil allenfalls für die Existenz *personenrelativer* Gründe argumentieren kann. Deshalb taugt ihr Argument auch nicht dazu, humesche Theorien praktischer Gründe zu widerlegen.

5. Eine alternative Begründung

Mir ist unverständlich, warum Korsgaard überhaupt versucht, die bestehende Lücke mit Hilfe der Annahme zu überbrücken, dass Gründe essentiell öffentlich sind. Im Rahmen ihrer Ausführungen erscheint ein anderer Schachzug viel nahe liegender. Korsgaard könnte sich fragen, was jeder Einzelne an sich als wertvoll beurteilt, wenn er seine Menschlichkeit wertvoll findet, und ob nicht das, was er wertvoll findet, jeder Person zukommt und daher jede Person als wertvoll zu beurteilen ist.

Die Struktur eines derartigen Arguments sieht wie folgt aus: Angenommen, ich finde eine bestimmte Eigenschaft oder Fähigkeit von mir wertvoll und zwar nicht, weil *ich* diese Eigenschaft oder Fähigkeit habe, sondern weil diese Eigenschaft oder Fähigkeit wertvoll *ist*. Sofern ich rational bin, müsste ich dann diese Eigenschaft oder Fähigkeit wertvoll finden, ganz gleich, welche Person Trägerin dieser Eigenschaft oder Fähigkeit ist, also ganz gleich, ob ich, meine beste Freundin, mein schlimmster Feind oder eine mir vollkommen fremde Person Trägerin dieser Eigenschaft oder Fähigkeit ist. Sofern ich diese Eigenschaft unabhängig davon, wer Träger derselben ist, wertvoll finde, muss ich – sofern ich rational bin – alle Personen, die diese Eigenschaft oder Fähigkeit haben, qua dieser Eigenschaft oder Fähigkeit wertvoll finden. Damit wäre die Lücke in Korsgaards Argument geschlossen.

Ich komme nun zu der Frage, um was für eine Eigenschaft oder Fähigkeit es sich handeln könnte. Was macht die Menschlichkeit einer

Person aus? Erinnern wir uns daran, dass eine Person über die Einsicht, dass sie bestimmte praktische Identitäten braucht, auf einer weiteren Reflexionsstufe zu der Einsicht gelangt, dass sie ihre Menschlichkeit wertvoll findet. Das Beurteilen der Menschlichkeit als wertvoll soll dabei etwas anderes sein als das Gutheißen oder Wertvollfinden einer bestimmten *kontingenten* praktischen Identität. Eher scheint das positive Beurteilen der Menschlichkeit eine Voraussetzung dafür zu sein, dass man bestimmte kontingente praktische Identitäten haben kann. Es scheint eine Voraussetzung dafür zu sein, dass man eine Person ist.

Was aber zeichnet Personen aus? Laut Korsgaard, und darin folgt sie ganz offensichtlich Kant, zeichnen sich Personen durch ihre Fähigkeit zur praktischen Vernunft aus. Deshalb brauchen Personen auch Gründe, um handeln zu können. Es scheint ebenfalls der Fall zu sein, dass beispielsweise meine Fähigkeit zur praktischen Vernunft sich nicht unterscheidet von der Fähigkeit anderer Personen zur praktischen Vernunft. Wenn ich daher meine Fähigkeit zur praktischen Vernunft als wertvoll beurteile und sich nichts an meiner Fähigkeit von der Fähigkeit anderer Personen zur praktischen Vernunft unterscheiden lässt, dann muss ich, sofern ich denn nicht nur diese Fähigkeit wertvoll finde sondern sie auch ausübe, konsequenterweise auch die Fähigkeit anderer Personen zur praktischen Vernunft als wertvoll beurteilen. Also muss ich, sofern ich rational bin, die Menschlichkeit anderer wertvoll finden. Damit wäre die bestehende Lücke in Korsgaards Argument geschlossen.

Wie aber geht das Argument weiter? Lässt sich aus dem Wertvollfinden der Menschlichkeit folgern, dass andere Menschen wertvoll sind (Schritt 10), wenn die Lücke zwischen den Schritten 8 und 9 in der vorgeschlagenen Weise geschlossen wird? Ergibt sich ferner aus Schritt 10 auch, dass moralische Verpflichtungen und Forderungen etabliert sind? Ergibt sich also auch, dass sie fundiert in der Natur menschlicher Handlungen sind (Schritt 11)? Ich habe den Fortlauf des Arguments zur Sprache gebracht, weil meiner Ansicht nach folgendes Problem besteht: Wenn wir das positive Beurteilen der Menschlichkeit als das positive Beurteilen der Fähigkeit zur praktischen Vernunft verstehen, dann folgt aus dem Umstand, dass Menschen wertvoll sind (Schritt 10) eigentlich nur: Da die Fähigkeit zur praktischen Vernunft Menschen zukommt, sind Menschen wertvoll. Das scheint mir die einzig korrekte Lesart von (10) zu sein. Aber wie gelangen wir dann von (10) zu (11)? Was wertvoll an Menschen ist, ist ihre Fähigkeit zur praktischen Vernunft. Das erklärt, warum Korsgaard in (11) auf die Natur menschlicher Handlungen verweist. In Handlungen zeigt sich die Fähigkeit zur praktischen Vernunft. Aber wieso sollten moralische Forderungen oder Verpflichtungen in unserer Fähigkeit zur praktischen Vernunft fundiert sein? Wieso sollten sich überhaupt moralische Forderungen oder Verpflichtungen daraus ergeben, dass an Menschen die Fähigkeit zur praktischen Vernunft wertvoll ist?

Man könnte meinen, dass sich allenfalls eine Verpflichtung ergibt, Menschen in ihrer Fähigkeit zur praktischen Vernunft nicht zu beeinträchtigen. Das heißt konkret, dass man Menschen nicht töten oder sie so verletzen darf, dass sie ihre Fähigkeit zur praktischen Vernunft verlieren könnten. Das hieße dann aber, dass sich nicht ergibt, dass man nicht lügen, betrügen, stehlen, hinterhältig und gehässig sein darf. Der Vorwurf würde dann lauten, dass sich allenfalls eine eingeschränkte Moral aus der Fähigkeit von Menschen zur praktischen Vernunft herleiten lässt, weil sich nur wenige moralische Forderungen auf diese Weise in der Natur menschlicher Handlungen begründen lassen. Erklärend könnte man hinzufügen, dass das daran liegt, dass der „Abstieg" von der hohen Abstraktionsstufe, dem Beurteilen der Fähigkeit zur praktischen Vernunft als wertvoll, zu konkreten Handlungen und konkreten Personen nicht funktioniert. Vom Wertvollfinden der Menschlichkeit anderer gelangt man nicht mehr dahin, dass *Menschen* wertvoll sind. Sondern es bleibt bei der positiven Beurteilung der Fähigkeit zur praktischen Vernunft. Das Wertvolle am Menschen ist diese Fähigkeit. Daher, so ja der Vorwurf, ergibt sich lediglich die Forderung, Personen nicht so zu beeinträchtigen, dass ihre Fähigkeit zur praktischen Vernunft beschädigt oder gefährdet wird.

Doch das ist keine sonderlich befriedigende Moral und ganz sicher keine, die Korsgaard vorschwebt.[147]

Korsgaard könnte diesem Vorwurf aber entgegen halten, dass der kategorische Imperativ der praktischen Vernunft entspringe. Damit könnte sie dem Ergebnis, dass moralische Forderungen und Verpflichtungen bestehen, einen großen Schritt näher kommen. Erreichen kann sie auf diese Weise ihr Ziel aber noch nicht, da sie im Unterschied zu Kant glaubt, dass Personen, für die der kategorische Imperativ bindend ist, nicht automatisch auch dem moralischen Gesetz unterliegen. Korsgaard unterscheidet vielmehr zwischen dem kategorischen Imperativ und dem moralischem Gesetz (vgl. Korsgaard (1996c) 98f). So führt sie aus, dass

„[...] it is true that the argument that shows that we are bound by the categorical imperative does not show that we are bound by the moral law. For that we need another step. The agent must think of *herself* as a Citizen of the Kingdom of Ends" (Korsgaard (1996c) 100).

Unter welchen Voraussetzungen wird eine Person sich als Mitglied des Reichs der Zwecke (*Citizen of the Kingdom of Ends*) verstehen? Korsgaard hat ausgeführt, dass Personen handeln müssen, und dass sie zum Handeln Gründe brauchen. Um sich nach Gründen richten zu können, ist es rational notwendig für Personen, praktische Identitäten zu haben. Die meisten praktischen Identitäten sind allerdings kontingent und nicht rational notwendig. So ist es kontingent, dass ich mich als Tochter verstehe, es ist aber nicht rational notwendig. Rational

---

[147] Michael Bratman weist in seiner Rezension von *The Sources of Normativity* auf eine weitere Schwierigkeit von Korsgaards Argument hin. Selbst wenn aus dem Wertvollfinden der eigenen Menschlichkeit das Wertvollfinden der Menschlichkeit anderer folgt, sagt das noch nichts darüber aus, welchen Stellenwert moralische Gründe anderen Gründen gegenüber haben. Aus Korsgaards Argument folgt nämlich nicht, dass das Wertvollfinden der Menschlichkeit Priorität über das Wertvollfinden anderer kontingenter praktischer Identitäten hat (vgl. Bratman (1998) 704).

notwendig ist aber, dass Personen irgendwelche praktischen Identitäten haben.

Essentiell charakteristisch sei an Personen ihre Effektivität und ihre Autonomie (vgl. Korsgaard (2002) § 3.2.2). Daher müssten sich Personen in ihren Handlungen am hypothetischen und kategorischen Imperativ orientieren. (Wer dem hypothetischen Imperativ folge, der werde in seinen Handlungen effektiv sein, wer dem kategorischen Imperativ folge, der handele autonom.) In Handlungen, die diesen Imperativen folgten, sollen Personen ihre Menschlichkeit zeigen. Anders gesagt, sollen solche Handlungen konstitutiv für das Menschsein sein.

Solange man sich nicht selber als eine Person konstituiere, wird es unmöglich sein, zu handeln (vgl. Korsgaard (2002) § 6.7.2). Zum Konstituieren bedarf es einer praktischen Identität. Entscheidend ist, dass Korsgaard annimmt, dass man nur eine praktische Identität haben könne, wenn man die Menschlichkeit anderer respektiere (vgl. Korsgaard (2002) § 6.7.3). Aus dieser Annahme folgt, dass eine notwendige Bedingung um handeln zu können ist, dass eine Person ihre eigene Menschlichkeit und die Menschlichkeit aller anderen Personen achtet. Die Moralität oder das moralische Gesetz ist daher ein Gebot der Vernunft. Daher nimmt Korsgaard an,

> „that legislating for oneself, and legislating for the Kingdom of Ends, are one and the same thing" (Korsgaard (2002) § 6.7.4).

Zusammenfassend kann festgehalten werden, dass der beschriebene Weg nicht nur eine Minimalmoral begründen kann. Es lassen sich auf diesem Weg nicht nur einige moralische Forderungen begründen. Was an dem Begründungsansatz problematisch ist, das werde ich in den nächsten Paragrafen darlegen.

6. Der Wille rational handelnder Personen

Unabhängig davon wie überzeugend man Korsgaards These findet, dass sich moralische Forderungen in menschlichen Handlungen begründen lassen, steht in der Auseinandersetzung mit verschiedenen Konzeptionen praktischer Gründe noch immer ihre Konzeption zur Debatte. Bezeichnend für die kantische Konzeption ist die Annahme, dass die Leitung zu Handlungen durch Gründe als autonomer Akt verstanden werden müsse. Um die Autonomie des Aktes zu erklären, postuliert Korsgaard eine Entscheidungsinstanz, den Willen.

Wie der Wille seine Entscheidungen trifft und warum diese Entscheidungen als autonom anzusehen sind, das möchte ich im Folgenden genauer herausarbeiten. Dabei wird deutlich werden, dass Korsgaard sich auf eine Konzeption des Willens festlegt, die nicht überzeugend ist, weil sie wichtige Phänomene des menschlichen Handelns nicht erklären kann. So gibt es beispielsweise für Willensschwäche keinen Raum in Korsgaards Konzeption. Bei meinem Versuch Korsgaards Konzeption praktischer Gründe dadurch zu retten, dass ihr eine überzeugendere Vorstellung des Willens zugrunde gelegt wird, zeigt sich dann, dass Korsgaards Konzeption nicht der Zugänglichkeitsbedingung praktischer Gründe gerecht werden kann.

7. Freiwillige Bindung des Willens an selbst gegebene Gesetze

Korsgaard nimmt an, dass Willensentscheidungen selbst gegebenen Gesetzen folgen. Damit meint sie, dass sich der Wille dem kategorischen Imperativ verschreibt. Es ist allerdings nicht ganz klar, was Korsgaard unter einem Gesetz bzw. Gesetzgeben versteht.[148] Zuweilen sagt sie auch, dass Willensentscheidungen *universalisierbar* sein müssen (vgl. Korsgaard (1996c) 228, (1999) § 7). Damit meint sie, dass in jeder zukünftigen vergleichbaren Situation die

---

[148] So spricht sie an einer Stelle sogar davon, dass *jemand*, der meinen Namen ruft, *ein Gesetz für mich ist* . Ich könne meinen Weg nicht einfach fortsetzen.

Entscheidung ebenso ausfallen müsse, es sei denn, es gibt gute *Gründe* für eine andere Entscheidung (vgl. Korsgaard (1999) 24f).[149] Über die Gesetze, die sich der Wille gibt, führt Korsgaard aus, dass diese solange gelten würden, bis sich der Wille durch einen anderen Willensakt von ihnen trennt. Doch auch für diesen Willensakt brauche der Wille Gründe. Daher gäbe sich der Wille auch mit diesem Willensakt wiederum selber ein Gesetz. Dass sich die Willensentscheidungen nach einem Gesetz richten, bedeutet also auch, dass der Wille nicht ohne Grund ein Gesetz außer Kraft setzen kann, wenn beispielsweise die von den Gesetzen gebotenen Handlungen unbequem sind.

Ich behauptet, dass nicht ganz klar sei, was genau Korsgaard mit Gesetz bzw. mit Gesetzgeben meint.[150] Wenn Korsgaard in Anlehnung an Kant von einem Gesetz des Willens spricht, das sich der Wille gibt, dann meint sie damit meines Erachtens folgendes: Der Wille folgt mit seinen Entscheidungen einer universellen Aussage, die angibt, was getan werden soll.[151] Man könnte auch sagen, dass der Wille einem *normativen Prinzip* folge. Beispiele für ein normatives Prinzip sind der kategorische Imperativ, das prudentielle und das instrumentelle Prinzip. Der Wille, so Korsgaard, könne nur auf der Basis von Gründen entscheiden, was getan werden *soll*.[152] Das norma-

---

Wenn ich weiter ginge, dann rebellierte ich gegen den Rufenden (vgl. Korsgaard (1996c) 140).

[149] Nagel hält Korsgaard entgegen, dass Willensentscheidungen keiner Gesetzmäßigkeit folgen würden. Daher folge aus der Reflexivität des praktischen Überlegens auch nur, dass Willensentscheidungen universell seien (vgl. Nagel (1996) 202).

[150] Zuweilen spricht sie nicht nur davon, dass sich der Wille ein Gesetz gibt, sondern dass er sich mit einem Gesetz *identifiziert* (vgl. Korsgaard (1996c) 103f). Die These, dass Wille und Gesetz identisch sind, ist aber wie Geuss ausführt, schon deshalb abzulehnen, weil es sich beim Willen um eine menschliche *Fähigkeit* handelt und überhaupt nicht einsichtig ist, warum oder wie diese ein Gesetz sein soll oder sein kann (vgl. Geuss (1996) 192f).

[151] Vgl. für eine hilfreiche Interpretation der kantischen Redeweise, dass sich der Wille ein Gesetz geben müsse, Alan Wood (1999).

[152] Für diese Interpretation von Gesetz sprechen auch Korsgaard (1997) insb. § 3 und (1996c) insb. 224 – 229. Wallace versteht Korsgaard ebenfalls in dieser Weise. Vgl. Wallace (2001) §1.

tive Prinzip, so wohl Korsgaards Überlegung, gibt ihm Gründe, nach denen der Wille sich in seinen Entscheidungen richten kann. Das heißt, dass die Entscheidungsinstanz, das ist der Wille, durch zwei Eigenschaften charakterisiert ist. Der Wille kann unabhängig, das heißt autonom von Wünschen, Überzeugungen und Gefühlen der Person *entscheiden*, was zu tun ist; und Willensentscheidungen werden immer auf der Basis von Gründen getroffen. Die Willensentscheidungen seien daher immer begründet und in diesem Sinn immer *normativ*.

Warum aber sollte diese zweite Eigenschaft essentiell sein? Zwei Argumente nennt Korsgaard für ihre These. Zum einen ergebe sich das aus der Natur des Willens, aus seiner Autonomie, und zum anderen könnten sonst Personen nicht als Urheber ihrer Handlungen identifiziert werden. Ich werde diese beiden Argumente im Folgenden prüfen. Im Anschluß daran wende ich mich Problemen zu, die sich aus Korsgaards Ansatz ergeben. Wenn der Wille so beschaffen ist, wie Korsgaard ihn sich vorstellt, dann kann die Möglichkeit willensschwacher und absichtlich schlechter Handlungen nicht erklärt werden.

8. Die Natur des Willens

Ein Argument Korsgaards dafür, dass Willensentscheidungen dem kategorischen Imperativ folgen, ist das Kants: Um entscheiden zu können, braucht der Wille Gründe. Da Gründe wiederum von Gesetzen herrühren, braucht der Wille Gesetze. Weil der Wille frei ist, kann er aber nicht an ein Gesetz gebunden sein, das von außen kommt. Also muss der Wille selber das Gesetz entwerfen und muss sich selber ein Gesetz geben. Aus seiner Natur scheint daher nur zu folgen, dass er sich irgendein Gesetz geben muss. Wieso ist dann aber der kategorische Imperativ das Gesetz des Willens?

> „Now consider the content of the categorical imperative, as represented in the Formula of the Universal Law. The categorical imperative merely tells us to choose a law. Its only constraint on our choice is that it has the form of a law. And nothing deter-

mines what the law must be. *All it has to be is a law* . Therefore the categorical imperative is the law of a free will" (Korsgaard (1996c) 98).

Damit möchte Korsgaard sagen, dass der Wille in seinen Entscheidungen nur *frei* sei, wenn er sich nach einem selbst gegebenen Gesetz richtet. Ferner nimmt sie an, dass auch nur solche Handlungen gewollt sein können, die auf freien Willensentscheidungen basieren. Daraus schließt Korsgaard in Anlehnung an Kant (erstaunlicherweise wie ich finde), dass das Gesetz des Willens der kategorische Imperativ ist.

9. Personen sind Urheber ihrer Handlungen

Neben dem kantischen Argument, das sich auf die Natur des Willens beruft, gibt Korsgaard ein weiteres Argument für ihre These, dass sich der Wille ein Gesetz geben müsse (vgl. Korsgaard (1996c) 225 – 233 und (1999) § 7). Wenn der Wille in seinen Entscheidungen nicht einem Gesetz folge, dann wären seine Entscheidungen auch nicht universell. Die Entscheidungen müssten aber universell sein, damit Personen ihre Handlungen als ihre eigenen erkennen könnten (vgl. Korsgaard (1996c) 228f). Daher nimmt Korsgaard an, dass sich Personen Gesetze geben müssen, damit sie sich als handelnde Personen erkennen können. Sie könnten sich nur so als jemand, der entscheidet, was zu tun ist und es dann auch tut, in einer Handlungssituation unterscheiden von einem „Knäuel" aus motivierenden, drängenden, zerrenden oder kausalen Kräften. Mit Korsgaard gesagt kann sich die Person nur als „Urheberin der Handlung identifizieren", wenn sie sich ein Gesetz gibt (vgl. Korsgaard (1999) 14). Das heißt aber, dass Willensentscheidungen nicht partikulär nur auf eine Situation beschränkt sein können, sondern stets universell sind.[153] Um sich als *Handelnde* zu verstehen und nicht einfach als den Ort, an dem Impulse operieren, muss dieses „Knäuel" als *Einheit* aufgefasst werden. Das setze aber

---

[153] Cohen wendet gegen Korsgaards Argumentation ein, dass der Wille sich kein Gesetz geben müsse. Der Wille müsse nur entscheiden können, also Autorität

voraus, so Korsgaard, dass Handlungsentscheidungen Gesetzen folgten. Korsgaards These läuft also darauf hinaus, dass sich der Wille ein Gesetz geben muss, damit sich eine Person als Handelnde erkennen kann, und damit eine Person einen bestimmten Vorgang als *ihre Handlung* identifizieren kann und nicht nur als etwas, was ihr geschieht (vgl. Korsgaard (1999) § 4).

10. Kritik an der Willenskonzeption

Korsgaard argumentiert dafür, dass der Wille, um entscheiden zu können, sich selber ein Gesetz geben muss. Insbesondere meint sie, dass *jede* Willensentscheidung einem Gesetz folgt und daher universalisierbar ist. Wie plausibel ist aber die Annahme, dass nur solche Handlungen gewollt sind, die auf universalisierbaren Willensentscheidungen basieren? Auf diese Behauptung laufen nämlich Korsgaards Überlegungen hinaus. So führt sie in diesem Sinn auch aus:

„[...] if I am to regard *this* act, the one I do now, as the act of my *will*, I must at least make a claim to universality, a claim that the reason for which I act now will be valid on other occasions, or on occasions of this type – *including this one, conceived in a general way*. Again, the form of the act of the will is general. The claim to generality, to universality, is essential to an act's being an act of the will" (Korsgaard (1996c) 231f).

Meiner Ansicht nach führt diese Willenskonzeption aber zum Sokratischen Paradox. Mit dem Sokratischen Paradox wird folgende Konsequenz der platonischen und auch der aristotelischen Handlungslehre bezeichnet: Da Aristoteles und Platon den Willen als das Vermögen, die Handlung zu wählen, die man für gut und richtig hält, identifizieren, können sie die Möglichkeit gewollt schlechter Handlungen nicht

---

haben. Cohen kommt zu diesem Ergebnis, da er annimmt, dass Entscheidungen partikulär sein können (vgl. Cohen (1996) 176).

erklären.154 Wenn beispielsweise eine Person aus Habgier tötet, dann können wir Platon und Aristoteles zufolge nicht sagen, die Person habe willentlich schlecht gehandelt. Wir können nur annehmen, dass das Töten aus Habgier der Person selber nicht schlecht erschien, oder dass sie sich nicht frei zum Töten aus Habgier entschlossen hat.155 In „Self-Constitution in the Ethics of Plato and Kant" verweist Korsgaard selber auf diese paradoxe Konsequenz und behauptet, dass sie nicht gegen ihre Willenskonzeption spräche, sondern vielmehr „eine der tiefsten Einsichten" dieser Konzeption sei (vgl. Korsgaard (1999) 11). Aus Sicht der Überlegenden oder Handelnden gäbe es nicht das Phänomen des schlechten Handelns. Das bedeutet, dass es unmöglich ist, gewollt, das heißt selbstbestimmt, schlecht zu handeln (vgl. Korsgaard (1998) 65). Daher kommt Korsgaard zu der Annahme, dass gewollt schlechte Handlungen, wie auch unlogische Gedanken, *defekt* seien. Erstere seien weniger als Handlungen, letztere weniger als Gedanken (vgl. ibid.).

Dass heteronomes Verhalten keine Handlungen sind, begründet Korsgaard auf zweierlei Weisen. Zum einen seien es keine Handlungen, weil sie *interne Standards* nicht erreichten. Beispiel eines internen Standards ist der kategorische Imperativ (vgl. Korsgaard (1998) 65). Zum anderen seien es keine Handlungen, weil die Person sich nicht zu diesem Verhalten *entschieden* hätte.156 Nur *autonomes* Verhalten könne demnach eine Handlung sein. Autonomes Verhalten sei

---

154 Vgl. Aristoteles, *Nikomachische Ethik*, Buch VI und VII. Platon, *Der Staat*, Buch I (352c).
155 Vgl. Gertrude Elizabeth Margaret Anscombe (1965).
156 Korsgaard könnte hier aber im Sinne Kants eine andere Begründung für ihre These heranziehen: Der Wille kann sich nicht für wissentlich schlechte Handlungen entscheiden, weil er sich sonst gegen seine Freiheit entscheiden würde. Das aber wäre gegen seine Natur. Dagegen führt Paul Guyer an: „Both good and evil actions are free actions, the former expressing the free decision to preserve and promote further opportunities for free action, the latter expressing an equally free decision to destroy or damage further opportunities. On this account, it should be clear that there is no logical puzzle how an evil act can be both free and yet undermine freedom – it's just a matter of one token of freedom affecting other tokens" (Guyer (1998) 35).

aber nur möglich, wenn es durch eine Willensentscheidung hervorgerufen werde, die auf der Basis von Gründen getroffen wurde.

Mich überzeugen Korsgaards Ausführungen aber nicht. Dass es keine gewollt schlechten Handlungen gibt, ist meiner Meinung nach keine tiefe philosophische Einsicht, sondern vielmehr falsch. Da Korsgaards Willenskonzeption zu diesem Ergebnis führt, kann sie nicht überzeugend sein. Welche Annahmen Korsgaards sind für diese Konsequenz verantwortlich?

Schauen wir uns noch einmal Korsgaards Willenskonzeption an. Sie besagt, dass eine Handlung nur dann von mir gewollt sein kann (durch einen freien Willensentschluss hervorgerufen), wenn dieses Wollen universalisierbar ist. Das bedeutet, dass eine Handlung nur dann gewollt sein kann, wenn die Entscheidung zu der Handlung universalisierbar ist. Dass die Entscheidung universalisierbar ist, besagt, dass der Wille in allen zukünftigen vergleichbaren Situationen genauso entscheiden wird. Problematisch an der Konzeption ist der *Universalitätsanspruch*. Dass Willensentscheidungen universalisierbar sind, verhindert eine Lösung des Sokratischen Paradoxes, weil der Universalitätsanspruch keinen Raum lässt für gewollt schlechte Handlungen und, wie ich in im Anschluss zeigen werde, auch keinen für Willensschwäche.

11. Nicht jede Willensentscheidung ist normativ

Wenn jede Willensentscheidung einem Gesetz folgt, dann basiert jede Willensentscheidung auf Gründen und ist in diesem Sinn normativ. Wenn aber jede Willensentscheidung normativ ist, dann lässt sich weder das Phänomen der Willensschwäche erklären, noch verständlich machen, warum Personen nicht immer *sub specie boni* handeln.[157]

Ich beginne damit, warum laut Korsgaard jede Handlung zumindest *sub specie boni* ist. Wenn Universalität von Willensentscheidungen ein *interner Standard* von Handlungen ist, dann gilt

---

[157] Velleman (1992) argumentiert ebenfalls dafür, dass Personen nicht immer *sub specie boni* handeln.

„[...] even the most venal and shoddy agent must try to perform a good action, for the simple reason that *there is no other way to try to perform an action* . Performing a good action and performing an action are not different activities. [...] Obviously, it doesn't follow that every action is a good action. It does, however, follow that performing bad actions is not a different activity from performing good ones. *It is the same activity, badly done*" (Korsgaard (1999) 15f; Herv. KE).

Mir erscheint es aber unplausibel zu sein, dass jede Willensentscheidung normativ ist, also jede Willensentscheidung auf *Gründen* basiert. Personen können nicht nur *sub specie mali*[158] handeln, ohne Gründe für diese Handlung zu haben, sondern sie tun es zuweilen sogar. So sind einige Handlungen gerade deshalb *sub specie mali*, weil Personen wider ihnen bekannter guter Gründe handeln. Zumindest an einer Stelle räumt Korsgaard auch ein, dass Personen mit einem ausgezeichneten Charakter zuweilen wissentlich das Falsche tun (vgl. Korsgaard (1996c) 103). Wie aber kann sie dieses Phänomen erklären, ohne ihre These aufgeben zu müssen, dass *jede* Willensentscheidung einem Gesetz folgt? Hören wir ihre Erklärung:

„[...] you can stop being yourself for a bit and still get back home [...]. You may know that if you always did this sort of thing your identity would disintegrate, [...] but you also know that you can do it just this once without any such result. [...] The agent I am talking about now violates the law that she is to herself, making an exception of the moment or the case, which she knows she can get away with" (Korsgaard (1996c) 102f).

Mit dieser Erklärung widerspricht Korsgaard aber ihrer eigenen Willens- bzw. Handlungskonzeption. Wenn etwas nur eine Handlung sein

---

[158] Ich spreche davon, dass Personen *sub specie mali* handeln, um umständliche Formulierungen zu vermeiden. Ich meine mit *sub specie mali* das Gegenteil von *sub specie boni*. Eine Person handelt *sub specie mali*, wenn sie sich für eine Handlung entscheidet (und diese auch ausführt), die sie selber für schlecht hält.

kann, wenn sie durch eine autonome Willensentscheidung verursacht wird und autonome Entscheidungen des Willens immer einem Gesetz folgen, dann folgt daraus, dass es die von Korsgaard beschriebenen Ausnahmen nicht geben kann. Der Wille kann sich nicht *entscheiden*, in *diesem einen Fall* gegen das selbstgegebene Gesetz zu handeln. Er kann sich nicht entscheiden, da jede Entscheidung laut Korsgaard universalisierbar ist. Das heißt, dass es keine Entscheidung geben kann, in diesem Fall ausnahmsweise anders zu handeln. Damit wir es überhaupt mit einer „Korsgaardschen" Willensentscheidung zu tun haben können, müsste die Entscheidung folgenden Gehalt haben: In diesem Fall *und in allen Fällen*, die diesem ähnlich sind, wird ein selbstgegebenes Gesetz außer Kraft gesetzt (wird gegen das Gesetz verstoßen). Meines Erachtens ist das die einzige Form wissentlich schlechten Handelns, die im Rahmen von Korsgaards Willens- und Handlungskonzeption möglich ist. Das heißt, Korsgaard kann nicht erklären, warum eine Person *ausnahmsweise* wissentlich schlecht handelt, sondern allenfalls, warum eine Person regelmäßig in bestimmten Situationen wissentlich schlecht handelt.

12. Die Möglichkeit von Willensschwäche ist nicht erklärbar

Für das Phänomen der Willensschwäche lässt meiner Ansicht nach Korsgaards Willenskonzeption ebenfalls kein Raum.[159] Als Willensschwäche bezeichnet man unter anderem Phänomene der folgenden Art: Obwohl eine Person eine Handlung nicht für wertvoll hält, entscheidet sie sich für sie. Obwohl eine Person eine Handlung für die wertvollste hält, entscheidet sie sich nicht für sie. Diese Entscheidungen sind *nicht* normativ, das heißt, sie werden gerade nicht auf der Basis von Gründen getroffen. Die Person entscheidet sich nicht auf der Basis irgendwelcher Gründe gegen eine Handlung, die sie für geboten hält. Diese Entscheidungen gegen eine Handlung, beinhalten aber nicht, dass sich die Person von nun an *immer* in vergleichbaren

---

[159] Vgl. für eine ausführliche Diskussion dieses Punktes Wallace (2001) insb. § 1.

Situationen für Handlungen entgegen ihren Wertvorstellungen entscheidet.

Legen wir dieses Verständnis von Willensschwäche zugrunde, so beschreiben wir damit etwas, was es laut Korsgaard nicht geben kann. Wenn mein Willensentschluss nicht universalisierbar ist, dann ist das, was ich tue, *keine Handlung*. Es ist keine Handlung, weil ich mich nicht zu diesem Verhalten *entschieden* habe. Vielmehr hat ein Trieb oder ein starker Wunsch mein Verhalten *verursacht*. Korsgaards Beschreibung der Situation widerspricht aber der Art, wie ich selber mein willensschwaches Verhalten wahrnehme. Es erscheint mir nicht so, als würde ich zu ihm getrieben werden. Mir erscheint es so, als ob ich auch anders hätte handeln können. Wenn ich beispielsweise arbeiten soll und dennoch im Bett liegen bleibe, und meinen Krimi weiter lese, so ist das eine freie Entscheidung, die ich getroffen habe. Ich habe mich gegen das Arbeiten entschieden, obwohl ich weiß, dass ich arbeiten soll. Ich habe mir aber nicht ein Gesetz gegeben, nicht zu arbeiten oder nicht zu arbeiten, wenn ich arbeiten soll, aber zu faul bin oder etwas Spannendes zu lesen habe. Vielmehr bin ich einfach willensschwach. Daher habe ich den Krimi nicht aus der Hand gelegt und mich nicht an den Schreibtisch gesetzt. Aber ich hätte mich auch gegen das Lesen und für die Arbeit entscheiden können. Es ist nicht so, dass Faulheit mich lähmt oder ich in einer Weise vom Krimi gefesselt bin, die es mir unmöglich macht, ihn beiseite zu legen. Ich habe einfach nur meinem Bedürfnis nachgegeben, obwohl ich weiß, dass ich eigentlich arbeiten soll.[160]

Da sich das Phänomen der Willensschwäche nicht sinnvoll im Rahmen von Korsgaards Willens- und Handlungskonzeption verstehen lässt, ist diese abzulehnen. Genauer gesagt ist abzulehnen, dass Willensentscheidungen essentiell normativ sind, also immer einem Gesetz folgen und immer begründet sind. Ohne den Universalitätsanspruch lässt sich auch das oben genannte Sokratische Paradox lösen: Wenn wir unter dem Willen das Vermögen verstehen, Handlungsintentionen entsprechend unseren Vorstellungen darüber, welche

---

[160] Ich bin also keine pathologische, sondern nur eine leidenschaftliche Leserin von Kriminalromanen.

Handlung gut und richtig wäre, zu bilden, dann meint Willensschwäche, dass dieses Vermögen gestört ist. Obwohl also die Vorstellung darüber besteht, dass eine bestimmte Handlung gut und richtig wäre, bleibt die passende Handlungsintention aus.

Wenn die These zurückgewiesen wird, dass alle Willensentscheidungen normativ sind, dann können auch *sub specie mali* Handlungen genuine und nicht nur defekte Handlungen sein. Gewollt schlechte Handlungen lassen sich dann auf folgende Weise erklären: Obwohl die Vorstellung besteht, dass eine bestimmte Handlung weder gut noch richtig wäre, wird die Intention zu der Handlung gebildet. Michael Stocker (1997) gibt Beispiele von *sub specie mali* Handlungen. Er verweist auf Personen, die sich in bestimmten Gemütsverfassungen oder Stimmungen befinden. Dabei denkt er nicht vornehmlich an pathologische Fälle, sondern an Personen, die z. B. traurig, wütend, verletzt, übermütig oder ehrgeizig sind. Aus diesen Stimmungen heraus erscheinen ihnen Handlungen attraktiv, die sie selber für schlecht halten, beispielsweise Gegenstände zu zerstören, Personen zu kränken oder um des eigenen Erfolges willen, eine andere Person zu verraten. Seine These läuft darauf hinaus, dass es nicht nur verständlich ist, dass Personen, die sich in solchen Stimmungen befinden, von schlechten Dingen angezogen werden, sondern dass auch nichts gegen die Annahme spricht, sie könnten sich *frei* für eine dieser schlechten Handlungen *entscheiden* (vgl. Stocker (1997) 748f).[161]

Nach allem komme ich daher zu dem Ergebnis, dass Korsgaard ihre Konzeption des Willens dahingehend modifizieren sollte, dass der Wille auf der Basis von Gründen entscheiden kann, aber nicht entscheiden muss. Die Person kann sich auch dafür entscheiden, im Angesicht guter Gründe etwas zu tun, was ihr selber schlecht und unbegründet erscheint. Daher ist nicht jede Willensentscheidung begründet.

---

[161] Eine alternative Auffassung entwickelt Gary Watson. Er unterscheidet zum einen zwischen *freien* und *intentionalen* Handlungen und zum anderen zwischen Wünschen (*wanting*) und Bewerten (*valuing*). Dass eine Person *sub specie mali* handeln kann, erklärt Watson auf der Basis der eingeführten Unterscheidungen. Vgl. Watson (1975) und (1987).

Aber selbst wenn wir die Konzeption des Willens in dieser Weise modifizieren, besteht für die kantische Konzeption praktischer Gründe immer noch das folgende Problem. Dieser Konzeption zufolge sind unmoralische Handlungen immer irrationale Handlungen. Damit verstößt diese Konzeption praktischer Gründe, wie ich in den folgenden Paragraphen zeigen werde, gegen die Zugänglichkeitsbedingung praktischer Gründe.

13. Korsgaards Konzeption und die Zugänglichkeitsbedingung

Vertreter einer kantischen Konzeption praktischer Gründe nehmen im Allgemeinen an, dass jede Person, sofern sie rational ist, in der Lage ist zu sehen, dass sie Gründe hat, sich moralisch zu verhalten.[162] Die Vernünftigkeit moralischer Normen, die Richtigkeit moralischer Handlungen können von jeder Person, sofern sie rational ist, erkannt werden. Daher hat jede rationale Person einen Grund, moralisch zu handeln. Wenn eine Person, die unmoralisch handelt, nicht sieht, dass sie einen Grund hat, moralisch zu handeln, dann ist sie irrational. Die Unfähigkeit, die Richtigkeit moralischer Handlungen oder die Vernünftigkeit moralischer Normen zu sehen, ist diesen Ansätzen zufolge *immer* auf Irrationalität zurückzuführen. Im vorangegangenen Kapitel habe ich dargelegt, warum der Rekurs auf die Objektivität moralischer Werte nicht dazu taugt, dafür zu argumentieren, dass jeder einen Grund hat, moralisch zu sein (vgl. 4. Kapitel § 7). Vergleichbares lässt sich auch gegen die kantische Annahme anführen. Aus der Vernünftigkeit einer Norm kann nicht darauf geschlossen werden, dass jeder einen Grund hat, dieser Norm zu folgen. Die Erklärung, eine Person sei irrational, wenn sie nicht sehen könne, dass ihr Verhalten verkehrt ist, ist nicht immer angebracht (vgl. auch 1. Kapitel §§ 5 und 6). Es gibt Fälle, so werde ich gleich vorführen, in denen diese Erklärung nicht funktioniert und der Irrationalitätsvorwurf unangebracht ist. In diesen Fällen gibt es keinen rationalen Weg, keine Überlegung, die

---

[162] Anders hingegen Scanlon, der zwischen rational sein und Grund haben unterscheidet (vgl. Scanlon (1998) 22 – 30). Die Ausführungen in diesem

eine Person zu der Konklusion führen kann, dass eine Handlung moralisch gefordert oder richtig ist. Genau in diesen Fällen sind moralische Gründe unzugänglich.

Angenommen Mr. Tallboy ist in einer Sekte aufgewachsen. In dieser Sekte gilt es als besonders ehrenwert, sich durch Betrug Vorteile zu verschaffen. Mr. Tallboy ist so aufgewachsen, dass seine ganzen Erfahrungen und alle Meinungen, die er erworben hat, dafür sprechen, dass Betrügen etwas moralisch Gutes ist. Die Menschen, mit denen Mr. Tallboy Kontakt hat, vertreten dieses Weltbild, loben ihn für Betrügereien und tadeln ihn, wenn er Gelegenheiten zum Betrug nicht nutzt. Es ist vollkommen rational, dass Mr. Tallboy glaubt, Betrügen sei gut. Dass Betrügen schlecht ist, dass es Gründe gibt, nicht zu betrügen, ist Mr. Tallboy nicht zugänglich. Mr. Tallboy hat laut der Zugänglichkeitsbedingung keinen Grund, nicht zu betrügen.

Meine Erklärung dafür lautet: Eine Bedingung, um so eine Überlegung, die zu dem Schluss führt „eine bestimmte Handlung ist gut" oder „ich sollte in bestimmter Weise handeln" überhaupt durchführen zu können, ist, dass die Person über die passenden moralischen *Begriffe* verfügt. Wenn ihr solche Begriffe fehlen, dann kann die Person nicht in dieser Weise überlegen, weil sie nicht die notwendigen Meinungen bilden kann. Dass Mr. Tallboy z. B. nicht sehen kann, dass etwas gegen Betrügen spricht, ist nicht auf Irrationalität, sondern auf das Fehlen eines Begriffs zurückzuführen. Dieser „Defekt" kann mit der Weise, in der Mr. Tallboy aufgewachsen ist, erklärt werden. Durch das Aufwachsen in der Sekte fehlen ihm bestimmte Begriffe.

Wenn ich sage, dass einer Person bestimmte Begriffe fehlen, dann meine ich damit nicht vornehmlich, dass sie z. B. das Wort „Betrügen" nicht kennt. Mr. Tallboy kennt das Wort sehr wohl. Ich meine damit, dass die Person die Bedeutung nicht im vollem Umfang verstanden hat. Mr. Tallboy weiß vielleicht, dass „betrügen" bedeutet, eine Person vorsätzlich und zum eigenen Vorteil zu täuschen, aber er weiß nicht, dass es schlecht ist zu betrügen. Dass eine Person die Bedeutung eines Begriffes erfassen kann, zeigt sich nicht nur darin, dass

---

Paragraphen richten sich daher nur gegen Anhänger einer kantischen Konzeption, die nicht unterscheiden zwischen Grund haben und rational sein.

sie den Begriff korrekt anwenden kann. Vielmehr gehört dazu auch, dass seine *wertende Komponente*, sofern er denn eine hat, erfasst werden kann. Mr. Tallboy kann das nicht. Er glaubt, Betrügen sei etwas Ehrenwertes und nicht etwas Unmoralisches.

Dass einige Begriffe nicht nur beschreiben, sondern auch bewerten, lässt sich anhand des Begriffs der Keuschheit illustrieren.[163] Keuschheit hatte vor nicht allzu langer Zeit einen positiven moralischen Wert. Keusch zu sein, war moralisch wertvoll. Heute jedoch ist dieser Begriff, zumindest in der westlichen Kultur, moralisch neutral oder sogar negativ konnotiert. Wenn wir heute zu einer Frau sagen, sie solle keusch sein, so wird sie keine Gründe für ein entsprechendes Verhalten sehen. Versetzen wir uns aber in die Zeit, in der Keuschheit noch mit einem moralischen Wert belegt war, so gibt es Gründe, keusch zu sein; es ist moralisch geboten.

Um über einen Begriff zu verfügen, muss man auch die wertende Komponente des Begriffs erfassen können, und die Art des Aufwachsens kann das verhindern. Aber es ist nicht der Fehler einer Person, dass sie nicht in der richtigen Weise aufgewachsen ist, dass ihr die richtigen Erfahrungen fehlen und sie nicht die passenden Begriffe erworben hat. Sie kann weder dafür zur Verantwortung gezogen werden, noch können wir ihr einen Fehler in ihren Überlegungen vorwerfen. Aus diesem Grund können wir nicht einfach aus der Unfähigkeit einer Person zu sehen, dass etwas für ihr Handeln spricht, schließen, dass sie irrational ist. Aber nur in solchen Fällen, in denen die Unfähigkeit, die richtigen Meinungen zu bilden, auf Irrationalität zurückgeführt werden kann, ist der Irrationalitätsvorwurf berechtigt. Nur in solchen Fällen erscheint es gerechtfertigt, der Person einen Grund für eine bestimmte Handlung zuzuschreiben, obwohl die Person selbst nicht sieht, dass etwas für ihr Handeln spricht.

Kantische Externalisten können diesen Punkt leicht in ihren Ansatz integrieren. Nicht die Vernünftigkeit einer Norm allein oder die Richtigkeit einer Handlung allein, gibt jeder Person einen Grund, moralisch zu handeln. Aus der Richtigkeit einer Handlung allein folgt nicht, dass jede Person, sofern sie rational ist, einen Grund hat, sie

---

[163] Vgl. auch Williams (1985a) Kapitel 7 – 9.

auszuführen. Es folgt einfach nicht, weil es rationale Personen geben kann, die durch ein Fehlen passender moralischer Begriffe die Richtigkeit moralischer Handlungen oder Normen nicht zugänglich ist. Wichtig ist, dass diese Modifikation nicht die Kernthese kantischer Ansätze berührt, nach der allein das Erkennen der Vernünftigkeit moralischer Normen oder der Richtigkeit moralischer Handlungen motivieren kann, moralisch zu handeln.

14. Resümee

In diesem Kapitel habe ich Korsgaards kantische Konzeption praktischer Gründe vorgestellt. Korsgaard entwickelt diese Konzeption im Rahmen ihres Versuchs, die Moral in der Natur menschlicher Handlungen zu begründen. Entsprechend zeichnet sich ihr Ansatz praktischer Gründe unter anderem durch eine besondere Konzeption praktischer Rationalität aus. Die Rationalität einer Person erklärt Korsgaard dadurch, dass die Person sich in einem autonomen Akt auf der Basis von Gründen für eine Handlung entscheidet. Jede Willensentscheidung stellt sich Korsgaard normativ vor. Im Zentrum meiner Kritik an Korsgaards Willenskonzeption stand ihre These, dass jede Willensentscheidung universalisierbar ist und einem Gesetz folgt. Meiner Ansicht nach kann diese Konzeption nicht überzeugen, da die Möglichkeit bestimmter Phänomene menschlichen Handelns nicht erklärt werden kann, wenn alle Willensentscheidungen universalisierbar sind und einem Gesetz folgen. Weder sind nach dieser Konzeption willensschwache, noch *sub specie mali* Handlungen möglich. Daher ist diese Willenskonzeption abzulehnen.

Aber selbst wenn Korsgaard eine adäquatere Vorstellung vom Willen vertreten würde, so kann ihre Konzeption praktischer Gründe nicht überzeugen. Das liegt daran, so habe ich ausgeführt, dass der Vorwurf an Personen, die nicht sehen können, dass es etwas gibt, das für eine Handlung spricht, sie seien irrational, nicht immer berechtigt ist. Er ist dann nicht berechtigt, wenn der Person unzugänglich ist, dass etwas, nämlich der Grund, für eine bestimmte Handlung spricht.

Im verbleibenden letzten Kapitel werde ich darlegen, wie die drei Theorien praktischer Gründe vor der Annahme, dass Gründe immer motivierend, normativ und zugänglich sind, zu bewerten sind. Dabei werde ich insbesondere herausarbeiten, warum bestimmte Argumente, die in der Debatte um eine adäquate Theorie praktischer Gründe von Vertretern kantischer, aristotelischer und humescher Konzeptionen praktischer Gründe vorgetragen werden, nicht dazu taugen, für eine bestimmte Auffassung praktischer Gründe zu argumentieren.

VI. Schlusskapitel: Zugänglichkeit als subjektive Bedingung von Grundaussagen

Die Auseinandersetzung mit den drei Theorien praktischer Gründe hat gezeigt, dass sich aristotelische Ansatz, den McDowell vertritt, nicht in einer Weise modifizieren lässt, die der Zugänglichkeitsbedingung Rechnung trägt. Daher ist er abzulehnen. Hingegen lässt sich eine humesche Konzeption praktischer Gründe wie sie Williams propagiert, so verändern, dass sich Zugänglichkeit als notwendige Bedingung integrieren lässt. Wird Williams' Ansatz dahingehend modifiziert, dass bei Eingriffen in die praktischen Überlegungen einer Person einem epistemischen Zugänglichkeitsinternalismus Rechnung getragen wird, dann kann eine gewisse Normativität praktischer Gründe sicher gestellt werden, ohne damit darauf festgelegt zu sein, einigen Personen Gründe zuzuschreiben, die unzugänglich sind.

Weil sich die Zugänglichkeitsbedingung auch im Rahmen eines kantischen Ansatzes, wie er beispielsweise von Korsgaard favorisiert wird, vertreten lässt, können auch Kantianer sagen, dass Aussagen der Form „eine Person hat einen Grund für eine bestimmte Handlung", Aussagen insbesondere über die Person, genauer formuliert, über die Gründe der Person sind. Kantianer sind nicht auf die These festgelegt, dass diese Aussagen die Person nur ins Spiel bringen, indem sie sie mit einer vollkommen generellen normativen Aussage in Verbindung setzen. Sie sind vielmehr auf Folgendes festgelegt: Generelle normative Urteile haben nur für eine Person Gültigkeit (treffen nur auf die Person zu), wenn der Person die normativen Urteil zugänglich sind. Das heißt, sie sind nur gültig, wenn die Person die Richtigkeit oder Vernünftigkeit der normativen Urteile sehen oder erfassen kann. Nicht nur Humeaner können also Williams' Forderung erfüllen, dass Aussagen über die Gründe einer Person charakteristische Aussagen über die Person sein müssen. Kantianer können das ebenfalls. Daher ist die Ansicht über Gründe, auf die sich Humeaner zum Stützen ihrer

Konzeption berufen für die Debatte über eine adäquate Konzeption praktischer Gründe nicht relevant.[164]

1. Subjektive und objektive Bedingungen

Um zu verstehen, warum Humeaner meinen, die Ansicht, der zufolge Grundaussagen immer Aussagen über eine bestimmte Person sind, spreche gegen kantische und aristotelische und für humesche Konzeptionen praktischer Gründe, muss verstanden werden, wodurch diese Ansicht motiviert ist. Dabei wird zum einen deutlich werden, dass diese Meinung über Gründe für die Zugänglichkeitsbedingung spricht, und zum anderen, dass das, was humesche Konzeptionen von den beiden anderen trennt, nichts mit der genannten Ansicht zu tun hat. Viele der in der Literatur vorgebrachten Argumente, die sich auf eben diese Ansicht berufen, verfehlen daher ihr Ziel und tragen nicht zur Entscheidung zwischen den drei Theorien praktischer Gründe bei.

Darauf, dass Grundaussagen immer Aussagen über eine bestimmte Person sind, wird im Allgemeinen dann hingewiesen, wenn es zu klären gilt, ob eine Person einen Grund hat, moralisch zu sein. Kantianer verweisen auf moralische Normen, Pflichten oder Rechte und Aristoteliker auf moralische Werte. Beide beantworten die Frage positiv. Humeaner bemühen die besagte Intuition und führen aus, dass nur eine Person, die einen Wunsch hat, dem durch ein moralisches Verhalten gedient werden kann, einen Grund hat, moralisch zu sein. Dass Anti-Humeaner und Humeaner hier Argumente vortragen, die in keiner engeren Beziehung zueinander zu stehen scheinen, lässt sich verstehen, wenn zwischen objektiven und subjektiven Bedingungen von Grundaussagen differenziert wird. Mit objektiven Bedingungen sind in diesem Zusammenhang Tatsachen, normative Regeln, moralische Gesetze, moralische Werte, Wahrheiten oder Fakten gemeint. Subjektive Bedingungen hingegen geben Kriterien an, die relativ zu einer Person sind, etwa ihr Geschmack, ihre Interessen, ihre Pläne

---

[164] Vgl. auch Robert Audi (1997) 154f.

oder aber ihr Wissen oder Bildungsstand.[165] Anti-Humeaner weisen dieser Interpretation zufolge auf objektive Bedingungen von Grundaussagen hin. Humeaner betonen, dass Grundaussagen subjektive Bedingungen haben.

Warum sieht es zumindest *prima facie* so aus, als ließe sich mithilfe der Intuition die Debatte zwischen Humeanern und Anti-Humeanern entscheiden? Kennzeichnend für humesche Konzeptionen von Handlungsgründen ist, dass sich die Zuschreibung von Gründen an den Wünschen von Personen orientiert. Wünsche sind mentale Einstellungen von Personen und geben eine subjektive Bedingung an. Daher können sich Humeaner auch auf die oben genannte Intuition berufen, dass Grundaussagen immer Aussagen über eine bestimmte Person sind. Kennzeichnend für anti-humesche Ansätze hingegen ist, dass nicht Wünsche, sondern normative Regeln oder der moralische Wert einer Handlung Gründe für Handlungen geben. Normative Regeln und moralische Werte einer Handlung sind keine subjektiven, sondern objektive Bedingungen. Daher meinen auch Vertreter humescher Konzeptionen praktischer Gründe, dass anti-humesche Konzeptionen der genannten Ansicht über Gründe nicht gerecht werden können.

Meiner Ansicht nach ist dieser Schluss aber voreilig. Vertreter humescher Konzeptionen übersehen dabei zwei wichtige Überlegungen. Auch wenn der Disput zwischen Humeanern und Anti-Humeanern so beschrieben werden kann, dass sie darüber streiten, ob Gründe objektive oder subjektive Bedingungen haben, so ist diese Darstellung irreführend. Darüber hinaus wird übersehen, dass nicht notwendigerweise nur Humeaner der genannten Ansicht über Gründe Rechnung tragen können, da es auch denkbar ist, dass Grundaussagen sowohl objektive als auch subjektive Bedingungen haben.

Die Darstellung des Disputs ist irreführend, weil sie verschleiert, dass es in der praktischen Debatte um die Frage geht, welche Formen

---

[165] Vgl. zur Diskussion über subjektive und objektive Bedingungen von Grundaussagen beispielsweise Scanlon (1998) 41 – 49, 370, 372 und Smith (1994) 164 – 174. Raz folgt ebenfalls dieser Differenzierung, wenn er zwischen persönlichen (*personal*) und unpersönlichen (*impersonal*) Gründen unterscheidet. Vgl. Raz (1986) Kapitel 12.

praktischer Überlegungen es gibt. Kantianer behaupten, dass es reines praktisches Schließen gibt. Das heißt, dass die Einsicht in die Vernünftigkeit einer Regel, Norm oder Handlung *allein* Handlungsmotivation generieren kann. Humeaner nehmen an, dass nur von Wünschen die Motivation zu Handlungen gewonnen werden kann. So verstanden, streiten sich die Vertreter beider Positionen nicht darüber, ob Gründe objektive oder subjektive Bedingungen haben. Dass sowohl humesche als auch kantische Konzeptionen praktischer Gründe der oben genannten Ansicht gerecht werden können, lässt sich mithilfe der Zugänglichkeitsbedingung zeigen. Die Zugänglichkeitsbedingung besagt: Eine Person hat einen Grund für eine bestimmte Handlung, nur wenn der Person zugänglich ist, dass etwas, nämlich der Grund, für diese Handlung spricht. Sowohl Humeaner als auch Kantianer können diese Bedingung akzeptieren.[166] Charakteristisch für die jeweilige Position ist nicht ob Gründe zugänglich sein müssen oder nicht, sondern welche Art mentaler Zustand oder andere Entität zugänglich sein muss.

Es lässt sich daher eine humesche und eine kantische Variante der Zugänglichkeitsbedingung formulieren. Nach der kantischen Variante hat eine Person einen Grund für eine bestimmte Handlung nur, wenn ihr die Richtigkeit oder Vernünftigkeit einer Regel oder Norm zugänglich ist, die für diese Handlung spricht. Nach der humeschen Variante hat eine Person einen Grund für eine bestimmte Handlung nur, wenn ihr die Konklusion zugänglich ist, dass diese Handlung einem ihrer Wünsche dienen würde.

Nach der zweiten Überlegung können sich nicht nur Humeaner auf die besagte Ansicht über Gründe berufen, nach der Grundaussagen immer Aussagen über eine bestimmte Person sind. Dass sich auch eine kantische Variante der Zugänglichkeitsbedingung formulieren lässt, weist zum einen darauf hin, dass Kantianer nicht auf die Annahme festgelegt sind, Grundaussagen hätten nur objektive Bedingungen, und zum anderen, dass verschiedene subjektive Bedingungen denkbar sind. Subjektive Bedingungen werden nicht notwendigerweise von

---

[166] Warum Aristoteliker das nicht können, habe ich im 4. Kapitel (§§ 6 – 7) gezeigt.

gegebenen oder hypothetischen Motivationsprofilen bestimmt. Sie können sich ebenso gut aus Überzeugungsprofilen, der emotionalen Beschaffenheit von Personen, ihren Fähigkeiten zu überlegen oder aber aus der individuellen Lebensgeschichte, praktischen Identitäten oder Eigenarten von Personen ergeben.

Die humesche Annahme, dass Motivationsprofile die subjektiven Bedingungen konstituieren, ist daher willkürlich bzw. bedarf einer Begründung. Die von Humeanern vorgetragene Erklärung, dass sonst nicht der motivierenden Dimension von Gründen Rechnung getragen werden kann ist dabei in zweierlei Hinsicht unbefriedigend. Zum einen übersieht diese Erklärung, dass andere individuelle Eigenschaften von Personen ebenso gut als subjektive Bedingungen dienen könnten. Zum anderen sind bisher keine Argumente vorgebracht worden, die andere Konzeptionen von Handlungsmotivation nicht ebenso plausibel erscheinen lassen wie das humesche Modell.

Die Frage, ob Gründe subjektive Bedingungen haben und wenn ja, welche das sein könnten, lässt sich meiner Ansicht nach nicht ausschließlich mithilfe von Vorstellungen über Handlungsmotivation klären. Ich behaupte natürlich nicht, dass die Frage, wodurch und wie Handlungsmotivation generiert werden kann, vollkommen irrelevant für Konzeptionen praktischer Gründe ist. Das kann sie nicht sein, denn eine Dimension praktischer Gründe ist ja motivierend zu sein. In diesem Sinn habe ich für die Zugänglichkeitsbedingung unter anderem auch angeführt, dass sie der motivierenden Dimension von Gründen Rechnung trägt. Aber ich habe hinzugefügt, dass ebenfalls der normativen Dimension von Gründen nur Genüge getan wird, wenn Gründe notwendigerweise zugänglich sind. Die Frage nach den subjektiven Bedingungen von Gründen berührt meiner Ansicht nach beide Dimensionen von Gründen. Daher lässt sie sich auch nicht beantworten, wenn einzig untersucht wird, welche Konzeptionen von Handlungsmotivation adäquat sind.

Ich habe ausgeführt, dass die Ansicht über Gründe darauf hinweist, dass zumindest eine subjektive Bedingung erfüllt sein muss, um einer Person einen Grund zuschreiben zu können. Der Grund muss der Person zugänglich sein. Betonen möchte ich, dass die Zugänglichkeitsbedingung nichts darüber aussagt, ob es noch weitere subjektive Bedingungen gibt. Ebenfalls erfahren wir durch sie nicht, ob es objektive Bedingungen gibt und wenn ja, welche das sein könnten. Daher trifft die Zugänglichkeitsbedingung auch keine Entscheidung darüber, ob Tatsachen, Fakten, Wünsche, Propositionen oder Überzeugungen Gründe sind oder konstituieren. Aus eben diesem Grund lässt sich die Zugänglichkeitsbedingung sowohl im Rahmen humescher als auch kantischer Konzeptionen praktischer Gründe vertreten.

2. Die Zugänglichkeitsbedingung und prominente Beispiele

Die Zugänglichkeitsbedingung zeigt (und erklärt warum) viele der wohlbekannten Beispiele, die Humeaner gegenüber Anti-Humeanern (und *vice versa*) anführen, um gegen die konkurrierende Auffassung praktischer Gründe zu argumentieren, ihr Ziel verfehlen. Diese Beispiele handeln von Personen, die ein von der Allgemeinheit abweichendes Wertesystem haben, irrational, engstirnig, gefühlskalt oder emotional aufgewühlt sind.[167] Humeanern zufolge haben Personen, die nicht sehen können, dass es Gründe für bestimmte Handlungen gibt, weil diese Handlungen nicht zur Erfüllung einer ihrer Wünsche beitragen, keine Gründe, entsprechend zu handeln. Im Gegensatz dazu nehmen Vertreter der anti-humeschen Konzeptionen praktischer Gründe an, dass diese Personen nichtsdestotrotz Gründe für diese Handlungen haben. Ich glaube aber nicht, dass diese Beispiele für oder gegen eine humesche (bzw. anti-humesche) Position sprechen. Die Beispiele weisen vielmehr auf die Relevanz der Zugänglichkeitsbedingung hin. Aus der Vielzahl der zur Verfügung stehenden Beispiele wähle ich das Folgende von Bernard Williams, um diese Behauptung zu belegen (vgl. Williams (1989a) 39).

Laurence ist ausgesprochen unfreundlich zu seiner Frau. Wir sagen ihm, dass er einen Grund hat, netter zu seiner Frau zu sein. Er aber widerspricht uns. Wir versuchen alle erdenklichen Strategien, um ihn zu überzeugen, dass er sich anders verhalten sollte, aber wir

---

[167] Vgl. beispielsweise Williams (1989a) 39; Scanlon (1998) 366ff.; McDowell (1995a) 73f; und Millgram (1996) 197 – 220.

scheitern. Es gibt nichts in Laurences Motivationsprofil, das ihm einen Grund geben könnte, netter zu seiner Frau zu sein. Dennoch können wir laut Williams zu Laurence eine ganze Reihe unerfreulicher Dinge sagen: Dass er unangenehm, rücksichtslos, selbstsüchtig, brutal und noch viel unvorteilhaftes mehr ist. Vertreter anti-humescher Konzeptionen praktischer Gründe möchten darüber hinaus noch sagen, das Laurence einen Grund hat, netter zu seiner Frau zu sein. Williams' Erklärung dafür, warum Laurence keinen Grund hat, netter zu seiner Frau zu sein lautet, dass das, was dafür spricht, seine Frau besser zu behandeln, Laurence nicht zu einer Verhaltensänderung motivieren kann. Laut Williams ist dafür das Fehlen eines passenden Wunsches verantwortlich. Laurence hat keinen Wunsch, zu dessen Erfüllung eine Verhaltensänderung beitragen könnte.

Scanlon hat darauf hingewiesen, dass die Erklärung Laurence keinen Grund zuzuschreiben, *weil* ihm ein passender Wunsch fehle, *ad hoc* sei.[168] Nehmen wir an, dass Laurence einen Zwillingsbruder, Jim, hat. Jim behandelt seine Frau ebenfalls unfreundlich. Im Unterschied zu Laurence wünscht sich Jim aber ein besseres Verhältnis zu seiner Frau. Nicht das Fehlen eines passenden Wunsches sondern Unsensibilität verhindert, dass Jim sieht, dass etwas dafür spricht, sein Verhalten zu ändern.

Vertreter humescher Konzeptionen nehmen an, dass Laurence keinen Grund hat, sein Verhalten zu ändern, Jim aber sehr wohl. Humeaner schreiben Jim daher einen Grund zu, netter zu seiner Frau zu sein, obwohl auch Jim weder sehen kann, dass etwas dafür spricht, sein Verhalten zu ändern, noch jemals motiviert sein wird, sein Verhalten zu ändern. Ich stimme Scanlon zu, dass allein mithilfe der humeschen Annahme, der zufolge die Anwesenheit eines passenden Wunsches eine notwendige Bedingung für die Zuschreibung eines Grundes ist, nicht verständlich gemacht werden kann, dass Laurence (im Unterschied zu Jim) keinen Grund hat, sein Verhalten zu ändern. Allgemein gesagt, kann allein mithilfe der genannten humeschen Annahme nicht dafür argumentiert werden, dass eine bestimmte Person

---

[168] Vgl. Scanlon (1998) 369f. Das folgende Beispiel ist eine Modifikation eines Beispiels von Scanlon. Siehe auch in dieser Arbeit das 2. Kapitel, § 12.

keinen Grund für eine bestimmte Handlung hat, wenn die Person nicht sehen kann, dass irgendetwas für ihr Handeln spricht. Im Unterschied zu Scanlon plädiere ich aber nicht dafür, deshalb auch Personen wie Laurence, einen Grund für eine Verhaltensänderung zuzuschreiben. Vielmehr trete ich dafür ein, auch Personen wie Jim *keinen* Grund für eine Verhaltensänderung zuzuschreiben, da sie ebenfalls nicht sehen können, dass es einen Grund für eine Verhaltensänderung gibt.

Humesche Argumente, die betonen, dass die Anwesenheit eines passenden Wunsch ausschlaggebend für die Zuschreibung von Gründen sei, sind meiner Ansicht nach nicht relevant für die These, dass eine Person keinen Grund für eine Handlung hat, wenn sie nicht sehen kann, das es etwas gibt, das für diese Handlung spricht. Die Differenzen zwischen Humeanern und Anti-Humeanern lassen sich nicht mit Hilfe des genannten (oder eines ähnlichen) Beispiels klären, weil es in dem Streit nicht darum geht, ob Personen Gründe für Handlungen zugeschrieben werden können, wenn sie nicht sehen können, dass etwas für diese Handlungen spricht. Wie ich bereits sagte, streiten Humeaner und Anti-Humeaner über verschiedene Ansätze praktischer Überlegungen. Diese verschiedenen Konzeptionen praktischer Überlegungen lassen es offen, ob wir Personen Gründe zuschreiben sollen, wenn die Personen diese nicht sehen können.

Gegen die Zugänglichkeitsbedingung könnte eingewandt werden, dass sie anderen Intuitionen über Gründe zuwiderläuft. Um diesen Einwand zu verstehen, greife ich noch einmal auf das Beispiel von Williams zurück. Wir können über Laurence und, was wichtiger ist, *zu* ihm eine ganze Reihe unfreundlicher und unvorteilhafter Dinge sagen, dass Laurence z. B. unangenehm, rücksichtslos, hart, sexistisch, hässlich, selbstsüchtig und brutal ist. Hier endet Williams' Geschichte. Wie aber könnte sie weitergehen? Ich sehe zwei Möglichkeiten. Erstens, Laurence stimmt uns zu, wenn wir sagen, dass sein Verhalten brutal und verletzend ist. Er belässt es aber nicht bei seiner Zustimmung, sondern fährt fort, dass ihn diese negativen Bewertungen nicht scheren. Er versteht nicht, warum diese negativen Bewertungen einen Grund darstellen sollen, netter zu seiner Frau zu sein. Er kann nicht sehen, dass die Brutalität seines Verhaltens für eine Verhaltensänderung spricht. Zweitens, Laurence selbst bewertet sein Verhalten ganz anders. Er würde uns nicht zustimmen, wenn wir sein Verhalten als brutal beschreiben würden. Vielmehr würde er laut protestieren.

Über beide Möglichkeiten kann Folgendes gesagt werden: Wenn weder Nachdenken oder Erklären, noch die Aufforderung, sich in die Lage seiner Frau zu versetzen, Laurence verständlich machen können, dass entweder die Brutalität seines Verhaltens für eine Verhaltensänderung spricht, oder aber sein Verhalten brutal ist, dann sind wir an einem Punkt angelangt sind, an dem wir unseren Versuch abbrechen werden, ihm deutlich zu machen, dass er einen Grund hat, sein Verhalten zu ändern. Laurence kann entweder nicht sehen, dass die Brutalität seines Verhaltens ihm einen Grund gibt, sein Verhalten zu ändern. Oder er kann nicht sehen, dass sein Verhalten brutal ist, was zur Folge hat, dass er nicht sehen kann, dass es einen Grund gibt, sein Verhalten zu ändern.

Ich weiß, dass Vertreter unterschiedlichster Konzeptionen von Gründen über Laurence in beiden Fällen sagen wollen, dass er einen Grund hat, sein Verhalten zu ändern. Ganz gleich, ob Laurences Unfähigkeit seine Gründe zu sehen, auf der Unfähigkeit, sein Verhalten richtig zu beurteilen, oder auf der Unfähigkeit, zu beurteilen, was für eine Verhaltensänderung spricht, beruht, soll diesen Philosophen zufolge, Laurence einen Grund haben, netter zu seiner Frau zu sein.[169] Die Zugänglichkeitsbedingung aber verbietet diese Bewertung der Situation, da ihr zufolge eine Person keinen Grund zu handeln hat, wenn sie nicht sehen kann, dass etwas für ihr Handeln spricht. Weil Laurence nicht sehen kann, dass etwas dafür spricht, netter zu seiner Frau zu sein, hat er keinen Grund, netter zu ihr zu sein. Vertreter verschiedener Konzeptionen praktischer Gründe sträuben sich aber dagegen, einer Person *keinen* Grund für eine Handlung zuzuschreiben, wenn sie diesen nicht sehen kann, weil sie von einer Verbindung zwischen Werten einerseits und praktischen Gründen andererseits ausgehen.

---

[169] Vgl. beispielsweise McDowell (1995a) 75ff; Scanlon (1998) „Appendix. Williams on Internal and External Reasons"; und Millgram (1996) 207ff.

3. Moralischer Realismus und Theorien praktischer Gründe

In der Debatte um eine adäquate Theorie praktischer Gründe wird von den Kontrahenten oft der Eindruck erweckt, dass die Frage, welche Theorie praktischer Gründe man vertritt, eine Vorentscheidung darüber ist, ob bestimmte Handlungen moralisch geboten sind, bestimmte moralische Normen bestehen und es moralische Forderungen gibt. Dass dieser Zusammenhang angenommen wird, zeigt sich insbesondere dann, wenn auf die Behauptung hin, dass ein egoistischer Mensch keinen Grund hätte, einer Person zu helfen, die in Not ist erwidert wird, dass es aber moralisch geboten sei, zu helfen, oder dass es falsch sei, nicht zu helfen. Es wird ein enger Zusammenhang zwischen Normen, Geboten und Verboten, moralischen Werten einerseits und Handlungsgründen andererseits suggeriert.

Würde dieser Zusammenhang bestehen, dann wäre in der Tat die Frage, wie moralische Werte zu interpretieren sind, eine Vorentscheidung für bestimmte Theorien praktischer Gründe. Wenn es Werte gibt, Werte objektiv bestehen und sich Gründe unmittelbar aus Werten ergeben, dann wären damit Konzeptionen praktischer Gründe abzulehnen, die sich bei der Zuschreibung von Gründen an subjektiven Eigenschaften von Personen, wie beispielsweise deren Interessen, Wünschen oder Bedürfnissen, orientieren. Jede Person, ganz gleich welche individuellen Eigenarten sie hat, hätte dann zumindest Gründe, sich moralisch zu verhalten und entsprechend den objektiv bestehenden moralischen Werten zu handeln.

Wie ich im Folgenden darlegen werde, besteht dieser Zusammenhang zwischen Gründen und Werten aber nicht. Daher verfehlt auch ein großer Teil der Argumente, die die Kontrahenten in der Debatte austauschen, ihr Ziel.[170] Mit Argumenten, die dazu taugen, für (bzw. gegen) eine realistische Auffassung moralischer Werte zu argumentieren, lässt sich gerade nicht für (bzw. gegen) eine bestimmte

---

[170] Nicht einschlägig sind meiner Ansicht nach daher auch die meisten Beispiele, die von den Kontrahenten in der Debatte über Konzeptionen praktischer Gründe für den eigenen Ansatz und gegen andere angeführt werden. Siehe beispielsweise Williams (1989a) 39; Scanlon (1998) 366ff; McDowell (1995a) 73f; und Millgram (1996) 197 – 220.

Konzeption praktischer Gründe argumentieren. Dass in den letzten Jahren nur wenige Fortschritte bei der Ausarbeitung einer überzeugenden Theorie praktischer Gründe gemacht wurden, rührt meiner Ansicht nach zum Teil auch daher, dass viele der ausgetauschten Argumente an den zentralen Punkten vorbeigehen.

Es zeigt sich, dass diese enge Beziehung zwischen Werten und Gründen nicht vorliegt, wenn man sich ansieht, zu welchen unhaltbaren oder wenig überzeugenden Konsequenzen die These führt, dass jede Person, also auch nicht tugendhafte, Gründe für bestimmte Handlungen haben, weil diese Handlungen moralisch geboten sind. Man würde sich damit auf eine Konzeption praktischer Gründe festlegen, die keine der drei notwendigen Eigenschaften praktischer Gründe Rechnung tragen würde. Wie ich bereits am Beispiel von McDowells Konzeption praktischer Gründe ausgeführt habe, würde sich aus dem Zusammenhang zwischen Werten und Gründen zumindest ergeben, dass einige Gründe unzugänglich sind, und sie damit auch nicht zu Handlungen motivieren und diese rechtfertigen können (vgl. Kapitel 4). Aber selbst wenn Zugänglichkeit keine notwendige Eigenschaft von Gründen sein sollte, lässt sich zeigen, dass Argumente, die dazu taugen, den ontologischen Status moralischer Werte zu bestimmen, ungeeignet sind für die Entscheidung, welcher Theorie praktischer Gründe zu folgen ist.

Praktische Gründe zeichnen sich zumindest dadurch aus, dass sie normativ und motivierend sind. Eine Theorie praktischer Gründe kann nur adäquat sein, wenn sie diese beiden Eigenschaften praktischer Gründe erklären kann. Daher muss eine Theorie praktischer Gründe auch darlegen, wie die Motivation zu Handlungen entstehen kann. Anders gesagt, eine Theorie praktischer Gründe wird immer auch eine Theorie über Handlungsmotivation sein und nicht nur eine Theorie darüber, was normativ ist. Antworten auf die Fragen, welche moralischen Werte es gibt, was sie konstituiert und welchen ontologischen Status Werte haben, beeinflussen allenfalls Vorstellungen über die Normativität von Gründen. Diese Antworten geben aber keine Auskunft darüber, wie oder wodurch Handlungsmotivation generiert werden kann. Das ist der Grund warum Argumente, die auf die Bestimmung des ontologischen Status' moralischer Werte abzielen, nur einschlägig sein können, wenn es um die Normativität moralischer Gründe geht. Mit ihrer Hilfe kann für eine bestimmte Auffassung von Normativität von Gründen argumentiert werden.

Zum Verständnis der motivierenden Dimension von Gründen sind andere Überlegungen und Argumente gefordert. Es sind Ausführungen über Handlungsmotivation gefragt und keine Ausführungen zur Ontologie von Werten. Was bringt Personen zum Handeln? Was oder wodurch wird Handlungsmotivation generiert? Dass die Beantwortung dieser Fragen bedeutend für die Ausarbeitung einer Theorie praktischer Gründe ist, zeigt sich darin, dass zwischen Vertretern verschiedener Theorien praktischer Gründe immer wieder thematisiert wird, welche Formen praktischer Überlegungen es gibt. So nehmen Humeaner an, dass alle Überlegungen bei einem Wunsch beginnen und daher mehr oder weniger den Regeln der Zweckrationalität folgen. Kantianer hingegen behaupten entweder, dass die rein kognitive Einsicht, dass etwas moralisch geboten sei, zu Handlungen motivieren könne oder aber, dass wir eine willentliche Kontrolle über die Bildung unserer Handlungsmotivation hätten. Welche dieser Positionen ein adäquates Bild über die Generierung von Handlungsmotivation gibt, lässt sich nicht mithilfe von Argumenten beurteilen, die für oder gegen einen bestimmten ontologischen Status moralischer Werte sprechen.

Ich fasse noch einmal zusammen. Die Frage nach dem ontologischen Status moralischer Werte ist keine Vorentscheidung für eine bestimmte Theorie praktischer Gründe. Wer zeigt, dass eine Person in einer bestimmten Handlungssituation keinen Grund für eine bestimmte Handlung hat, sagt damit noch nichts darüber aus, ob die Handlung in der Situation richtig, falsch, moralisch ge- oder verboten ist. Für die Auseinandersetzung darüber, ob es moralische Werte und Pflichten gibt, sind aristotelische, kantische und humesche Vorstellungen über praktische Gründe meiner Ansicht nach nicht relevant.

Sind meine Ausführungen richtig, so bedeutet das auch, dass zwischen bestimmten moralphilosophischen Positionen kein Zusammenhang besteht. Moralischer Realist, Objektivist oder Relativist zu sein, sagt nichts darüber aus, welche Konzeption praktischer Gründe man vertritt, da die Antwort auf die Frage nach der Richtigkeit moralischer Handlungen und dem ontologischen Status moralischer Werte keinen Aufschluss darüber gibt, welche Formen praktischer Überlegungen es gibt und was Handlungsmotivation generieren kann. Welche Formen praktischer Überlegungen es gibt, das gerade unterscheidet aristotelische, humesche und kantische Konzeptionen praktischer Gründe voneinander. Daher könnten selbst Humeaner annehmen, dass es moralische Werte gibt. Was sie bestreiten müssen, ist nur, dass jede Person, ganz gleich wie ihr Motivationsprofil beschaffen ist, einen Grund hat, diese Werte in ihren Handlungen zu würdigen. Da sich die Kontrahenten verschiedener Konzeptionen praktischer Gründe aber gerade darüber streiten, welche Formen praktischer Überlegungen es gibt, können sich auch Aristoteliker, wie beispielsweise McDowell, entspannt zurücklehnen, da sich die Punkte, die ihnen wichtig sind, die Objektivität moralischer Urteile und Werte, nicht in der Schusslinie der Vertreter konkurrierender Konzeptionen praktischer Gründe befinden.

Ich plädiere daher dafür, die schwierigen Fragen nach dem ontologischen Status moralischer Werte nicht unnötiger Weise mit den schwierigen Fragen, welche Formen praktischer Überlegungen es gibt und was Handlungsmotivation generieren kann, zu verbinden. Die Debatte über Konzeptionen praktischer Gründe kann nur davon profitieren, wenn die Problemkomplexe separat behandelt werden. Worum es in der Debatte wirklich geht, und was die verschiedenen Vorstellungen über Gründe voneinander trennt, lässt sich so schärfer formulieren. Dadurch wird die Diskussion auch durchschaubarer werden.

Literaturverzeichnis

ALSTON, WILLIAM PETER
(1989) „Internalism and Externalism in Epistemology", in: seinem: *Epistemic Justification Essays in the Theory of Knowledge* (Ithaca: Cornell University Press, 1989) 185 – 226.

ALTHAM, JAMES EDWARD JOHN und HARRISON, ROSS (Hrsg.)
(1995) *World, Mind, and Ethics Essays on the ethical philosophy of Bernard Williams* (Cambridge: Cambridge University Press, 1995).

ANSCOMBE, GERTRUDE ELIZABETH MARGARET
(1965) „Thought and Action in Aristotle: What is 'Practical Truth?'", in: J. Renford Bambrough (Hrsg.), *New Essays on Plato and Aristotle* (London: Routledge and Kegan Paul, 1965); wieder abgedruckt in: G. E. M. Anscombe, *The Collected Philosophical Papers of G. E. M. Anscombe* Vol. 1 (Oxford: Blackwell Publisher, 1981) 66 – 77.

ARISTOTELES
Nikomachische Ethik (Stuttgart: Philipp Reclam jun. GmbH&Co.: 1969).

AUDI, ROBERT
- (1997) „Moral Judgement and Reasons for Action", in: Cullity/Gaut (1997a) 125 – 125.
- (1998) *Epistemology A contemporary introduction to the theory of knowledge* (London: Routledge, 1998).

BLACKBURN, SIMON
(1984) *Spreading the Word, Groundings in the Philosophy of Language* (Oxford: Oxford University Press, 1984).

BONJOUR, LAURENCE
(1980) „Externalists Theories of Empirical Knowledge", in: *Midwest Studies in Philosophy* Vol. 5 (1980) 53 - 73.

BRATMAN, MICHAEL E.
(1998) „Review Essay of *The Sources of Normativity* ", in: *Philosophy and Phenomenological Research* Vol. 58 (1998) 699 - 709.

BREWER, BILL
(1999) *Perception and Reason* (Oxford: Blackwell Publishers, 1999).

BROOME, JOHN
(1997) „Reason and Motivation", in: *Proceedings of the Aristotelian Society* Supplementary Vol. 71 (1997) 131 - 145.

BROWN, JAMES M.
(1982) „Right and Virtue", in: *Proceedings of the Aristotelian Society* Vol. 83 (1982) 143 - 158.

BURNYEAT, MYLES F.
(1980) „Aristotle on Learning to be Good", in: Rorty (1980) 69 - 92.

CARLSON, GEORGE R.
(1985) „Hume and the Moral Realists", in: *Australasian Journal of Philosophy* Vol. 63 (1985) 407 - 418.

CHILD, WILLIAM
(1994) *Causality, Interpretation and the Mind* (Oxford: Clarendon Press, 1994).

CHISHOLM, RODERICK M.
(1966) *Theory of Knowledge* (New York: Englewood Cliffs, 1966).

COHEN, G. A.
(1996) „Reason, humanity, and the moral law", in: Korsgaard (1996c) 167 – 188.

CULLITY, GARRETT und GAUT, BERYS (Hrsg.)
- (1997a) *Ethics and Practical Reason* (Oxford: Clarendon Press, 1997).
- (1997b) „Introduction", in: Cullity/Gaut (1997a) 1 – 27.

DANCY, JONATHAN
- (1993) *Moral Reasons* (Oxford: Blackwell Publishers, 1993).
- (1995) „Why there is really no such thing as the theory of motivation", in: *Proceedings of the Aristotelian Society* Vol. 95 (1995) 1 – 18.

DARWALL, STEPHEN L.
(1987) „Abolishing Morality", in: *Synthese* Vol. 72 (1987) 71 – 89.

DAVIDSON, DONALD
(1980) *Essays on Actions and Events* (Oxford: Clarendon Press, 1980).

ELIOT, GEORGE
The Mill on the Floss , in: J. W. Cross (Hrsg.), *The Writings of George Eliot together with the Life in twenty-five volumes* Vol. 6 (Boston: The Riverside Press Cambridge, 1908).

ENDRES, KIRSTEN B.
- (2003a) „Practical Reasons", in: Peter Schaber und Rafael Hüntelmann (Hrsg.), *Foundations of Ethics – Normativity and Objectivity* (Frankfurt: Dr. Hänsel-Hohenhausen AG, 2003) 67 – 88.
- (2003b) „Werte und Gründe", in: Christoph Halbig und Christian Suhm (Hrsg.), *Realismusdebatten in der neueren Philosophie* (Frankfurt: Dr. Hänsel-Hohenhausen AG, voraussichtlich 2003).

FALK, W. D.
(1947) „'Ought' and Motivation", in: *Proceedings of the Aristotelian Society* Vol. 48 (1947/48) 111 – 138.

FOLEY, RICHARD
(1985) „What's Wrong With Reliabilism?", in: *The Monist* Vol. 68 (1985) 188 – 202.

FOOT, PHILIPPA
(1972) „Morality as a System of Hypothetical Imperatives", in: *Philosophical Review* Vol. 81 (1972); wieder abgedruckt in: Philippa Foot, *Virtues and Vices and other Essays on Moral Philosophy* (Oxford: Blackwell Publishers, 1978) 157 – 173.

FRANKENA, WILLIAM K.
(1958) „Obligation and Motivation in Recent Moral Philosophy", in: Abraham I. Melden (Hrsg.), *Essays in Moral Philosophy* (Seattle: University of Washington Press, 1958) 40 – 81.

GEUSS, RAYMOND
(1996) „Morality and identity", in: Korsgaard (1996c) 189 – 199.

GINET, CARL
(1975) *Knowledge, Perception, and Memory* (Dordrecht: D. Reidel, 1975).

GOLDMAN, ALVIN
(1980) „The Internalist Conception of Justification", in: *Midwest Studies in Philosophy* Vol. 5 (1980) 27 – 51.

GUYER, PAUL
(1998) „The Value of Reason and the Value of Freedom", in: *Ethics* Vol. 109 (1998) 22 – 35.

HAMPTON, JEAN
(1998) *The Authority of Reason* (Cambridge: Cambridge University Press, 1998).

HEUER, ULRIKE
- (1999) „Sind Wünsche Handlungsgründe?", in: *Analyse & Kritik* Jahrgang 21 (1999) 1 – 24.
- (2001) *Gründe und Motive. Über Humesche Theorien praktischer Vernunft* (Paderborn: Mentis, 2001).

HOOKER, BRAD
(1987) „Williams' Argument Against External Reasons", in: *Analysis* Vol. 47 (1987) 42 – 44.

HUME, DAVID
(1739) *A Treatise of Human Nature* , in: L. A. Selby-Bigge (Hrsg.), *Hume's Treatise of Human Nature* (Oxford: Clarendon Press, 1739 und ^{2}1978); dt. Übers. Theodor Lipps: *Ein Traktat über die menschliche Natur* (Hamburg: Meiner, 1978).

HURLEY, SUSAN
(1989) *Natural Reasons* (Oxford: Oxford University Press, 1989).

IORIO, MARCO
(1998) *Echte Gründe, echte Vernunft: Über Handlungen, ihre Erklärung und Begründung* (Dresden: Dresden University Press, 1998).

KANT, IMMANUEL
- (1785) *Grundlegung zur Metaphysik der Sitten* , in: Königlich Preußische Akademie der Wissenschaften (Hrsg.), *Kant's gesammelte Schriften* Band IV (Berlin: Georg Reimer Verlag, 1911).
- (1781) „Über ein Vermeintes Recht aus Menschenliebe zu Lügen", in: Königlich Preußischen Akademie der Wissenschaften (Hrsg.), *Kant's gesammelte Schriften* Band VIII, Abhandlungen nach 1781 (Berlin: Georg Reimer Verlag, 1912) 425 – 430.

KOLNAI, AUREL THOMAS
(1977) „Deliberation is of Ends", in: Francis Dunlop und Brian Klug (Hrsg.), *Ethics, Value, and Reality: Selected Papers of Aurel Kolnai* (London: The Athlone Press University of London, 1977) 44 – 62.

KORSGAARD, CHRISTINE MARION
- (1986a) „Kant's Formula of Humanity", in: *Kant Studien* Heft 2, Jahrgang 77 (1986); wieder abgedruckt in: Korsgaard (1996a) 106 – 132.
- (1986b) „Skepticism about Practical Reason", in: *The Journal of Philosophy* Vol. 83 (1986); wieder abgedruckt in: Korsgaard (1996a) 311 – 334.
- (1993) „The reasons we can share: An attack on the distinction between agent-relative and agent-neutral values", in: *Social Philosophy & Policy* Vol. 10 (1993); wieder abgedruckt in: Korsgaard (1996a) 275 – 310.

- (1996a) *Creating the Kingdom of Ends* (Cambridge: Cambridge University Press, 1996).
- (1996b) „Reply", in: Korsgaard (1996c) 219 – 258.
- (1996c) *The Sources of Normativity* (Cambridge: Cambridge University Press, 1996).
- (1997) „The Normativity of Instrumental Reason", in: Cullity/Gaut (1997a) 215 – 254.
- (1998) „Motivation, Metaphysics, and the Value of the Self: A Reply to Ginsborg, Guyer, and Schneewind", in: *Ethics* Vol. 109 (1998) 49 – 66.
- (1999) „Self-Constitution in the Ethics of Plato and Kant", in: *The Journal of Ethics* Vol. 3 (1999) 1 – 29.
- (2002) „Self-Constitution: Action, Identity and Integrity", in: *The Locke Lectures 2002* (Online-Version unter: http://www.people.fas.harvard.edu/~korsgaar/)

MACINTYRE, ALASDAIR

(1981) *After Virtue: A Study in Moral Theory* (London: Duckworth, 1981).

MACKIE, JOHN LESLIE

- (1976) *Problems from Locke* (Oxford: Clarendon Press, 1976).
- (1977) *Ethics: Inventing Right and Wrong* (Harmondsworth: Penguin, 1977).

MCDOWELL, JOHN

- (1978) „Are Moral Requirements Hypothetical Imperatives?", in: *Proceedings of the Aristotelian Society*, Supplementary Vol. 52 (1978) 13 – 29; dt. Übers. „Sind moralische Forderungen hypothetische Imperative?", in: McDowell (1998) 133 – 155.
- (1979) „Virtue and Reason", in: *The Monist* Vol. 62 (1979) 331 – 350; dt. Übers. „Tugend und Vernunft", in: McDowell (1998) 74 – 106.
- (1980) „The Role of Eudaimonia in Aristotle's Ethics", in: *The Proceedings of the African Classical Associations* Vol. 15

(1980); wieder abgedruckt in: Rorty (1980) 359 – 376; dt. Übers. „Die Rolle der *eudaimonia* in der Aristotelischen Ethik", in: McDowell (1998) 107 – 132.

- (1981) „Non-Cognitivism and Rule-Following", in: Steven Holtzman und Christopher Leich (Hrsg.), *Wittgenstein: To Follow a Rule* (London: Routledge and Kegan Paul, 1981) 141 – 162.

- (1985) „Values and Secondary Qualities", in: Ted Honderich (Hrsg.), *Morality and Objectivity* (London: Routledge and Kegan Paul, 1985) 110 – 129; dt. Übers. „Werte und sekundäre Qualitäten", in: McDowell (1998) 204 – 230.

- (1994) *Mind and World* (Cambridge, Mass.: Harvard University Press, 1994); dt. Übers. Thomas Blume, Holm Bräuer und Gregory Klass: *Geist und Welt* (Frankfurt: Suhrkamp, 2001).

- (1995a) „Might there be external reasons?", in: Altham/Harrison (1995) 68 – 85; dt. Übers. „Interne und externe Gründe", in: McDowell (1998) 156 – 178.

- (1995b) „Two Sorts of Naturalism", in: Rosalind Hursthouse, Gavin Lawrence, and Warren Quinn (Hrsg.), *Virtues and Reasons: Philippa Foot and Moral Theory, Essays in Honour of Philippa Foot* (Oxford: Clarendon Press; New York: Oxford University Press: 1995) 149 – 179; dt. Übers. „Zwei Arten von Naturalismus", in: McDowell (1998) 30 – 73.

- (1996) „Incontinence and Practical Wisdom in Aristotle", in: Sabina Lovibond und S. G. Williams (Hrsg.), *Essays for David Wiggins Identity, Truth and Value* (Oxford: Blackwell Publishers, 1996) 95 – 112.

- (1998) *Wert und Wirklichkeit – Aufsätze zur Moralphilosophie*, aus dem Engl. von Joachim Schulte (Frankfurt: Suhrkamp 2002).

MCFETRIDGE, I. G.

(1978) „Are Moral Requirements Hypothetical Imperatives?", in: *Proceedings of the Aristotelian Society* Supplementary Vol. 52 (1978) 31 – 42.

MILLGRAM, ELIJAH
- (1995) „Was Hume a Humean?", in: *Hume Studies* Vol. 21 (1995) 75 – 93.
- (1996) „Williams' Argument Against External Reasons", in: *Noûs* Vol. 30 (1996) 197 – 200.

MOORE, GEORGE EDWARD
(1903) *Principia Ethica* (Cambridge: Cambridge University Press, 1903).

NAGEL, THOMAS
- (1970) *The Possibility of Altruism* (Princeton: Princeton University Press, 1970).
- (1986) *The View from Nowhere* (New York: Oxford University Press, 1986).
- (1996) „Universality and the reflective self", in: Korsgaard (1996c) 200 – 209.

NEUES TESTAMENT
„Die Bekehrung des Saulus", Apostelgeschichte des Lukas 9.

NEURATH, OTTO
(1932) „Protokollsätze", in: *Erkenntnis* Vol. 3 (1932/33) 204 – 214.

PARFIT, DEREK
(1979) „Reasons and Motivation", in: *Proceedings of the Aristotelian Society* Supplementary Vol. 71 (1997) 99 – 130.

PETZOLD, KIRSTEN B.
- (1999) „Zugänglichkeit praktischer Gründe", in: *Analyse & Kritik* Jahrgang 21 (1999) 57 – 74.
- (2000) „Eine Analyse praktischer Gründe", in: Ansgar Beckermann und Christian Nimtz (Hrsg.), *Argument & Analyse*

– *Ausgewählte Sektionsvorträge des 4. internationalen Kongresses der Gesellschaft für Analytische Philosophie* (Bielefeld, September 2000) 596 – 607; elektronische Publikation: http://www.gap-im-netz.de/gap4Konf/Proceedings4/Proc.htm

PLATON
  Der Staat, in: Otto Appelt (Hrsg.), *Platon Sämtliche Dialoge* Band V (Hamburg: Meiner, 1988).

QUINN, WARREN
  (1993) „Putting rationality in ist place", in seinem: *Morality and Action* (Cambridge: Cambridge University Press, 1993) 228 – 255.

RAWLS, JOHN
  (1971) *A Theory of Justice* (Cambridge, Mass.: Harvard University Press, 1971).

RAZ, JOSEPH
  - (1975) *Practical Reason and Norms* (London: Hutchinson 1975 und Princeton: Princeton University Press, 1990).
  - (1986) *The Morality of Freedom* (Oxford: Oxford University Press, 1986).

ROBERTSON, JOHN
  (1986) „Internalism About Moral Reasons", in: *Pacific Philosophical Quarterly* Vol. 67 (1986) 124 – 135.

RORTY, AMÉLIE OKSENBERG (Hrsg.)
  (1980) *Essays on Aristotle's Ethics* (Berkeley: University of California Press, 1980).

ROSS, WILLIAM DAVID
  (1930) *The Right and the Good* (Oxford: Clarendon Press, 1930).

SCANLON, THOMAS M.
(1998) *What We Owe to Each other* (Cambridge, Mass.: Belknap Press of Harward University Press, 1998).

SMITH, MICHAEL
- (1993) „Realism", in: Peter Singer (Hrsg.), *A Companion to Ethics* (Oxford: Blackwell Publishers, 1993) 399 – 410.
- (1994) *The Moral Problem* (Oxford: Blackwell Publishers, 1994).
- (1995) „Internal Reasons", in: *Philosophy and Phenomenological Research* Vol. 55 (1995) 109 – 131.

SPINOZA DE, BENEDICT
Die Ethik mit geometrischer Methode begründet , in: Konrad Blumenstock (Hrsg. und Übersetzer), *Spinoza, Opera - Werke, Lateinisch und Deutsch, vier Bände* Band 2 (Darmstadt: Wissenschaftliche Buchgesellschaft Darmstadt, 1967).

STOCKER, MICHAEL
(1997) „Desiring the Bad: An Essay in Moral Psychology", in: *The Journal of Philosophy* Vol. 76 (1997) 738 – 753.

TUGENDHAT, ERNST
(1993) *Vorlesungen über Ethik* (Frankfurt: Suhrkamp, 1993).

VELLEMAN, J. DAVID
- (1992) „The Guise of the Good", in: *Noûs* Vol. 26 (1992) 3 – 26.
- (1997) „Deciding How to Decide", in: Cullity/Gaut (1997a) 29 – 52.

WALLACE, JAMES D.
(1978) *Virtues and Vices* (Ithaca: Cornell University Press, 1978).

WALLACE, RICHARD JAY
- (1990) „How to Argue about Practical Reason?", in: *Mind* Vol. 99 (1990) 355 – 385.
- (1991) „Virtue, Reason, and Principle", in: *Canadian Journal of Philosophy* Vol. 21 (1991) 469 – 495.
- (1997) „Reason and Responsibility", in: Cullity/Gaut (1997a) 321 – 343.
- (1999) „Three Conceptions of Rational Agency", in: *Ethical Theory and Moral Practice* Vol. 2 (1999) 217 – 242.
- (2001) „Normativity, Commitment, and Instrumental Reason", in: *Philosophers' Imprint* <www.philosophersimprint.org/001003> Vol. 1, Nr. 3 (2001) 1 – 26.

WATSON, GARY
- (1975) „Free Agency", in: *The Journal of Philosophy* Vol. 72 (1975); wieder abgedruckt in seinem: *Free Will*, 96 – 110.
- (1982) *Free Will* (Oxford: Oxford University Press, 1982).
- (1987) „Responsibility and the limits of evil – Variations on a Strawsonian theme", in: Ferdinand Schoeman (Hrsg.), *Responsibility, Character, and the Emotions* (Cambridge: Cambridge University Press, 1987) 256 – 286.

WIGGINS, DAVID
(1980) „Deliberation and Practical Reason", in: Rorty (1980) 221 – 240; vorher in etwas anderer Form erschienen in: *Proceedings of the Aristotelian Society* Vol. 76 (1975/76) 29 – 51.

WILLIAMS, BERNARD
- (1970) „Deciding to believe", in: H. Kiefer und M. Munitz (Hrsg.), *Language, Belief and Metaphysics* (Albany: State University of New York Press, 1970); wieder abgedruckt in: Bernard Williams, *Problems of the Self: Philosophical Papers 1956-1972* (Cambridge: Cambridge University Press, 1973 und [8]1995) 136 – 151.

- (1973) „A critique of utilitarianism", in: J. J. C. Smart und Williams (Hrsg.), *Utilitarianism, For and Against* (Cambridge: Cambridge University Press, 1973) 77 – 150.
- (1976a) „Moral Luck", in: *Proceedings of the Aristotelian Society* Supplementary Vol. 50 (1976); wieder abgedruckt in: Williams (1981a) 20 – 39; dt. Übers. „Moralischer Zufall", in: Williams (1994) 30 – 49.
- (1976b) „Persons, character and morality", in: Amely O. Rorty (Hrsg.), *The identities of persons* (Berkeley: University of California Press, 1976); wieder abgedruckt in: Williams (1981a) 1 – 19; dt. Übers. „Personen, Charakter und Moralität", in: Williams (1994) 11 – 29.
- (1976c) „Utilitarianism and moral self-indulgence", in: H. D. Lewis (Hrsg.), *Contemporary British Philosophy, personal statements,* 4. Serie (London: Allen and Unwin, 1976); wieder abgedruckt in: Williams (1981a) 40 – 53.
- (1979) „Conflicts of value", in: Alan Ryan (Hrsg.), *The idea of freedom: essays in honour of Isaiah Berlin* (Oxford: Oxford University Press, 1979); wieder abgedruckt in: Williams (1981a) 71 – 82; dt. Übers. „Konflikte von Werten", in: Williams (1994) 82 – 93.
- (1980) „Internal and external Reasons", in: Ross Harrison (Hrsg.), *Rational action* (Cambridge: Cambridge University Press, 1980); wieder abgedruckt in: Williams (1981a) 101 – 113; dt. Übers. „Interne und externe Gründe", in: Williams (1994) 112 – 124.
- (1981a) *Moral Luck Philosophical Papers 1973-1980* (Cambridge: Cambridge University Press, 1981).
- (1981b) „*Ought* and Moral Obligation": Überarbeitung von „Moral obligation and the semantics of *ought*", in: E. Morscher und R. Stranzinger (Hrsg.), *Proceedings of the Fifth Kirchberg Wittgenstein Symposium 1980* (1981); wieder abgedruckt in: Williams (1981a) 114 – 123; dt. Übers. „*Sollen* und moralische Verpflichtung", in: Williams (1994) 125 – 134.

- (1982) „Practical Necessity", in: Brian Hebblethwaite and Stewart Sutherland (Hrsg.), *The philosophical Frontiers of Christian Theology: Essays Presented to D. M. MacKinnon* (Cambridge: Cambridge University Press, 1982); wieder abgedruckt in: Williams (1981a) 124 – 131; dt. Übers. „Praktische Notwendigkeit", in: Williams (1994) 135 – 142.
- (1984) *Moralischer Zufall*, übersetzt von André Linden (Frankfurt: Anton Hain, 1994).
- (1985a) *Ethics and the Limits of Philosophy* (Cambridge, Mass.: Harvard University Press, 1985, ^{7}1994).
- (1985b) „How free does the will need to be?", in: *The Lindley Lecture* (Kansas: University of Kansas Press, 1985); wieder abgedruckt in: Williams (1995a) 3 – 21.
- (1989a) „Internal reasons and the obscurity of blame", in: *Logos* Vol. 10 (1989); wieder abgedruckt in: Williams (1995a) 35 – 45.
- (1989b) „Voluntary acts and responsible agents", in: *Oxford Journal of Legal Studies* (1989); wieder abgedruckt in: Williams (1995a) 22 – 34.
- (1993) „Nietzsche's minimalist moral psychology", in: *European Journal of Philosophy* Vol. 1 (1993); wieder abgedruckt in: Williams (1995a) 65 – 76.
- (1995a) *Making sense of humanity and other philosophical papers 1982-1993* (Cambridge: Cambridge University Press, 1995).
- (1995b) „Replies", in: Altham/Harrison (1995) 185 – 224.
- (1996) „History, morality, and the test of reflection", in: Korsgaard (1996c) 210 – 218.
- (1999) *Ethik und die Grenzen der Philosophie* , Otto Kallscheuer (Hrsg), aus dem Engl. von Michael Haupt (Hamburg: Rotbuch Verlag, 1999).

WITTGENSTEIN, LUDWIG
(1984) *Philosophische Untersuchungen*, in: Ludwig Wittgenstein, *Werkausgabe in 8 Bänden* Band 1 (Frankfurt: Suhrkamp, 1984).

WOOD, ALLAN
(1999) *Kant's Ethical Thought* (Cambridge: Cambridge University Press, 1999).

PHILOSOPHISCHE ANALYSE / PHILOSOPHICAL ANALYSIS

Herausgegeben von / Edited by
Herbert Hochberg • Rafael Hüntelmann • Christian Kanzian
Richard Schantz • Erwin Tegtmeier

BAND 1
HERBERT HOCHBERG
Russell, Moore and Wittgenstein
The Revival of Realism
NEUE ISBN 3-937202-00-5
334 Seiten / Hardcover € 94.00

BAND 2
HEINRICH GANTHALER
Das Recht auf Leben in der Medizin
Eine moralphilosophische Untersuchung
NEUE ISBN 3-937202-01-3
167 Seiten / Hardcover € 58.00

BAND 3
LUDGER JANSEN
Tun und Können
Ein systematischer Kommentar zu Aristoteles' Theorie der Vermögen im neunten Buch der »Metaphysik«
NEUE ISBN 3-937202-02-X
Hardcover € 70.00

BAND 4
MANUEL BREMER
Der Sinn des Lebens
Ein Beitrag zur Analytischen Religionsphilosophie
NEUE ISBN 3-937202-03-X
134 Seiten / Hardcover € 58,00

BAND 5
GEORG PETER
Analytische Ästhetik
Ein Beitrag zu Nelson Goodman und zur literarischen Parodie
NEUE ISBN 3-937202-04-8
332 Seiten / Hardcover € 94.00

BAND 6
WOLFRAM HINZEN • HANS ROTT (HRSG)
Belief and Meaning
Essays at the Interface
NEUE ISBN 3-937202-05-6
ca. 250 Seiten / Hardcover € 58.00

BAND 7
HANS GÜNTHER RUSS
Empirisches Wissen und Moralkonstruktion
Eine Untersuchung zur Möglichkeit und Reichweite von Brückenprinzipien in der Natur- und Bioethik
NEUE ISBN 3-937202-06-4
208 Seiten / Hardcover € 58.00

BAND 8
RAFAEL HÜNTELMANN
Existenz und Modalität
Eine Studie zur Analytischen Modalontologie
NEUE ISBN 3-937202-07-2
205 Seiten / Hardcover € 58.00

Jetzt im

ontos verlag

Hanauer Landstr. 338
60314 Frankfurt a.M.
info@ontos-verlag.de
www.ontos-verlag.de

Frankfurt • London

Jetzt im ontos-verlag

Epistemische Studien
Schriften zur Erkenntnis- und Wissenschaftstheorie
Hrsg. von Michael Esfeld • Stephan Hartmann • Mike Sandbote

Band 1
Volker Halbach / Leon Horsten (Editors)
Principles of Truth
NEUE ISBN 3-937202-10-2 • 238 Seiten • Hardcover € 66,00

Band 2
Matthias Adam
Theoriebeladenheit und Objektivität
Zur Rolle der Beobachtung in den Naturwissenschaften
NEUE ISBN 3-937202-11-0 • 274 Seiten • Hardcover € 59,00

λογος
Studien zur Logik, Sprachphilosophie und Metaphysik
Hrsg. von Volker Halbach • Alexander Hieke
Hannes Leitgeb • Holger Sturm

Band 1
Reinhardt Grossmann
Die Existenz der Welt
Eine Einführung in die Ontologie
NEUE ISBN 3-937202-12-9 • 187 Seiten • Pb. € 15,00

Band 2
Georg Brun
Die richtige Formel
Philosophische Probleme der logischen Formalisierung
NEUE ISBN 3-937202-13-7 • 393 Seiten • Hardcover € 44,00

Band 3
Herbert Hochberg
Introducing Analytic Philosophy
Its Sense and its Nonsense. 1879 – 2002
NEUE ISBN 3-937202-14-5 • 280 Seiten • Hardcover € 40,00

ontos verlag
Frankfurt • London

Dr. Rafael Hüntelmann
Hanauer Landstr. 338
D-60314 Frankfurt a.M.
Tel. 069-40 894 151
Fax 069-40 894 194
mailto: info@ontos-verlag.de
http://www.ontos-verlag.de

Jetzt im ontos-verlag

PRACTICAL PHILOSOPHY
Hrsg. von / Ed. by
Heinrich Ganthaler • Neil Roughley
Peter Schaber • Herlinde Pauer-Studer

Band 1
Peter Schaber / Rafael Hüntelmann (Hrsg.)
Grundlagen der Ethik
Normativität und Objektivität
NEUE ISBN 3-937202-15-3 • 194 Seiten • Hardcover € 36,00

Band 2
David McNaughton
Moralisches Sehen
Ein Einführung in die Ethik
NEUE ISBN 3-937202-16-1 • 246 Seiten • Hardcover € 30,00

REPRINT PHILOSOPHY
Hrsg. von / Edited by
Rafael Hüntelmann • Erwin Tegtmeier • Käthe Trettin

Band 1
Gustav Bergmann
Collected Works
Vol. 1: Selected Papers 1
NEUE ISBN 3-937202-17-X • 350 Seiten • Hardcover € 99,00

Ausserdem im ontos-verlag die Reihen

Philosophische Analyse / Philosophical Analysis
Hrsg. von / Edited by
Herbert Hochberg • Rafael Hüntelmann • Christian Kanzian
Richard Schantz • Erwin Tegtmeier

Philosophische Forschung / Philosophical Research
Hrsg. von / Edited by
Johannes Brandl • Andreas Kemmerling
Wolfgang Künne • Mark Textor

METAPHYSICA
International Journal for Ontology & Metaphysics
ISSN 1437-2053

Dr. Rafael Hüntelmann
Hanauer Landstr. 338
D-60314 Frankfurt a.M.
Tel. 069-40 894 151
Fax 069-40 894 194
mailto: info@ontos-verlag.de
http://www.ontos-verlag.de

www.ingramcontent.com/pod-product-compliance
Lightning Source LLC
Chambersburg PA
CBHW032050300426
44116CB00007B/675